U0138216

马尚龙 马骥远 著

Shanghai order

Shenzhen temperament

上海书店出版社
SHANGHAI BOOKSTORE PUBLISHING HOUSE

前言
"秘密图纸"
无意中的
寓意

马尚龙

对于上海人来说，有关深圳的印象，更迭了很多次。

深圳人对上海的印象如何呢？

且做一个最简单的60年上海深圳流水对账匆匆回望。

1960年代，上海人知道的深圳，是1965年公映的反特故事片《秘密图纸》里的一个场景。特务窃取了机密，要在深圳火车站和从境外潜伏进来的特务交接情报，被我公安干警抓获。那是很荒野的地方，后来知道，深圳比邻香港，还有罗湖海关。上海人的视线里，几乎没有深圳。当年许多人"秀才读字读半边"，把深圳读成"深川"。

大部分上海人从《秘密图纸》中知道了深圳

《秘密图纸》由八一电影制片厂摄制（郝光导演，田华、邢吉田、王心刚主演）。不管是导演编剧主演，还是所有的观众，都不可能意识到，这部电影无意中的寓意，是将上海和深圳联系起来了，将20年后中国最大的两个移民城市联系起来了，将中国最有世界影响力城市中的两个城市联系起来了。

同样的年代，深圳人知道上海吗？深圳只是个叫做

1979 年 1 月，上海创刊出版了全国
第一本生活类杂志《文化与生活》

宝安的小县城，少有文化建设，甚至没几个读书人，可能没几个人听说过上海。

1979 年 1 月，《文化与生活》杂志在上海创刊了。从头到底的吃喝玩乐、贤妻良母、小资情调，是中国内地第一本纯粹的生活杂志。创刊伊始，便是上百万的发行量。

深圳的 1979 年，正处于跨越一个时代的前夜。一年之后的 1980 年 8 月，作为四个经济特区之一，深圳特区正式建立。很少有人想象得到，几年后，深圳便成为中国一个最新型的城市，并且，它的速度、它的理念、它的影响，会冲击全中国。

深圳原住民知道上海，也是在 1980 年，来自当年 TVB 的电视剧《上海滩》。百乐门、七重天的灯红酒绿，黑帮大佬的火并厮杀，洋房公寓里的绅士淑女，知识分子和爱国青年的奋斗突围……这一切是虚构的，不过多多少少也有旧上海的影子。这大概是深圳人与上海的第一次"神交"。原来这就是"上海"！中国内地其他地方看到《上海滩》，比深圳晚了 5 年。

1985 年，上海人从新闻中看到了"深圳国贸中心"竣工的消息，豪迈了几十年的国际饭店，抬头遥望国贸，自知矮了一大截。

深圳人在深圳喊出了"时间就是金钱"的口号，当然，"深圳人"是要打引号的，因为他们几乎都不是深圳的原住民，而是来自全国各地的勇敢者。

赶时髦的上海人，为了去深圳，先要到单位盖了公章，又去公安部门办理好深圳特区通行证。沙头角、金项链、力士香皂、丝袜、一次性打火机……皆是深圳行的满载而归。只不过钱囊空空，吃的是熟泡面，住的是廉价招待所。五星级宾馆，是用来抬头仰望和拍照做背景的。

深圳国贸大厦封顶，1984 年 9 月 4 日

深圳，虽然有着"外来妹"的艰辛，有着五颜六色的炫目，有着大浪淘沙的无情，但是年轻的城市年轻的人，意气风发，创造了深圳的速度和深圳的思维。

深圳第一任市委书记张勋甫是山东人，南下干部（1979 年至 1982 年任中共深圳市委书记、常务书记，2017 年去世，享年 96 岁）。张老生前曾经回忆上任之初给特区定名之事——

深圳市委第一次常委会就研究市名的问题，叫宝安市好还是叫深圳市好？有的同志认为深圳比宝安在国际上的知名度高，不知道宝安的也知道有深圳，另外知道深圳的外国人都明白这个地方离香港很近，就在罗湖口岸一带；同时，深圳有深水的意思，特别是广东、香港同胞认为水是好意头，是发大财的好地方，常委会就决定用深圳市作为新市的名字，上报省和中央，经国务院批准后正式公布。

这就是深圳思维了。

1979 年，深圳市四级干部会议

1988 年 12 月 28 日，深圳机场奠基仪式现场，
3 年后，深圳机场通航

　　深圳崛起了。上海彼时恰是计划经济包袱沉重，几十万回城知青，一百万下岗工人，住房、交通、民生、环境……寻找着突破。深圳经验深圳思维，无疑值得参考却又无从借鉴。

　　年届八十的傅禄寿先生，曾经担任上海市政府驻深圳办事处主任。他回忆道，1999 年，他在担任上海驻重庆办事处主任时，被直接调任到深圳工作，直到 2003 年退休回到上海。在担任驻深办主任之前，傅老也多次因为工作需要到过深圳，对深圳特区的改革开放过程非常熟悉，对上海和深圳的异同也了然于心。

　　傅老说，深圳是改革开放的试验田，它和上海的定位不一样，城市的硬件不一样，体制不一样，所以各自的发展道路也不一样。几十年后，普通的上海人才知道，80 年代中期，国务院已经有了"振兴上海"的计划，可以看作是后来浦东开发开放最早的草稿。

直至 1990 年，上海开始了新一轮"大上海"的创造。如果说，一年一个样之时，上海人还没有完全感受到，那么，三年大变样，却是对所有人的扑面而来。只不过是十几年，上海一举在"国际大都市"排行榜中"妥妥"站稳，并且不断超越。上海的底蕴、上海的创造、上海的魔力，黄金交叉式地组合在一起。

同样的年代，深圳奋斗的身躯也渐渐有了根，所谓深圳人，那就是在深圳工作也在深圳安家的人。腾讯、大疆、华为……深圳电子、网络产业之先进，全世界都瞪目。

2001 年，上海在全国率先提出了"新上海人"的理念，这是老一代移民对新一代移民敞开的胸怀。

也是在差不多的时候，深圳第一次提出了"深圳人"的概念。在这个几乎没有原住民的城市里，有深圳人吗？回答是：有！"来了就是深圳人"。这是每一个深圳人的自我约定。

两个城市的流水对账，细看进去，一点也不简单。

20 世纪二三十年代，一代民族实业家为"上海制造"涂上了底色，50 年代之后，"上海制造"成为经久不衰的品牌，改革开放和浦东开发开放之后，上海跃然为国际大都市。上海承担的是飞船卫星、国产大飞机、远洋巨轮、新型军舰等国之重器，同时也有世界多家 500 强落户上海，成为全球的金融中心之一。

深圳的互联网、通信产业则几十年如一日地用新技术、新产品改变着中国人的生活方式。QQ、微信、智能手机、无人机、顺丰快递……

同为企业总部基地，上海云集的是来自全世界的大型跨国集团中国区总部。通用电气、埃克森美孚、IBM、飞利浦、花旗……

深圳则聚集着一批改革开放中发展壮大的民营企业，撑起今日中国经济半壁江山。华为、腾讯、大疆、迈瑞……有人戏称，中美贸易战，其实是美国与中国深圳粤海街道的贸易战。

上海再次走在时代的潮头，为中国改革开放释放出了巨大的能量，成为中国改革开放真正意义上的领头羊，深圳则是自主创新高新技术产业蓄势待发。正所谓"天地间荡起滚滚春潮，征途上扬起浩浩风帆"。上海和深圳成为中国跨入 21 世纪的两个最大引擎。

中国改革开放四十多年的历史，有很多个侧面，从某一个侧面来看，上海是全中国的领头羊，上海的精神、气质在深圳身上得到了最好的传承，是深圳传承着上海的价值，也是上海的王者归来。

上海和深圳，这两个特大型的移民城市，在不同的年代起步，在不同文化背景中奋发，在直辖市和副省级不同的城市行政级别里作为，在不同的领域里扮演着不同的角色，却是可以发现，它们既很不相同，也有几分神似。

中国内地最早的两个证券交易所，分别设立在上海和深圳。两个移民城市的市井文化，都是在各自的城市经度纬度里，兼容并蓄，去获得市井人伦的最大公约数，以至塑造了上海文化和正在努力塑造深圳文化。这是上海和深圳两个城市文化的大框架，而这大框架又是无数个小环节小细节组合在一起。

有几份近年的城市排行榜也许就是从小环节推演大格局的——

2022 年大城市人均收入排行榜显示：上海、北京、深圳位居前三；

2021 年中国主要城市居民人均消费支出排行榜：上海第一，深圳第二；

2022 年中国城市科技创新发展指数排名的三强是北京、上海、深圳；

2022 年人才吸引力排名：北京、上海、深圳；

2021 年度中国城市活力研究报告显示的人口吸引力指数，深圳是第一位，上海在广州和北京之后，位居第四。

……

北京是首都，Capital，C 位是自然，上海和深圳也一直活跃在 C 位圈。

大数据的统计未必精准和完整，但是毕竟粗略地说明了大概。上海和深圳总是在大数据统计中属于同一板块的翘楚。

当然也有很大的差异。

上海的海派文化具有世界性，深圳本土文化的符号意义很少；上海近年来提倡上海人要会说上海话，深圳话却还是在发酵的木桶里。上海是老龄化的城市，深圳的平均年龄是最低的。

我们的落脚点就在小环节小细节上。

我们不做长篇政论式的写作，也不是单纯的"双城记"，而是从城市文化的角度、从市井公序良俗的角度、从"上海制造"及其延长线的角度、从"上海人"和"深圳人"共性和特性……作尽可能细致入微的采访、报道、比较，写出上海秩序的严谨，也写出翩翩起舞的深圳气质。

这就是"上海秩序·深圳气质"的由来。

本书由马尚龙和马骥远两人共同撰稿。马尚龙近年来有关上海题材的文章和专著，获得了读者很大的认同。马骥远是深圳《晶报》采访中心主任，在深圳工作生活二十余年，对深圳的文化、民生有很深透的体验，且曾经在华东师范大学就读，对上海也深有感触。"老马"马尚龙和自称"老马"的马骥远，已经谋划多时，现在该是联手铺开新版的"秘密图纸"，去发现、去论说上海深圳的"接头地点"了。

目录

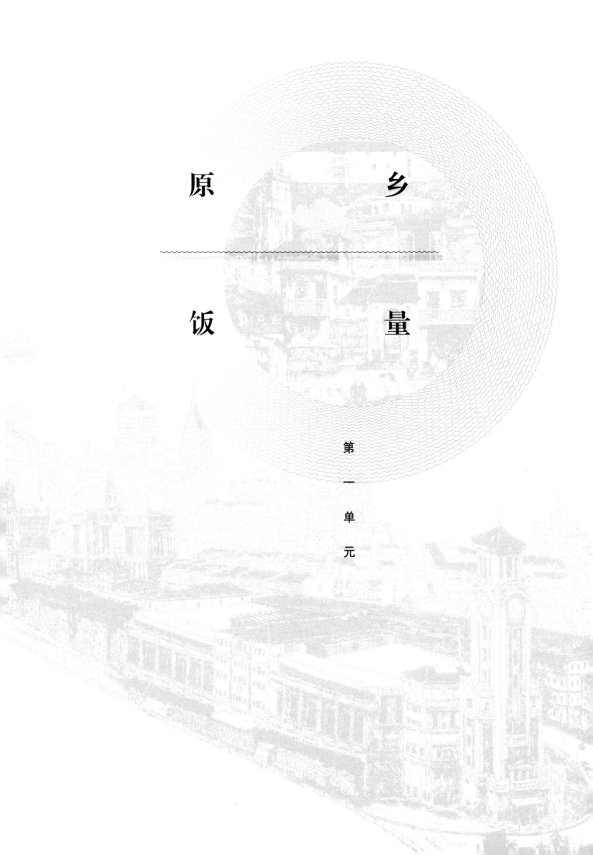

原乡

饭量

第一单元

饭量是求温饱年代的风向标

越是饥馑，越是有大胃王的层层叠叠

五斗米足以上升到折腰的道德境界

只有当人不是铁的时候，饭才不是钢

嵌在洋面包里的，是色拉，更是眼界，乡下亲戚

全国粮票才是杀器

如果仅仅是思乡，一张机票

就能满足举头望明月的下联

原乡是梦呓中的家乡土话，是身心距离的指北针

冬雾轮渡，两万户，玩具车间，不理会

人生道路的宽窄

酿酒可期，爆米花可嘻，青春可祭

为了饭量而离乡，勇敢，冒险，进取

同一双脚，三双不同的鞋

弧光灯点亮了丽娃河，抬头看

旋转餐厅，排队时暗暗吃了片晕船的药

勇敢者的道路冒险家的乐园

进取和失落的跷跷板，错落碰撞

上海秩序·深圳气质

2

1. 上海的失落黄页

月光下的上海·青春祭

1985 年 12 月 29 日晚上 9 点,一个再普通不过的日子和再普通不过的时间。

上海外滩,海关钟楼敲响了 9 点,是当晚情人墙的下课铃,谈恋爱的男女渐渐散去。已经不早了,10 点过后公交车已经是末班车了,何况是冬夜,外滩谈朋友,心是热的,手脚是冰冰冷的。

有些男女走到外滩林荫道,骑自行车回去。比较多的"配置"是,男人骑车"荡"女朋友,既省钱,也可以送到女朋友弄堂口。也有不骑车的,外滩历来是上海东区之端,汇集了好几条公交线路,乘公交车回家。

夜色中的外滩情人墙

20 世纪 80 年代,全国的大城市都经历了青年男女恋爱高峰期,这是 50 年代出生高峰的延时反应,自然形成了青年男女谈恋爱的公共区域,比如北京的大栅栏、南京的夫子庙,都具有市中心、明亮、容量大、安全等等特点。很多年过后,只有上海外滩的恋爱集结地,以"情人墙"的浪漫名字流传了下来,实际上,情人墙只是外滩的防洪堤坝,高不过一米五十有余,但是借助了外滩的万国建筑,借助了面对黄浦江的朦胧(彼时的陆家嘴还是一片漆黑),这里的恋爱气氛,就是不一样。在那个年代谈恋爱,如果没有去过情人墙,实在也是谈不深的。

也就是在差不多的时候,离开外滩不远的大光明电影院第四场也散场了。有点凄美的《青春祭》(北京电影学院青年电影制片厂 1985 年摄制,张暖忻导演,李凤绪、冯远征主演),和谈恋爱的感觉蛮是贴合。

谁可曾这么想?1985 年,上海正在告别上海,上海正在被上海告别!就此而

凄美的《青春祭》海报

言,《青春祭》,也恰是"上海·青春祭"。

走出电影院,寒风袭来,大光明和国际饭店贴隔壁,24层楼之下,西北风自然更加凶猛。依偎的恋人,下意识地仰头看了看国际饭店,上海的标志。几乎所有的恋爱男女,从生出都没有进过国际饭店,但是国际饭店带给每个上海人的心理自豪和优越感,是不加掩饰的。

这一天的这一刻,对于上海来说,什么也没有发生。

深圳发生了什么?

53层、160米高的深圳国际贸易中心大厦竣工了,庆功宴酒过三巡,方兴未艾。

将外滩,尤其是将国际饭店视为骄傲的上海人,没有几个人关注到深圳国贸中心竣工的消息。对于上海人来说,深圳毕竟是一个有点远的地方,是需要有边境通行证才可以去的地方。很少有人会将上海的国际饭店和深圳国贸中心相提并论,在上海人心中,国际饭店作为曾经远东第一高楼的精神地位,是不可动摇的。

虽然1983年落成开业的上海宾馆以30层、91.5米高打破了国际饭店保持了近50年的上海纪录,但是,国际饭店依旧是上海高度的象征。

只不过是几年之后,上海人不得不承认:国际饭店的精神地位摇摇欲坠了,而替代了国际饭店精神地位的,恰恰也是带着"国际"两个字的,那就是深圳国际贸易中心大厦。

如果说,过往很多年间,上海人习惯将国际饭店当作嘲弄乡下人的杀器——乡下人到上海,因为抬头看国际饭店,帽子掉落在地上,那么深圳国贸大厦的旋转餐厅,对于普通的上海人,就像这一天晚上在外滩和大光明谈恋爱的男女,是一个不很容易实现的梦想。

在此之前，已经听说过有关深圳的传说，也从新闻中知道了深圳国贸。1984年3月15日，新华社发布消息称："正在广东省深圳特区建造的国际贸易中心大厦，目前正以每三天一层的速度上升。这座大楼建设速度之快，创造了国内大型高层建筑的新纪录，达到了国际同类建筑的先进水平。"

"时间就是金钱"的深圳观念、"三天一层楼"的深圳速度，像是强光灯，照在上海人的脸上，有点晃眼。

50年风水轮流转，国际饭店的骄傲，上海人多少年来一览众山小的优越感，被深圳国贸中心大厦旋转餐厅转进去了。

在上海人早就不再大上海独大之后，去回溯独大的大上海，梳理独大的缘由，是很有意思的发现。

任何市井段子，总是忍俊不禁而又偏颇，但是在偏颇的内里，如同一个人的内心深处，恰又是不合理而合情，或者不合情而合理。

就像是这个段子——对于北京人来说，除了北京，都是地方；对于广东人来说，除了广东，都是北方；对于上海人来说，除了上海，都是乡下。

北京人天生首都的气场，故宫有多少年，北京人的"首气"（首都气场）也就有多少年。不管是去北京办事，还是和北京人交朋友，对方或热情豪迈，或低调谦和，只要是那一口可以称之为国语的京片子，首都气场总是不知不觉流露出来的。早些年北京出租车司机神侃是出了名的，上至核心机密，下至胡同文痞，都是可以把客人说得一愣一愣的。似乎"首汽"和"首气"是贯通的一样。上海出租车司机是决计做不到的，因为上海本身就是地方，而且还是中规中矩的城市，完全不具有北京人的气场。

至于广东人，固然是南方，但是对于广东人来说，"除了广东，都是北方"的真实意思，恐怕并不在于南方北方之界限，而是广东的粤文化，自成一体，不仅博大精深，而且和非粤文化之地的习俗、语言、宗脉、人情，有鸿沟般的差异。

仅以粤语歌为例，恐怕是中国所有地方语言中唯一一种足以跨越全世界而可以唱响流行的，即使听不懂也觉得有抑扬顿挫之美；这一点也不奇怪，普通话的发音是四声，广东话的发音是九声。

喝早茶也是广东人独具一格的做派。别的地方根本流行不起来，除了气候的原因，最主要的是不具有广东人喝早茶的感觉。

虽然福建、广西与广东比邻，也都称之为南方的，但是对于广东来说，那是地理纬度的南方，广东人心里的南方，是粤文化的南方，就是广东。很有趣的是，广东省有两份著名的报纸：《南方日报》《南方周末》，后来还有《南方都市报》等等，都以"南方"命名，省级报业集团以"南方"命名似乎也合情合理。可以说是巧合，但是事实上，就是巧合在了广东，没有巧合在福建和广西。

北京人依凭皇城气势居高临下，广东坐拥五羊之穗自成一家。上海，当年远东的第一大城市，中国一百多年来最大的城市、最先进的城市，岂能没有自己一点点的脾性？最大的脾性，恐怕也是最让人受不了的，就是这一句了：对于上海人来说，除了上海，都是乡下。

不管是从一百多年前上海市井文化的共识，还是从现在的人文意识高度来评说，自高自大、歧视乡下人，一定是错的，完全错的。不过，如若撇开意识上的偏颇，这个段子能够成为段子，能够蔓延那么多年还让人不免莞尔一笑，一定也是有它的真实社会背景的。

自从上海开埠以后，因为租界和租界文化，当时世界文化和江南文化在上海交汇融合，加上上海沿海的地理位置、南来北往的交通便利，四季分明而不温不火的气候，上海的城市化态势强劲，很快就处于领先地位。上海一直是一个超前的存在。所谓领先，也就是上海的城市化已经拉开了和其他城市的距离。城市化的标杆在上海一一确立。

最显著，也是最基础的城市化，首先是有了自来水，有了电灯，有了煤气。

1865 年，中国第一家煤气厂成立于上海。

1879 年，中国的第一盏电灯在上海乍浦路一幢仓库里发光。3 年之后的 1882

从跑马厅看西藏路

20 世纪 30 年代，上海最早的咖啡馆开在外滩

1956 年，合并私营企业 13 家小店，组建市内最早、
规模最大的国营妇女用品专业商店

1882 年上海"第一盏路灯"

1935 年高桥海滨泳场正式开业

1999 年 6 月，位于丽园路的
上海最后一个给水站摘牌了

年，现在的南京东路江西路，15 盏弧光灯作为路灯被点亮，上海成为中国最早也是全世界第三个使用电能的城市。

1883 年，上海有了自来水，仅晚于 1879 年的大连。大连的自来水是服务于北洋水师的，上海杨浦区隆昌公寓则是全国最先使用煤气和自来水的住处，隆昌公寓本是上海公共租界巡捕房的一部分，由英国人设计建造。

水电煤是区分城市与乡下最本质的分水岭。用现在的流行语汇来形容，水电煤是城乡间的硬核指标。所以，在上海之外的地方，不管是城厢还是穷乡，没有自来水煤气电灯，都只能定义为乡下。

高度的城市化，引发了先进的城市文化。上海的文学艺术、商业街道、民宅建筑、生活消遣……都依托了先进的城市文化而一骑绝尘。

且不说中国现代文学艺术都视上海为摇篮。所谓"上海是中国文化的半壁江山"，半壁江山之基础，恰是高度的城市化。

20 世纪 30 年代初期，上海就有了远东最大的公共泳场高桥海滨泳场。有一张男女青年海滩边身着泳衣的照片很能说明问题：当全中国绝大多数地方的女性还裹着小脚、遵循着男女授受不亲的人伦之规，上海的年轻女性已经可以穿了袒胸露臂的泳衣和男人嬉笑沙滩了。

也是在这个时候，丽娃河这条人工河道，已经有年轻男女荡桨泛舟。那一条小木船，在任何河道里，都只是河里运载的工具，但是在丽娃河，已经是时尚的道具。

面包代用币

与去公共泳场或是去划船之类的郊游稍稍暗合的是面包。中国最早的面包，在租界建立十几年后的 1855 年，随西方的生活方式而落户在上海。有意思的是，当时买面包须先买面包代用币，铜质的代用币说明了彼时面包的价值，也担当了了面包洋为中用的"经纪人"。

后来很多年间，"洋面包"成为一个专有名词，比之于早年的西方留学生。"洋面包"代表了某个人的学识、眼界、格局、修养、风度……这种历史地位，决定了领衔者是面包，而不是馒头烧饼。

在西方诸多生活时尚很快切入上海的同时，教会学校给上海带来了知识，也带来了世界文化、修养和礼仪，和本就崇尚开化的江南文化，发酵为特有的上海文化。上海人的公共生活习惯、修养、做派，有许多便是在那个年代形成的，在当时的中国乃至很长的一段时间里，既是最先进的、最具有文明修养的，也是独一无二鹤立鸡群的。

鹤与鸡的关系，在当时就是城市和乡村的关系。

一个甫来上海的外地人，他的举手投足，一定带着家乡的做派。他若是到其他地方，不会被人嘲笑，唯独到了上海，即使他不是乡下人，照样会被上海人嘲笑，或者是乡下人，或者是洋盘，或者是缺细。因为他的故乡和上海差别太大了。他从来没有看到过霓虹灯，从来没有看到穿了旗袍的女人这么好看，从来不知道吃西餐是要用刀叉的……

凡初到上海者，一定惊奇，而惊奇者一定就是乡下人了。

资产阶级，是阶级也是资本

有三部不同年代的电影，价值观也不同，却同有一个故事背景：上海。

《一江春水向东流》（1947 年，联华影艺出品），堪称中国电影之经典。高潮情结是，做了乡下娘姨的素芬当众哭诉变了心的张忠良。这场戏的发生地点是上海，西装革履的张忠良，还有晚宴，红酒，跳舞……虽然是在抨击张忠良的变心，却也是不经意地拍出了上海的十里洋场。

电影《霓虹灯下的哨兵》（1964 年，上海天马电影制片厂出品），说的是上海南京路上的故事。为什么要将背景设置为上海的南京路？而不是北京的王府井、南京的新街口、广州的长堤大马路？那里也一定发生过类似的故事，但是只有设置在上海，尤其是设置在南京路，故事的感染力才会更加浓重。

还有电影《年青的一代》（1965 年，上海电影制片厂出品）中的林育生，不愿意学以致用去青海从事地质勘探工作，就想留在上海享福……

三部电影都是将上海作为负面人物或者"落后青年"的背景，当作资产阶级的、落后的甚至腐朽的摇篮，却也是无意中将上海定义为乡土的对立面。如今想来，也只有上海真正够得上是乡土的对立面。资产阶级的背景，只有上海有底气"资"，也"资得其乐"。哪怕想让你最喜欢的城市"资"一下，总是"夹生饭"的。

只能说，南京路的"香花毒草"，并不是所有地方都香得起来、毒得下去的。

资产阶级，是一种资本。

上海，是一个城市，也是一个符号。

一个上海人，哪怕是一个一贫如洗的上海人，骨子里也是有上海人的优越感的，这种优越感的本质，恰是"除了上海，都是乡下"。

而且，彼时上海几乎每家人家，本身都来自江浙苏皖一带，在自己祖籍的家乡，都有乡下亲戚。乡下亲戚都有来走亲，甚至来投靠，上海亲戚对于家乡来说，无疑就像上海人在香港澳门有亲戚一样。虽然上海也穷，但是比起各自的乡下亲戚，上海是天堂一般。

乡下亲戚会带一只鸡来，还有当地的土产，像年糕、黄鱼鲞、笋干之类。上海人会带着自己的乡下亲戚去白相大世界，去兜兜南京路，去东湖电影院看一场立体电影，还要陪乡下亲戚去百货店和服装店去买一两件上海生产的衣裳。作为最高级的回礼，上海人会给乡下亲戚十斤二十斤的"全国粮票"，这也是上海人省死省活省下来，对于乡下亲戚来说，因为农业户口只有口粮，没有粮票，这一二十斤全国粮票，在他们偶尔生病没胃口时可以去买糕点，在他们粮食歉收吃不饱的时候，更可以救急。

半两粮票

上海人自己也没有饱食，但是对乡下亲戚不怎么小气，小气倒是要被看不起的。也就是在对乡下亲戚的接济中，上海人的优越感不断地被确立和被抬高。

上海人和他们乡下亲戚，走动很是频繁。上海马路上的乡下人，大多是来上海走亲戚的。对于上海人来说，如果是我的亲戚，那么他们就是乡下亲戚，如果不是我的亲戚，那么他们就是乡下人了。

这种优越感，一直延续到20世纪80年代。恐怕没有一个上海人意识到，自己的优越感，不管是有意识还是潜意识，在80年代，已经是末路狂花了。

"文革"结束，上海人的好日子又回来了。

有资本家落实政策了，抄家物资归还了。商店改回了原来的店名。饭店、咖啡馆一个一个复辟，南京东路第一百货商店和永安公司的两部机器电梯，又动起来了，一度还要收费。烫发恢复了，婚纱照恢复了，第一家法式面包店开出来了……繁华的上海回来了。

上海人正以自己最擅长的对生活的热爱，沉浸在小乐胃的俗常日子里。

上海人素有"乐胃"意识。乐胃似乎更应该

中百一店1982年排队乘电梯
（周铭鲁　摄）

叫做"落位"。某一件家具器物放在了最合适的地方，那就是落位；如果吃得很惬意，可以叫做是落胃，落胃的最高境界，无疑是让胃快乐，乐胃也就乐得其所了。在沪语中，落和乐同音，都读作落。

为什么上了年纪的上海人一直乐于回味80年代的生活？因为那是满足小乐胃的生活。散装啤酒，简装小冰砖，生煎馒头，乘风凉，酸梅汤……每一件小乐胃的事情，几乎都是80年代的"文创产品"。

"文革"中，上海有一种人不参加任何造反派组织，却是热衷于自己的小日子或者埋头读书的人，被批评为"逍遥派"。后来回想起来，逍遥派并不是上海人政治觉悟消沉，倒是上海人生活热情高涨。"文革"刚刚结束，上海人便已经将逍遥派上升为生活哲学了。

1979 年 1 月，由上海文化出版社编辑出版的《文化与生活》杂志创刊了。有生活万花筒，也有哺乳妙计，还有性生活的体位和谐……是一本真真正正的生活杂志。为适应生活杂志的需要，《文化与生活》还是中国内地最早设置彩色插页的杂志。定价 5 角 6 分。创刊伊始，便是上百万的发行量，还需要凭证购买。如今看来内容和印刷很是粗糙，但是，这是 1979 年，距离"扫除资产阶级的生活方式"的"文革"结束刚刚两年多。

中央电视台正是被《文化与生活》震撼，当年 8 月开播了那时节的热播节目《为您服务》。

教你结绒线，教你做组合式家具，教你养热带鱼种花花草草，教你扎丝巾吃咖啡，教你螺蛳壳里做道场……上海人不善于折腾生活，但是喜欢生活折腾——哪能将生活过得落位，是上海人永远不下架的进取和攀比。

不必说这是放大了上海人的生活情调，全中国似乎都应该是这样的。

事实并非如此。

当上海人在热衷生活情调的时候，有些地方，更多是在北方的黄河文化，还是在把"与天奋斗""与人奋斗"置顶于自己的人生道路。1980 年 5 月，《中国青年》刊登潘晓的文章《人生的路呵，怎么越走越窄》，很多年之后，当事人透露，这封读者来信是编撰的，但是所透露青年人的普遍情绪是很真实的，所以才会引起几乎是全国性的强烈共鸣和讨论。

有关人生之路的大讨论，作为长江文化的代表，上海也很热烈，但是远远没有达到像北方那样的亢奋，更没有达到有些地方传销式的痴迷。

如果把《文化与生活》和"人生之路"大讨论相提并论，是可以看得出生活态度差异的。生活态度的差异，取决于生活本身。同样面对生活的不完美不完整，上海人的态度是以一己之力去补缺，而不是换一种生活。这是宿命，也可以看作是存在决定意识。

有人在做文青，有人在做愤青，也有人在怡情。贤妻良母的生活热情更多是

80年代武康大楼马路大水

里弄生产组

读报长廊和早餐

刷马桶

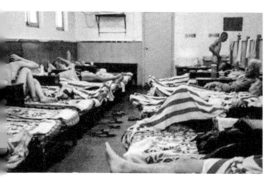

石门二路上的卡德浴室

80年代初公用厨房间一景

在菜场、商店、淘等外品、出口转内销、零头布……最重要的"票证广交会"。香烟票调鸡蛋，全国粮票调冰碗——尤其是香烟票交易，使得不抽烟的上海男人，优点再一次发扬光大。精乖的男人则是勤奋于夜校，出没于中央商场，学野艺于木匠剃头，当然也得意于斩琴……

更多的三十来岁的男女，也就是老三届一代，他们已经没有精力去讨论"人生之路"了。110万知青绝大部分都从农村回来，还有直接在上海工作也是好几十万。只有很少人读大学了，绝大多数怀揣中学学历，工作了，钱很少，社会地位很低。结婚了，居家空间更是可怜，但是已经有了自己的孩子——第一代独生子女应运而生。抚育和培养自己的孩子，才是最要紧的事情，人生的道路已经走到一半了，总是要想办法走下去的。他们窄小的房间里，必定是组合家具，一时"疯狂"的捷克式家具，因为太占面积已经退出；组合家具里必有一个玻璃柜，柜中有糖缸，有拉丝玻璃杯，有一瓶茅台酒，8元一瓶买来的，再往后几年，还会有一瓶用外汇券买来的雀巢咖啡……

生活的路，要比人生的路更要紧。这么想的，就是上海人了。

虽然还是保留着上海人的优越感，但是生活本身，越来越沉重，越来越窘迫。有一部当时电影的片名，简直就是上海人的群像——《苦恼人的笑》（上海电影制片厂1979年摄制，杨延晋导演，李志舆、潘虹主演），甚至，只有苦恼没有笑了。

如果说，"文革"中110万学生上山下乡，直接造成了上海百万家庭的精神创伤，那么1978年开始的知青回沪，虽然百多万家庭重新聚首了，但是知青回沪后，没有国企的好工作，大多只能委身于街道工厂、里弄生产组。而且上山下乡时，子女皆是少年，十年八年回上海，已然成年男女，吃饭睡觉甚而如厕，都是在十几个平方里。几年之后百多万知青到了谈婚论嫁的年纪。由50年代生育高峰造成的社会民生困难，又一次弥散在上海。三代同堂是常态，兄妹同床不少见，由此还生发出伤风败俗悖逆人伦的荒诞。房子房子，几乎每家人家都是困

20 世纪 80 年代的虹桥机场，规模还很小

南京西路石门路人行立交桥，
1986 年 5 月底建成

1993 年，淮海路地铁竣工

东方明珠电视塔于 1991 年 7 月动工建造

南浦大桥还没有合龙

20 世纪末，乍浦路被称为
"上海第一美食街"

难户。

那时候没有一家人家的住房面积是宽畅的，可以有一个亭子间做婚房，已经是独立婚房了。即使是搭一个阁楼，前后间做一个三夹板的隔断，都不算尴尬。

当然还有更加困难的，仅以著名的"两万户"为例。50 年代，两万户是为表彰劳动模范所建的福利房。第一代劳动模范大多享受过这番荣誉。他们入住后，响应多子女的号召，生下五六个甚至七八个孩子后，人均住房面积坠崖式地下降。轮到子女长大结婚，在十几个平方里拉了布帘给儿子做婚房，特困户就此形成。还有一些适龄青年，谈恋爱谈了八年还不结婚，叫做"八年抗战"，迟迟不结婚的原因是没有婚房，家里总共才十几平方，甚至更小，连拉一条布帘的空间都没有。

80 年代上海人口约 1000 万，适龄男女大约有 200 万，也就是说，至少有上百万家人家为孩子的婚房发愁，而这上百万家人家都是多子女，那么就会连续性地发愁。

如今经常看得到的彼时马路上弄堂里无数把躺椅乘风凉的上海市井风情照片，就是那个时代留下来的。

这是上海人最窘迫的年代。80 年代注定了是苦苦地煎熬在黎明前的黑暗之中。

当时的上海市长汪道涵（1980 年至 1985 年先后任上海市委书记、代市长、市长，2005 年去世，享年 90 岁），在卸任后曾遗憾地说："在我当上海市长期间，我上对得起朝廷（喻中央政府），每年上海上缴国家财政占国家财政收入的六分之一，但下对不起黎民百姓（喻上海市民）。每天早晨我看到马路上有那么多的煤球炉在生火，到处是烟雾腾腾，那么多马桶在马路上刷洗，我真感心痛，上海实在没有多余的资金来改善和发展市民的生活了。"（澎湃·湃客：上海滩杂志《汪道涵：浦东开发"最大的积极分子"》2020-11-09）

像是与住房面积空前压抑达成默契一般，上海的公共交通拥堵，也是在 80 年代登峰造极。当时还没有任何高架，上海第一条南北高架的通车是 1995 年 12 月。市区也没有任何一座跨黄浦江的大桥，南浦大桥的通车是 1991 年 11 月。过江隧道，1968 年出于备战考虑，建造了打浦路隧道，但是其位置不在当时的市中心，且设施非常老旧；至于延安东路隧道的通车，是 1996 年的事情了。更不要说轨道交通了，地铁 1 号线的通车是 1993 年 5 月。都是 90 年代"一年一个样，三年大变样"的结果。

知青回沪后，上班的人数陡然上升，公共交通每天处于瘫痪状态。路况差，车况差，并且极其拥挤；曾经有过调查，公交车上每平方米要容得下二十几只脚。乘公交上下班，是名副其实的受罪。为稍稍缓解拥挤，公交车也改革了，有两节甚至三节的，并且拆掉了几乎所有的座椅，只站不坐，又可以多挤上去好几十人。正好有一部印度电影《大篷车》上映（上海电影译制片厂 1980 年译制，译制导演是伍经纬，主要配音演员是丁建华、于鼎、刘广宁），于是"大篷车"成了这种公交车的专有名词。

那时候除了公交车，只有自行车。自行车大国的盛誉中国独享，上海则是自行车大国的形象大使。凤凰永久自行车，作为"上海制造"的经典器物，由上海人制造，由上海人每天"检验"，算得上是上海的绝配。

住房和出行的两大难，还严重损害了上海人的尊严体面。80 年代，有个乡下晚辈带着女朋友来探望上海长辈，这是给女朋友长眼的事情。到了上海长辈家里，只能搭地铺睡觉，脚还必须插到八仙桌下的空当里。当时乡下亲戚是不可能去住旅馆的。乡下亲戚不由地说了句，上海人家里的条件比乡下人还不如！

真正动摇大上海江湖地位的是，不时有市井言论说，上海每年上缴国库已经不是第一位了，连前三名都挤不进了，那时候还没有 GDP 的概念。那个年代的上海人，哪怕是最普通的工人，都有一颗以上海为豪的大心脏，其实也是源自内心上海人的优越感。

上缴国库是政府的事情，穿的用的是老百姓自己的事情。时髦的年轻人穿牛仔裤了，戴卡西欧液晶电子表了，还有弗兰卡傻瓜照相机……都是福建石狮一带的走私货，和上海制造上海货没有任何关系了。

上海上缴国库的钱少了，上海人皮夹子里的钱也少了，尤其是知识分子的皮夹子瘪哒哒了。社会上已经有个体户，在菜场或者小市场做小生意，没多少日子就是万元户了。他们差不多都是"山上"下来的（刑满释放分子），个体户虽然辛苦，但是一夜之间是十足的人上人了。也同是在上海，国营企业的工人工资奖金没有显著增加，知识分子在"文革"结束后光耀了一段时间，老九不臭，但是也香不到哪里去。关键在于，体制内的工人和知识分子，收入没有提高。后来连上海政府主要官员都公开发难：拿手术刀的收入比不过划黄鳝的！

由暴发户引发的社会反差，直接挑衅了上海人安分守己、规规矩矩的价值观。

"振兴上海"的口号，有点沧桑

也就是在这个时候，深圳国贸中心大厦竣工了，"时间就是金钱"一路吹到了上海。有过一部拍摄"深圳速度"的纪录片，让见过大世面的上海人、让拥有国际饭店荣耀的上海人目瞪口呆。

后来就常有人借着向深圳学习的名义，去深圳开眼界。参观国贸旋转餐厅是必选项目。

比起国贸的旋转餐厅，上海晚了好几年。有旋转餐厅的新锦江是1990年正式营业，还有一座旋转餐厅是远洋宾馆，1989年开业，地处提篮桥，不具有俯瞰上海市中心的视野。所以上海人心目中的旋转餐厅，只有深圳国贸。

国贸中心旋转餐厅营业后，参观送一杯饮料，最低消费15元，相当于上海人四分之一的工资。据说当年不少初次登临国贸中心的人，不乏上海人，都会发出相同的疑问：为什么旋转餐厅的房子是不转的，甚至有晕车晕船的人，是吃了晕海宁才敢上去的。这和当年乡下人看国际饭店的被嘲弄，实在也很相像。

上海人也有做洋盘的时候。

从深圳回上海，带回来丝袜、香皂、一次性打火机送人，足以向家人和邻居吹吹牛逼，不过也带着明显的失落——深圳人把上海人叫做"表哥"。表哥是穷人的意思，就像是上海人对乡下亲戚的称谓。

沙头角、金项链、外烟、力士香皂……开始进入了上海人的视线；夜总会、小姐、发廊……开始成为上海人的谈资。

福建沿海一带的走私货，虽然也让上海人去追逐，但是上海人不大会去参与走私，第一做不来，第二和上海人的价值观相去甚远。

深圳让上海人羡慕了，甚至都还有点嫉妒。

上海没有了英气勃发，也没有国贸中心大厦的新贵，反而，上海庞大的城市体量，还有几十年很少进步的城市建设，像八爪章鱼，拉扯着上海，拉扯着上海人。

1987年12月10日。这是上海人永远不会忘记的祭日。东昌路轮渡站踩踏事故的发生日，直接导致66人死亡。

上海初冬多雾，当天是大雾天。那时黄浦江的过江方式，只有轮渡。作为历史记录，黄浦江最早的轮渡过江始于1911年，东昌路轮渡站则是在1928年通航的。六十年后，东昌路轮渡站担当着越来越沉重的使命。虽然上海人还是心心念念"宁要浦西一张床，不要浦东一间房"，但是大规模的市政动迁已经开始，浦东则是当时接受动迁户的集大成地区。

几十万人家东迁到浦东了，但是浦东的水电煤还没有完全到位，来往于浦西浦东的公交，除了当时还略微偏远的打浦路隧道，只有轮渡。每天上班从浦东往浦西，每天下班从浦西往浦东，皆是由19个轮渡站摆渡而为。轮渡大多是15分钟到20分钟一班，所以乘轮渡的人都是算准了时间，尤其是早晨去上班，晚出门一分钟，可能脱掉一班轮渡；多吃一只红灯，可能脱掉一班轮渡。脱掉一班轮渡，可能迟到，要扣奖金。上海人就是这样规规矩矩。

当天早晨，雾特别大，黄浦江能见度只有几十米，轮渡停航了。这事情要是在现在，不会有任何悲剧发生，马上会有"上海发布"发布轮渡停航的消息，刷手机的人都会看到；因为恶劣天气，到不了单位也不会扣工资；而且现在轮渡早就不是主要的摆渡方式了。但是，但是，那是1987年。

越来越多的人挤在轮渡码头以及码头外面的马路上。直到中午雾散，轮渡起

1987 年 12 月 10 日，上海市东昌路轮渡发生严重踩踏事故

1988 年年初，上海甲肝大爆发

航。在很狭窄且两边封闭的铁网浮桥上，前面的人被后面的人推挤着走，后面的人又是被更后面的人推挤，有人被推挤而倒下……踩踏悲剧就此发生。

所有的历史悲剧，都是必然发生的悲剧。

一年之后的 1988 年 12 月 15 日，隐约中是给东昌路轮渡站踩踏悲剧做周年祭奠，上海市政府宣布，南浦大桥开建了。

回到 1988 年的上海。

仅仅是在东昌路轮渡站踩踏事故一个多月之后，也就是 1988 年年初，甲肝在上海大爆发，有 29 万多人在交叉感染中得了急性肝炎。如果说东昌路轮渡站踩踏事故导致 66 人去世，是 66 家人家的大悲剧，全上海为之惊颤，那么 29 万多人染上甲肝，使得全上海恐慌，万分恐慌。因为甲肝的传染性很强，而且可能会留下慢性疾患。1988 年的上海，根本无力为 29 万多病人提供甲肝的隔离病房，有许多病房是由内科病房临时改建，还有些病房，则是医院里面的空余房间。29 万多病人还是容纳不下，有些病人只能留观在家里，等待住院通知。偏偏那时节上海人还处在七八个人同居一室，根本没有多余的房间可以隔离。

甲肝大爆发带来的人心惶惶，一点不亚于 2003 年非典、2020 年新冠肺炎、

2022年上海奥密克戎爆发。29万多患者，意味着对于任何一个人来说，可能是他的家人，可能是他的同事，必定有人被感染，而他也处在被感染的中心；并且在每天上下班拥挤的公交车上，又是无法摆脱的感染源。按照2022年的流行话语来说，每一个人都是"密切接触者"。

从1987年跨年到1988年的上海，就是如此的痛心、悲伤，还有狼狈。

上海人在问自己，上海怎么了？上海还是大上海吗？

很多年后，上海人还在津津乐道1988年朱镕基参选上海市长时的演讲，被他的气质折服。但是很少人注意到，朱镕基在演讲中提出了一个口号，一个将改变上海原有格局的行动纲领："振兴上海！"这个行动纲领是那一届上海市委和市政府的决策。用"振兴"这个词来作为改变上海的动作，说明彼时的上海，显出了"萎靡不振"的疲态。

实际上，更早几年，中央最高决策者已经看到了上海亟需"振兴"。1985年2月，国务院批复上海市政府和"国务院改造振兴上海调研组"提交的《关于上海经济发展战略的汇报提纲》，其中提出，重点向杭州湾和长江口南北两翼展开，创造条件开发浦东，筹划新市区的建设。

完全可以就此推论，邓小平对上海的期待和对上海的信心，在80年代中期已运筹帷幄之中。

普通的上海市民不可能敏锐意识到政府文本的措辞。

绝大多数的上海人还是留在上海这一艘大船上，留在原来的舱位里，继续做着自己的工人、教师、医生……与其说是相信上海这艘大船，还不如说，也只有留在这艘大船上。

终于有人按捺不住大上海的我自岿然不动。有人下海了，有人辞职了。有人甚至离开上海，去深圳创业，去做总经理了。

离开上海一定是有非凡的勇气，如果本来还有一官半职，不仅是丢下铁饭碗，甚至银饭碗金饭碗，最狠得下心的，是丢下上海。

下海经商去别地，上海人比较少选择北京，那是做官的地方，也可以说，上海人融入不了皇城根的气场。也不大会去广州，那是粤文化的坚固城池，学粤语比学英语还难。也很少去海南，那里是做野豁豁生意的地方，上海人的胆子配不上。唯有深圳，吸引了全中国，也吸引了上海的冒险家、勇敢者。虽然很少。

上海人以前知道的深圳，只是"文革"前拍的反特故事片《秘密图纸》的发生地，是偷越边境去香港的小渔村。到了80年代，深圳似乎是在拷贝上海的往事。不断听闻有人在深圳开了公司，不断听闻有人在深圳发了财，带回来了金项链、电子器物。

深圳有个口号，来了就是深圳人，旨在显示深圳的胸怀，为每一个到来者都擦去了家乡的痕迹。如果是从偏远的山区、落后的小镇而来，当然欢欣鼓舞。一个上海人，早就习惯了上海人的身份，这个身份多少是有优越感的。一个上海人到了深圳以后，他是深圳人了吗？他喜欢做深圳人吗？

2. 深圳人的身心距离

对于深圳人来说，除了深圳，是什么？只能是什么？

这个问题，需要深圳人自己来回答。

报社的老李会说：除了深圳，就是北京。

来深圳三十多年，从青涩小伙到中年大叔，从深交所第一代红马甲到媒体老记，唯一不变的是一口京腔，以及北京人特有的那份傲气。

开出租车的老张会说：除了深圳，就是攸县。

像他这样来自湖南攸县的出租车司机，在深圳没有上万也有数千。载客行驶时，他们总是把对讲打开，用外乡人听不懂的方言和老乡聊天。他们聚居在深圳皇岗村、石厦村，俨然把那里变成了"攸县村"。

华强北电子市场档主阿温会说：除了深圳，就是潮州。

"来了就是深圳人"

老家，总是在肉眼望不到的地方

虽然深圳几乎是普通话最普及的中国城市，但在华强北电子市场，潮汕话是主流语言。来自全国和全世界的买家，总是一边赞叹华强北电子产品的品种齐全和供货迅捷，一边吐槽这帮潮州老板的精于算计。

一个至今也不知道姓名的打工妹会告诉你：除了深圳，就是贵州。

这位女工在富士康生产线上的工作照，"不小心"随着刚下线的苹果手机漂洋过海，被买下手

——张漂洋过海的工作照——
iPhone Girl，出自深圳

机的英国人发现并传到网上。她被称为"iPhone Girl"，她的脸一度是最全球化的深圳人形象。但她还是离开了，贵州老家终究成为她的归宿。

......

也许，每个深圳人面对这个问题时，都有着属于自己的答案。对于他（她）来说，除了深圳，就是安徽；除了深圳，就是四川；除了深圳，就是东北；除了深圳，就是湖南......

深圳，是继上海之后，中国第二座大型移民城市，深圳的移民群体不像上海经过百年沉淀，而是在特区建立之后四十多年间急速涌入2000万人。深圳的移民群体也不像上海以江浙人为主体，而是来自中国的每一个省、每一座城市。

深圳人很简单，来了就是深圳人。深圳人也很复杂，他们来自五湖四海，来自各自的老家。

对于每一个深圳人来说，除了深圳，就是老家。

来深圳吧，人生的路在这里不会"越走越窄"

多年以后，任文霞仍然清晰地记得那一天。

1992年1月20日。那天一早，身为深圳国际贸易中心大厦（简称国贸大厦）接待科科长的她，等候在大厦门前。中巴车来了，车门打开，一位老人缓慢而稳健地走下来。他就是邓小平。

接下来的事情是广为人知的。邓小平在国贸大厦旋转餐厅，俯瞰深圳，远眺香港，说了足足35分钟，其中留下诸多极具经典意义的名言。诸如，"发展才是硬道理"，"不坚持社会主义，不改革开放，不发展经济，不改善人民生活，只能是死路一条"，"基本路线要管一百年，动摇不得"。

1992年与国贸大厦接待办
同事在一起的任文霞（左二）

任文霞清楚地记得，从广东省、深圳市领导汇报工作开始，到邓小平讲完一席话，用时 45 分钟，正好是国贸大厦旋转餐厅旋转一整圈的时间。那天，是深圳历史的高光时刻，也是任文霞职业生涯中最重要的一天。事实上，邓小平那天在国贸大厦上的一番话，不仅是对深圳的肯定和褒奖，也间接为一桩发生在 12 年前的社会大讨论给出了答案。

回到 1980 年，这一年中国出现了一个新名词：经济特区。深圳经济特区从此肇始。

深圳刚刚起步，没有人会想到她今后的"飞黄腾达"。如果有人预言深圳有一天将和上海分庭抗礼，是没有人会相信的。

那一年，倒是有另外一件事情引起了很多人的关注：一位署名潘晓的青年给《中国青年》杂志写了一封信，题为"人生的路呵，怎么越走越窄"，由此掀起了一场全国范围关于"人生意义"的大讨论。

这场争论事实上贯穿了整个 80 年代。青年思想工作被提上了重要的议事日程。"中国青年思想教育研究中心"三位研究报告员曲啸、李燕杰、彭清一作为"青年导师"声誉鹊起。他们走遍大江南北，给青年指点江山，谈人生、讲奉献，成为一时的风云人物。

有一些人，没有在讨论中发表意见，但不意味着他们没有自己的表态。他们是深圳人。

没有经历过 80 年代的人，无法理解深圳在中国版图上蓬勃而上，究竟意味着什么。

当数以千万计返城知青徘徊在各大城市的街头，为一份工作愁白少年头，沦为"待业青年"的时候，深圳的"三来一补"企业已经蓬勃发展。当很多地方还在争论计件工资、多劳多得是不是"资本主义"的时候，深圳已经喊出了"时间就是金钱，效率

1986 年，沙井一家三来一补电子厂在流水线领工资（郑东升摄）

1984 年，深圳国贸大厦
建设工地

就是生命"的口号。更重要的是，当很多中国人对国际化的直观感受，还停留在曾经灯红酒绿的上海滩、24 层高的国际饭店的时候，深圳已经矗立起了一座足以引领中国现代化标杆的建筑——国贸大厦。

1985 年 12 月 29 日，国贸大厦竣工的时候，任文霞已经在深圳工作一年。1984 年，20 岁的她从老家吉林省东丰县来到深圳，担任家乡土特产专柜推销员。初来深圳，走在遍布工地的市中心，晴天尘土飞扬，雨天道路泥泞。城市环境和生活条件，似乎还不如老家。

"翘首"国贸大厦一天天往上"长"，是任文霞工作之余的乐趣，她是看着国贸大厦"长大"的。

一开始五天一层，后来三天一层，最快的时候两天半一层……楼层往上"长"的速度，闻所未闻。用电视和报纸上的说法，这叫做"深圳速度"。能够建起这样一座高楼的城市，应该是值得坚持下去的吧！

在国贸大厦竣工时，任文霞心中涌起一个强烈的愿望：可以到国贸大厦工作吗？

国贸大厦竣工，旋转餐厅开业，国内外参观者、旅游者蜂拥而至，正是用人之际。任文霞前往应聘，凭着长相甜美、口齿伶俐、沟通能力强，在应聘者中脱颖而出。

"高大上"的梦想，放在老家以及全国任何地方，如果没有深厚的背景和人

刚开业的深圳国际贸易中心大厦旋转餐厅

脉，恐怕是难以实现的吧？但是，这里是深圳。

此后，在担任国贸大厦接待员、接待科科长、接待办主任的近30年中，任文霞接待了数十个国家的领导人和不计其数的国内外客人。在旋转餐厅俯瞰深圳时，她的眼前时常浮现出当年20岁的自己，驻足仰望着她此刻身处的这座建筑的情景，不禁莞尔一笑。

国贸大厦，是一座为深圳赢得尊严的大厦，也是深圳崛起的图腾，诱惑着人们离开自己的老家，来到深圳实现自己的价值。

几乎在国贸大厦竣工的同时，上海人冷高仑来到了深圳。冷高仑曾经在1983年获得首届"力士杯"健美赛70公斤级冠军，人称"中国健美第一人"。1985年从上海水产学院调入深圳市体育发展中心之后，他第一件重要的工作就是组织参加1986年的第四届"力士杯"健美赛。

当年，中国加入了国际健美联合会。为"与国际接轨"，国家体委要求，参加当届比赛的女运动员应按照国际惯例，比赛着装由以前的连体泳装改为"比基尼"泳装。

彼时，中国很多地方还停留在教育青年人"如何区分通俗歌曲和黄色歌曲"的氛围。"比基尼"别称"三点式"——除了三点完全裸露，在坊间被打上"色情"烙印。国家体委有意让上海承办比赛，上海退缩了，提出只办男子比赛，女子赛不办。国家体委找到深圳，深圳市体委回答："搞就搞，特区嘛，就是要敢闯。"

1986年"力士杯"健美大赛上，
女运动员首次按照国际规则着
"三点式"泳装参赛

"力士杯"健美赛终于在深圳登场。多年以后，冷高仑还清楚地记得，看台上6000个座位爆满，812名中外记者蜂拥而至。当女运动员身穿比基尼在深圳体育馆登台时，全场观众凝神屏息，只听得到照相机咔嚓咔嚓的快门声。冷高仑见证了历史，他的妻子钱跃莲成为第一批身穿"比基尼"登台的女运动员，他们夫妻二人分别获得男女冠军。

重要的不在于比赛结果，在于比赛本身。"比基尼"在深圳登场，被中央电视台评为1986年"中国十大新闻"之一。外媒评论说：中国老百姓思想越来越解放了。

1988年1月13日晚上，在蛇口招商大厦举行了"青年教育专家与蛇口青年座谈会"。"青年灵魂工程师"李燕杰、曲啸、彭清一没有想到，他们按惯例的励志理想教育，会引发一场巨大的思想碰撞。

几位老师每到一个地方发表演讲，循循善诱劝说青年朋友奋发努力，在奋发与奉献中实现人生价值，每每会堂爆满、掌声如雷。

到深圳之前，几位导师已经去过上海。在彼时，上海很多青年人，虽然生活工作不如意，虽然理想很遥远，但是上海人看中的是独善其身的生活质量和品位，在"人生意义"大讨论中，也免不了随波逐流，但是极端的拥趸很少。上海青年毕竟是讲礼数的，对几位"德高望重"的老师给予了温和而礼节性的欢迎。

"野蛮生长"中的深圳青年，就不一样了。

说到理想与金钱的大话题，曲啸自问自答地感叹：深圳和蛇口青年大多是"到这里创业"，但是，"有没有淘金者？有！"

正当曲啸准备展开长篇大论，劝说"淘金者"迷途知返时，没有想到的一幕发生了。有一位深圳青年起身，和导师们展开了很不客气的争论。他完全无法接

蛇口风波，感动中国的曲啸教授第一次遭遇"滑铁卢"

受把"淘金"和"创业"对立起来的说教。只要不违反法律和道德，为自己淘金的同时也为社会奉献，有什么可以指责！

一个人的质疑，立刻成为全场的抗议。对话会发生了激烈的言语冲撞。这就是震动全国的"蛇口风波"。

方式方法或许可以商榷，但是，将个体与集体、个人与国家放在对立面的说教，在今天看来已经是如此可笑。穿过三十多年的岁月沧桑，深圳青年人当年的观念，愈发显现出顽强的生命力。

蛇口风波后，人民日报记者曾宪斌经过深入调查采访，采写了深度报道。1988 年 8 月 6 日，《人民日报》刊登他的 7000 字长文《"蛇口风波"答问录》，给这场意想不到的思想碰撞，做了较为完整的总结。

虽然不至于说，深圳是几位青年导师的"麦城"，但是他们的光环，就此渐渐暗淡。

在深圳，人生的路可以很辛苦，可以很孤独，但是绝不会"越走越窄"。

来到深圳的人，都以"用脚投票"的方式，讲述着自己对人生意义的理解。深圳的人口迅速地膨胀着，从特区建立时的 31 万，到 1990 年的 167 万，2000 年的 701 万，2020 年的 1756 万。

他们从哪里来？他们都是从"老家"来。

来了都是深圳人。是的，他们都是深圳人。那么，他们还是老家的原乡人吗？他们在骨子里，究竟是属于深圳，还是属于老家？

"一样的路，一样的鞋"，不一样的命运

"我不想说，我很亲切；我不想说，我很纯洁……"在很长一段时间里，每当听到这首歌的旋律，人们就会想起深圳；在很长一段时间里，每当听到这首歌的旋律，深圳人就会想起自己。

1984年，罗湖向西村的女工宿舍

这首名为《我不想说》的歌，以及以它为主题歌的电视剧《外来妹》（1991年广州电视台出品，10集电视连续剧），在20世纪90年代初期的火爆程度，是现象级的。

即便时隔30年，我们仍然能够感受到它的余温。

创作主题歌的陈小奇为代表的广东音乐人火了，成为中国乐坛一方诸侯。主题歌演唱者杨钰莹火了，至今还拥有不少粉丝。香港帅哥汤镇宗火了，从此开启了港台演员闯荡中国内地影视圈的时代。扮演女主人公的陈小艺火了，30年过去，从清纯少女到中年大妈，历久不衰。

真的是因为他们如此优秀，以至《外来妹》火了起来吗？

真正火了的，并不是他们，是真正的"外来妹"。

"我不想说，我很亲切；我不想说，我很纯洁"，还有什么能比这歌词更能道出一个初到异地"外来妹"那种懵懂与迷茫。此刻，无论是杨钰莹纯净的歌声，还是陈小艺清澈的眼神，人们听到的、看到的都是电视剧主人公、四川籍打工妹赵小云。在她身上，有的人看到了自己的女儿，有的人看到了自己的妹妹，有的人看到了自己曾经心动的邻家姑娘，有的人看到了自己。

"你在他乡还好吗？"那个年月，无数封从老家寄到深圳的家信，无数通从老家打到深圳的电话，无数次重复着这个问题。以至于有了一首流行多年的打工歌曲，就叫"你在他乡还好吗"。

"你在他乡还好吗？"大多数外来妹（弟）的回答是不约而同的：还好。

电视剧《外来妹》

1982 年，工厂宿舍里外来妹单纯的笑脸

20 世纪 80 年代，深圳爱华电子厂
生产线上的打工仔和打工妹

1985 年，外来工在蛇口
工棚里给家人写信

20 世纪 80 年代，住在工棚里的初代"深圳人"

1992 年深圳火车站，准备回家过年的外来妹们

"还好"这两个字说尽了远离老家、只身在深圳的酸甜苦辣和悲欣交集。

每一个外来妹（弟）都穿着一样的鞋，走着一样的路，但是，她（他）们的命运，各不相同。

电视剧中的赵小云是一个幸运的"外来妹"。现实中的任文霞也是幸运的"外来妹"。像她们这样幸运的还有很多，有的成为了企业家，有的在深圳嫁到了好人家。

但是，不是每一个人都能得到命运的温柔对待。

王雪花终生都不会忘记这个时刻这个地方：1993年11月19日下午1点50分，深圳龙岗区葵涌镇致丽玩具厂生产车间。16岁的她正和工友们赶制欧洲圣诞档期玩具。突然，女工们嗅到烟味，很快就看到浓烟。厂区的三根电源线短路打火，引燃了仓库内堆放的布料、海绵和遍布厂房的绒布玩具原料。

女工们慌乱逃生，但是厂房二楼三楼所有的窗口，都已被厂方用铁条焊死以防员工外盗。于是，厂房西北角的楼梯就成为唯一的逃生之路。

浓烟烈火之中，女工们相互拥挤，很多人被化纤燃烧产生的毒气熏倒，人堆层叠。被层层人体挤压得不能呼吸的王雪花，眼前一黑，失去了知觉。

消防员终于用斧头劈开厂房被焊死的卷闸门时，看到的是触目惊心的场景：一楼拐角一直到三楼的楼梯上，堆满了死去的打工妹们，堆叠好几层，死去的打工妹四五个人抱成一团，久久无法把她们分开。

致丽大火造成84人死亡，除了两名男性工人以外，其余全部是打工妹，年纪最小的死者只有15岁。

王雪花幸运地保住了生命，但伤势非常严重，全身70%面积烧伤，右手右脚截肢；被转至广州南方医院，经历了数十次手术，终于从鬼门关逃了回来。1994年4月，重伤残疾的王雪花回到了四川忠县（今重庆忠县）老家。

致丽大火是深圳特区历史上死亡人数最多的火灾事故。

火灾原因很快被查明。1993年5月，也就是发生火灾的半年前，葵涌镇消防安全大检查，致丽厂被查出13条火灾隐患。港方老板劳钊泉为了不影响生产，指使厂长行贿消防干警吴星辉3000元港币，取得了消防合格证。半年后的火灾中，夺去84名工人生命的，正是这些没有得到整改的消防隐患：电路短路时保险丝不能熔断，一楼仓库易燃材料被引燃，消防通道被锁死……

责任人受到了法律制裁。受贿的消防干警吴星辉被判处有期徒刑17年；致丽厂厂长黄国光被判处有期徒刑6年；港方老板劳钊泉被判处有期徒刑2年。

84名遇难工人的生命，再也无法挽回了。死者中很多是王雪花的忠县同乡。23岁的王小芳是王雪花的入职介绍人，本来准备1994年春节回家与男友结婚，这场婚礼再也等不来了。20岁的陈爱华刚刚在老家相亲，只见了一次面，这场爱情还没有开始就永远结束了。

死亡的女工，每人赔偿金额约3万多元。年龄最小的死者兰秀兰得到的赔偿金最少，仅2万多元。丧葬费花了1000多元，家里盖房子花了1万多元，其余用来供弟弟读书。

1994年7月5日，致丽大火7个月17天后，《劳动法》颁布实施。

深圳，后来成为第一个选外来工做人大代表的城市，第一个为外来工办社保的城市，第一个外来工可以退休的城市。

有人说，《劳动法》以及后来深圳对外来务工人员的种种照顾政策，是致丽大火遇难女工用命换来的。这样说未免过于悲情，但是，84名年轻人的生命，确实是巨大的警示。

致丽大火，是深圳外来妹的悲情时刻，也是深圳的悲情时刻，但是也是一个契机，让深圳人认识到外来务工者不是制造利润的工具，不是物化的"农村剩余劳动力"。对于这个城市的人来说，她们就像自己的女儿、儿子、姐妹、兄弟一样，有着自己的尊严，有着对美好生活的向往，需要得到社会的呵护，需要她（他）们为之付出青春和汗水的城市温柔对待。

深圳，我的主场，却也是我的客场

2004年1月7日凌晨。气温降到了10 ℃以下。深圳的空气中，弥漫着这座城市一年中难得的一丝寒意。

喧哗热闹到了这个节点，也沉寂了下来。除了南山科技园的写字楼里，星星点点的灯光映照着程序员、IT工程师们加班的身影，以及罗湖春风路等娱乐场所歌舞升平、觥筹交错的夜生活刚刚开始，深圳的大多数角落，都已沉入梦乡，等待黎明，等待又一天忙碌的到来。

但是这一个夜晚的深圳，有点不同寻常的躁动。福田区笋岗西路深圳体育场，4万多人在此聚集。从体育场的大门到数百米外的足球场外，人头攒动，摩肩接踵。很多人带来了被子、干粮，三五成群地围在一起，打扑克牌聊天打发时间，显然是做好了熬夜的准备。

在这里，可以听到中国绝大多数地方的方言，尤以四川话、湖南话、湖北话、江西话等最为"主流"。

往年集中售票的高交会馆正在举办活动，深圳市政府把当年春运火车票集中售票点改在了体育场。1月7日凌晨，是预定开售的时间。

距离春节只有17天了，还有什么比回家更重要呢？春运火车票开售的日子，是深圳人一年当中毋庸置疑的大日子。

1月6日一早，开往深圳体育场方向的公交车拥挤起来。那时候，深圳还没有地铁，私家车也远非现在这样普及，绝大多数的打工者，从宝安、龙岗的偏远地带到市中心，只有乘公交了。

松岗、公明、福永、沙井……各个工业区的打工仔、打工妹们，来不及脱下工作服，揉着惺忪的睡眼，早早地等候在车站，车门一开，蜂拥而上。

前往售票点的路程很漫长。公交车从起点站出发，要开两个多小时。"深圳体育场到了！"售票员大声提醒。有些人一路上已经打了几个盹，但是在这一刻，所有人一个激灵，涌出车门。上天桥，过马路，向售票口奔去。100个售票窗口前，已有4万多人聚集。

他们进入体育场大门时，如果不经意向自己右侧看一眼，会看到一个楼盘正在施工。硕大的售楼广告写着楼盘的名字：城市主场。

改革开放前的深圳火车站

外来工在深圳体育场排队购买春节返乡火车票

为了一张回老家的火车票，深圳人蛮拼的

1985 年，深圳务工者拼出租车返乡

过年了，不一定回家，但是钱一定要汇回去的

每到春节，深圳成空城

售楼广告语很是煽情：这个城市不是我们的故乡，却有我们的主场！

"主场"。是的，深圳体育场，正是深圳足球队参加甲 A 联赛的主场。就在 37 天之前，2003 年 11 月 30 日，3 万多深圳人在这里见证了深圳队在联赛最后一轮大胜当届冠军上海申花，有史以来第一次进入联赛前四名。300 天后的 2004 年 11 月 24 日，也是在深圳体育场，深圳队获得首届中超联赛冠军。迄今，这依然是深圳人引以为傲的荣耀时刻。

看比赛时，聚集在深圳体育场看台上为深圳队加油的深圳人，极其激动极其自豪！不管他们是来自四川，还是湖北、湖南、江西、安徽，还是东北、潮汕……在看台上，甚至在收看转播的电视机前，都只有一个身份——深圳人。他们的心中只有一句话——我爱深圳！

还有比"主场"这两个字更能激发深圳人城市荣誉感和归属感的词汇吗？无论来自何方，当你走下火车、大巴、飞机，在这块土地上开始打拼的时候，你就成了深圳人。虽然这里不是生我养我的地方，但是这里有我的事业、我的拼搏、我的青春、我的未来……深圳是我人生的"主场"。

毗邻深圳体育场的"城市主场"，也成为那几年深圳的明星楼盘。在这里买房的人，可谓是最热爱深圳的深圳人了。

但是，在 2004 年 1 月 7 日深夜，同样是深圳体育场，同样是数万人的聚集，这里反倒更像是深圳人的"客场"了。

不论是在哪个行业、哪个领域发光发热的深圳人，只要在这个深夜，踏入了深圳体育场春运火车票售票厅，就在那一瞬间，心中"休眠"已久的那个四川人、湖南人、湖北人、陕西人、江西人、安徽人、东北人……瞬间"苏醒"。此时此刻，心中也只有一句话——我要回家！

深圳，就是这样一个奇妙的地方。

1987 年，用大缸盖喝水的建筑工人。

既是深圳人的"主场"，又是深圳人的"客场"。每个深圳人心中几乎都有两个自我。一个说："我爱深圳！"一个说："我要回家！"

1988 年，外来工的工地午餐

平时对深圳的爱有多真切，过年时想要回家的愿望就有多强烈。这里固然有事业、拼搏、青春、未来……但是，这里毕竟不是生我养我的地方。

吃早饭，面对着清一色的连锁快餐和广式肠粉，会想起老家的豆浆油条、热干面、煎饼馃子。在工厂生产线上不断重复机械操作而腰酸背痛时，会想起老家轻松舒缓的节奏。沉闷的回南天（又名"返潮"，广东春天特有的潮湿天

"取消了强制 996，手头的活干不完，周末在家也得加班，还没有加班费了"

气），看着湿漉漉的墙壁和地面，会想起老家的气候分明而爽朗。在写字楼守着电脑"996"，会想起老家的闲庭信步。住在深圳逼仄的出租房和城中村，盘算着深圳高不可攀的置业成本，会想起老家的很低的房价和村里的宅基地……

1 月 7 日凌晨 1 点，春运火车票提前 6 小时开售。这个晚上来排队的深圳人，大多如愿买到了回老家过年的火车票。

拿着边防证进了这道关，才能成为深圳人

当然，即便买不到火车票，也阻挡不了深圳人回家过年的步伐。可以搭乘长途大巴，跟老乡拼私家车，实在不行，就咬咬牙多花点钱坐飞机。

春节前的深圳是躁动的。火车站、汽车站，每天都有数以十万计的人离开。而这里，正是他们在一年前、两年

前，甚至更久以前经过长途跋涉，踏上深圳的地方。

如果说，当他们拿着一张"边防证"，抵达深圳时，一个"深圳人"怦然诞生，那么，当他们踏上回乡的旅程，跳上火车汽车那一刹那，"原乡人"又复活了。

来深圳时，大多数轻装上阵，只带着几件换洗衣服。回家乡时，每个人都是大包小包，肩扛，手拎，背负。老父亲老母亲一年不见，白头发肯定是又多了不少，带去一些滋补营养品，聊表孝心吧！妻子在家操持家务，上有老下有小的，不容易啊！怎么也得带上几件新衣服，明年多挣点钱，给她换一部好手机。可是，这长年累月两地分居的煎熬与思念，又岂是一点东西能够表达的！那些两口子一起返乡的，身上背的行李，大多给孩子带的吧！留守在家的孩子最让人操心了。昨天晚上打电话，问起期末考试成绩就打哈哈，恐怕又是考得不好吧……

到了农历除夕前夕。深圳，寂静了下来。

2004 年，深圳常住人口 800.80 万人。据官方统计，春运期间离开深圳的有 674.47 万人。春节的深圳，是名副其实的"空城"。

深南大道空了。即使罔顾交通规则横穿马路，在春节这几天大概率是不会被车撞的。那些平日川流不息的私家车呢？此刻已经停在大江南北那些小县城的小区里、村子里。车子的主人，此刻正在给老人磕头，给小辈发红包，用自己的家乡话和家人、朋友谈天说地。

华强北电子市场空了。那些操着潮汕口音、举手投足间影响着中国乃至东南亚电子产业行情冷暖的档主呢？此刻正在潮汕老家，喝着工夫茶，聊聊一年的生意经。赚钱、生儿子，赚更多钱、生更多儿子，是他们永远不会过时的话题。

科技园空了。终年在电脑屏幕跟前"996"的 IT 人，终于可以舒展一下因为长期加班而微驼的腰身，在老家好好睡上几个懒觉。当然也要承受父母的特殊关怀：别只顾着拼命挣钱，老大不小也该处个对象了！

工业区空了。那些每日穿梭于宿舍、生产线、食堂之间的打工妹、打工仔呢？此刻应是跟家人围坐在一起，不厌其烦地回答着爷爷奶奶、爸爸妈妈、叔叔伯伯、婶婶阿姨们的轮番关怀。在那边吃得惯吗？干活累不累？有没有中意的小伙子（姑娘）……这样的年纪，谁还不是个宝呢！

就连"城市主场"也空了，工地和售楼处大门紧闭。即便在入住之后的若干年里，每到春节小区里也会照例空旷下来。这些以"主场"命名自己家园的深圳人，春节的那几天，深圳似乎也不是他们的主场。

上海在春节期间返乡过年的人数也非常多，但是与深圳不同的是，离开上海返乡过年的是"外地人"，上海常住居民本身还是有千万之多。而离开深圳返乡过年的，则是"深圳人"。截止到新冠肺炎疫情之前，各网络媒体评选的中国春节"空城榜"，深圳高居榜首。

同样没有一座城市像深圳这样，在春节之后的一个月之内，迎回自己的大多数常住居民。2020年新冠肺炎疫情期间，深圳在春节后迎回了1300万人。

深圳不是他们的老家，但终究是他们的主场。

他们回来了，不管火车多么拥挤、大巴多么颠簸、全价机票多么昂贵，他们中的绝大多数都会回来。而当他们走出车站机场的那一刻，属于老家的自己又一次季节性休眠，那个"深睡眠"两个星期或者更久的深圳人，回来了。

"来了就是深圳人"的故事，就这样年复一年地上演着。

你将老家做"故乡"，我把乡愁留深圳

"深圳人"的身份，几乎是世界上最容易获得的。容易到只需要你在当地公安机关办一张"边防管理区通行证"，简称"边防证"，目的地"深圳"，再买一张火车票或长途汽车票。

一趟趟火车、一辆辆大巴，仿佛是爆米花机那样神奇，挤进车厢的那些四川人、湖南人、湖北人、江西人、安徽人、东北人……是一粒粒米。到达深圳，车门打开，"砰"的一声响，一粒粒米，都爆开成了爆米花。一个个原乡人，自然而然地成了深圳人。

越容易获得，也越容易失去。

"来了就是深圳人"，但是心里的那个四川人、湖南人、湖北人、江西人、安徽人、东北人、潮汕人……并没有"死去"，而是成为二元属性的另一面。

每年春节前，返乡过年时，心中的那个"深圳人"也没有永别，只是暂时处于休眠状态。过完春节，每个人都面临着一个严肃的自我拷问：深圳，我要不要回去？

"当然要回去！"心中的"深圳人"回答。深圳是如此有活力，有那么多的就业和发展机会，等着你为"世界工厂"拧上属于你的那颗螺丝。如果有足够的能力、资源和机遇，谁都可以梦想成为下一个任正非、马化腾、汪韬……

这似乎很有说服力。

"深圳是好，但是，那里不是你的家！"心中的"原乡人"一句话，足以让自己犹豫再三。

是的，深圳什么都有，唯独没有你的"家"！

"家"，对于深圳人来说，是一个宝贵乃至奢侈的话题。为养家而离家。这是最大多数深圳人告别家乡最重要的动因。

出租车司机老高在深圳工作快 30 年了。与深圳很多"的哥"不同的是，老高一路上非常喜欢和乘客聊天，而且不出两三句，就会说到自己的老婆孩子。如果路程够长，就能够从老高的讲述中得知：老高是安徽蚌埠人，80 年代末在解放军部队当汽车兵，复员之后不久来到深圳，跑起了出租。这么多年勤勤恳恳，服务周到，在公司里多次被评为先进工作者、优秀党员。

老高还会告诉乘客，他和妻子结婚二十多年了，一直两地分居。他在深圳开出租挣钱，妻子在老家带着一儿一女读书，照顾老人。俩孩子都很争气。女儿大学毕业，在杭州工作。儿子刚刚考上老家最好的高中。

说完这些，老高把手机打开递给客人，请他们看自己一家的合影。最后，总是要感慨地说一句："我很感谢我老婆。这二十多年，她真的很不容易！"

"我老婆很不容易"。一个深圳人说出来时，如此沉重。老高没有说自己容易不容易。二十多年，多少个晚上的寂寞难耐，多少个通宵的孤枕难眠，多少无法传递的千言万语，多少月圆之夜的天涯共此时。

老高文化水平并不高，他大概不知道有一位诗人余秀华写过这么一句："穿过大半个中国来睡你。"正因余秀华有自己曾经的经历，写出了诸多深圳人在夜深人静时，想要对远在老家另一半说的心里话。

对未来，老高并没有奢求。他租住在深圳福田上沙村廉价的出租屋里。省吃俭用，靠开出租车挣钱，在老家买了房子。孩子完成学业、经济独立之后，他终究是要回到老家，与妻子团聚，安享退休生活的。不过，那时候，老高也将近 60 岁了。

人生的价值，如果能够用出租车的计程器来计算，计算出来的是两个字：唏嘘。

深圳 1756 万常住人口（2020 年第七次全国人口普查数据），没有户籍占三分之二。老高就是这三分之二没有户籍的深圳人。老高的归宿，也是众多打工妹、打工仔的共同归宿。归根到底，那个他们倾其所有去供养的家，不在深圳，在很远很落后的老家。在经历了"原乡人"与"深圳人"二元身份的反复切换之后，他们终究会定格在"原乡人"的一面。

深圳经济特区建立 40 多年，像老高这样以夫妻分居的代价，独自在深圳谋生付出了最好的年华，最终仍旧是过客的深圳人，即使没有上亿，也有好几千万。

也有很多人到深圳后，在"原乡人"与"深圳人"二元身份间反复切换，他们最终定格在哪一边，取决于他们能不能在深圳有一个真实存在的"家"。

初到大城市发展的年轻人，婚恋是切入城市与文化的快捷模式。新北京人嫁（娶）老北京人，新上海人嫁（娶）老上海人，莫不如此。

深圳有所不同。这里几乎没有"老深圳人"。每个人都是初来乍到，恰如一朵朵浮萍，在人潮人海中随波漂流。

深圳福田中心区，莲花山公园。山顶的邓小平铜像广场，是深圳的一方圣地。在邓小平目光所及的右下方，是莲花山公园的东南一隅，有一个安静的角

深圳莲花山山顶

落。几个公告栏，贴满了 A4 纸大小的告示。

这就是深圳的相亲角。每一张征婚启事，都是盼望着找到港湾的一朵浮萍。他（她）们从老家来到深圳，举目无亲、毫无根基。哪怕有些人已经取得了深圳户口，但是在这个距离老家千里之遥的地方，没有一个属于自己的"家"，等老去之后，这座城市仍将抹去这个人存在过的痕迹，终将成为深圳的匆匆过客。

学历、收入、房产、身高、性格、兴趣爱好，以及对另一半的期望和要求，是征婚启事的要义，各地相亲角大抵如此。深圳相亲角的征婚启事，还有一项重要的内容——注明自己是"东北人""四川人""江西人"……深圳人啊深圳人，哪怕是寻找另一半的时候，老家仍然是不可或缺的身份标签。

没有人统计过深圳相亲角的配对成功率。估计不大乐观。权威婚恋网站和招聘网站发布的中国"职场人婚恋观调研报告"显示，深圳职场人员单身率达77.23%，高居一线城市榜首。

幸运儿也是有的。

90 年代初，阿岚高中落榜从浙江海岛小镇老家来到深圳，辗转几家公司之后，在一家寻呼台当寻呼小姐。她的语言天赋在寻呼台得到了充分的施展。她很快学会了广东话，而且可以将潮汕口音、客家口音广东话模仿得惟妙惟肖。工作顺风顺水，但是孤身一人漂在深圳，终究无依无靠。不知不觉，年纪奔着 30 去了。再"漂几年"，可能她也会像众多同龄的打工妹一样，把老家作为最终的归宿，从而退出深圳人的行列。

有一天，一位王先生登门寻呼台，要当面致谢一位寻呼小姐："贵台有一位寻呼小姐，声音甜美，服务周到。"王先生和阿岚见了面。缘分，就这样从天而降。王先生是甘肃籍律师，也是孤身一人在深圳工作。

两朵浮萍在深圳漂到了一起，一个属于深圳的家庭诞生了。两个人共同努力，买了房，迁入了户口。几年后，他们的儿子降生，这是第二代深圳人，不需要在"原乡人"和"深圳人"二元身份中切换，是属于深圳的深圳人。

如果那天王先生的寻呼电话不是阿岚接的，这段缘分就不存在了。如果他们没有赶在深圳房价暴涨之前买房，那么也许会为了置业成本，选择去别的城市安家。如果……一个漂在深圳的人，要克服多少"如果"，才能在这座城市拥有自己的"家"！

"家"，终究是中国人心所依。来了就是深圳人。在"原乡人"和"深圳人"二元身份的反复切换中，始终是一朵浮萍。只有在深圳有了"家"，才能在深圳生根，二元身份才能定格在深圳，下一代才能毋庸置疑地说：我是深圳人。

任文霞在国贸大厦担任接待科科长、接待办主任近30年之后，又转到一家企业担任高管。她早早地在深圳结婚生子，有了自己的家庭。如今，她是一个完全意义上的"深圳人"了。吉林省东丰县的老家，对于她来说，只是一个籍贯意义上的"故乡"。

任文霞用青春见证了国贸的成长与辉煌

阿岚和她的丈夫王律师，也已经是真正意义上的深圳人。浙江海岛上的小镇，甘肃省大山深处的县城，是他们各自的"故乡"。逢年过节还是要回去的，但是，那已经是"探亲"，而不再是"回家"。

最终定格在"深圳人"这一元的人，他们成功地把老家变成了"故乡"；而终究要回到老家的人，他们是不是也会把一部分乡愁留在深圳?

有人问出租车司机老高，要是有一天回老家养老了，会想深圳吗？老高说：当然会想，毕竟这辈子最好的时光都留在深圳了！

俄国诗人普希金在诗中写道：一切都是瞬息，一切都将过去；而那过去了的，就会成为亲切的怀恋。

在致丽大火中致残的王雪花，不甘心就此离开深圳。火灾发生三年后，1996年，她回到深圳试图找一份工作，但因为残疾没能如愿，只得再次返回忠县老家。

这位个性倔强的女子，经历了结婚、生女、离异，独自挣钱谋生，把女儿拉扯大。

人离开了深圳，但是这种生活态度，很"深圳"。虽然早已回到老家，在骨子里，王雪花终究有着"深圳人"的一面。

2005年，致丽大火遇难女工周秀琼的儿子潘卓高中毕业，到深圳打工，在一家印刷公司工作。在母亲付出生命的城市工作，潘卓很坦然。在一次致丽大火纪念活动中接受媒体采访时，潘卓说："我母亲那一代打工者，也许就是做铺路石的一代。"

潘卓的归宿终究可能还是老家，但是深圳会印刻在他的生命之中。毕竟他母亲的生命定格在了作为"深圳人"的那一元。

3. "外来妹"搅了80年代中国的局

第一单元的单元关键词是"原乡／饭量"。

原乡和饭量，没有什么关联，原乡是偏理论的范畴，饭量则是属于市井的话题。只是深圳在 20 世纪 80 年代将原乡和饭量请到了一起。

彼时，如果一个人原来在农村，他可能饭量很大，后来到了深圳打工，一开始饭量依旧很大，再后来，如果做了总经理，如果坐在办公楼里，或者在深圳定居，他的饭量越来越小，是与在深圳年份长短成反比的。年份越长，饭量越小。

深圳只是百把年之后，步了上海的后尘。上海是真正的原创。

上海开埠以后，经历了几次移民潮，每一次移民潮都是原乡和饭量的二重唱。虽然时代完全不同，二重唱的版本升级了无数次，但是原乡和饭量，是移民城市大小移民在生活轨迹上不变的变迁。

外来妹，一个不意外的"美丽的意外"

那么多年之后，打工题材的电视剧没有一部可以和《外来妹》比。

首先，没有一首主题歌能与《一样的路》相提并论。"一样的天，一样的脸"，每一句都唱在了人心里。

《外来妹》与深圳联系在一起，并且以"深圳速度"，极快地放射到全中国。

更重要的是，"外来妹"作为一个概念，作为一个新的移民群体，从深圳落脚了。

"外来妹"出现在深圳，是因为当时农村改革之后，许多人看到了有贫富的差别。人要往高处走，往什么地方走呢？出去打工。

那个时候，上海还不可能接受这种打工的人。到上海工作，必须要有户口，才会有油票、粮票，才能在上海生存。而上海户籍，即使到了 21 世纪的当下，依旧是紧闭的城门。

在其他地方，非正常流动人口叫作"盲流"。只有在深圳，叫做"外来妹"、打工仔。当时的中国，只有深圳可以接纳外来人口。深圳在80年代初期率先取消粮油等一切票证，客观上为"盲流"打开了城门。全国范围取消票证，已经是1993年了。

上海开埠之初，就是向移民敞开大门——当然那时候进入上海，没有门槛没有门，"一样的路，一样的鞋"，想来谁都可以来。

有一出非常著名的沪剧《星星之火》(1959年2月由上海市人民沪剧团首演于共舞台；编剧宗华，主演筱爱琴、邵滨孙、解洪元、许帼华等)，剧中苏北来上海纱厂当工人的小珍子，备受"那摩温"摧残、老板压迫，最后被日本鬼子活活折磨而死。这段历史不能忘记。

撇开小珍子的悲惨命运，和小珍子同时代从乡下到上海打工的，是第一代外来妹。不过，当时到上海做工人，青年女性并不是主体，女性主要是在纱厂务工，更多的劳动力是男性，所以，当年并没有外来妹一说。同时，到上海或者是做工人，或者是做小商小贩，不叫"打工"——打工是打短工没有着落的，而是"学生意"。学生意的说法，指向更加宽泛，而且还有学做人学做上海人的意思。

不管是哪一种叫法，什么含义，什么命运，什么结局，从乡下到上海谋生，皆是为了一口饭来。从50年代开始，上海有了极其严格的户籍制度，乡下人不能随随便便到上海来学生意了。原先的移民有了上海的户籍，成了固化的上海人，一直到80年代后期，上海重新开启了接纳外来人口大门。

上海是最成功的移民城市，很多年以后才有了深圳。

深圳的外来妹，也有特别的"时代背景"。

在此之前，全中国范围的务工，都没有自发流动的，每个人都只限于户籍所在地很小范围里生存，服从组织的安排。一个乡下姑娘，长大了，当一个乡下大妈，是一生的宿命。男人也是如此，一个农民，从生下来到老死，一生是农民。生在荒芜之地，不可能有繁华之梦。

深圳特区，最初的意思叫出口加工区，是划一个地方，吸引境外投资，并没有计划这个城市有多大的规模，至多五六十万人。

但是，中国的发展往往是不可控制的。深圳发展起来了。深圳有特区的政策，许多香港人、台湾人来深圳开厂了。港企台企大多是轻纺、电子工业，需要年轻女工。最初的打工妹，是深圳本地农民洗脚上田。后来企业越来越多，本地劳动力不够了，就从潮汕地区招工。潮汕地区打工妹又不够用了，才有湖南、四川、江西乃至全国各地的打工妹源源不断涌入。

对于广东人来说，韶关以外皆为北方。所以，除了韶关以内，所有的打工妹都是"外来妹"。

外来妹在深圳赚钱，全中国都知晓了，频频听到她们在深圳赚一年的钱，相当于在老家种田三五十年。去深圳，就代表了生活的梦想。

外来妹就成为这个年代外来务工者的形象大使。

外来妹搅了中国80年代的局，是一点不夸张的，深圳则是这个局的最大集市。

对于普通的中国人来说，外来妹是一个美丽的意外，但是对于在中国南方画了个圈的邓小平来说，这个美丽的意外一点不意外，皆在运筹帷幄之中。

相同的"外来妹"，不同的性格、不同的选择、不同的命运，都在《外来妹》电视剧中得到了体现和暗示。"外来妹"是改革开放年代离乡打工者的缩影。

"外来妹"这个名词，很自然衍生了"原乡"命题。因为外来妹的先决条件是离乡。

离乡，不仅仅意味着离开了自己的亲人，最重要的代价是，离开了自己的市井习俗，实质上是离开了自己认同的"三观"，离开了和自己生存息息相关的文化。

"一方水土养一方人"，另一层意义是，一方水土也只能养得活与其相关的一方人。

20世纪60年代，全国1700万"知青"背井离乡去上山下乡。当时人们觉得这是一件很痛苦的事情。

80 年代，上百万人同样背井离乡去深圳，没觉得痛苦。因为有一个美丽的诱惑在等待。这才会有中国几十年汹涌澎湃的"民工潮"。

民工潮其实也是离乡潮。

什么时候会真正体会到离乡也是代价呢？

一种可能，他混不下去时，他会想，我为什么要出来？留在家乡多好！

还有一种可能，他过上了小康生活，他会想起小学中学，儿时玩伴，熟络的街坊和村落。

甚至，他是成功人士了，在他达到巅峰的第二天，他会开始想念自己家乡的一切，因为他成功的是事业，失去的是他家乡的韵味，比如家乡的小曲、塞北的雪。

这就是原乡情结，不管离乡的心情是多么迫切甚至断然，原乡总是接踵而至地到来。

深圳几乎人人都有原乡情结，因为，深圳在 80 年代初只有 30 万原住民。

"对于深圳人来说，除了深圳，就是老家。"第一次听到这句话，就非常有冲击力，而后细细咀嚼，五味杂陈。有动容，有沧桑；有无以名状的沉思；笑着的脸上，流下不笑的眼泪。

他们是在深圳生活的深圳人，但是他们各自有自己的家乡。同为深圳人，互相之间的语言、习俗、做派，相差十万八千里，"怎能叫我不想家？"

有个深圳细节很能说明问题。

有段时间，深圳出租车的副驾驶位置上，有司机的信息牌，上面有照片、证件号码，还有一个很重要的信息——籍贯。

最多的，是来自湖南攸县的。

深圳的"的哥"很抱团，是以同乡的情谊为中心"组团"的。对讲一打开，哪个的哥跟乘客发生冲突，或者刮了蹭了，附近的同乡司机就会赶去帮忙。所以，攸县司机不太容易吃亏。

后来，司机信息牌上的"籍贯"被取消了。看得出来，深圳还是想打造"我

1979 年深圳的街景

1980 年深圳闹市区

深圳戏院，中国内地第一家有空调的戏院

1979 年深圳火车站站台，香港人的
大包小包里，塞满了送给深圳亲人的东西

深圳幼儿园小朋友，他们后来都去了哪里？

1981 年，深圳蛇口海滩旁玩耍的少先队员

们都是深圳人"和"来了就是深圳人"的深圳文化。

在深圳的时候是深圳人，但是在心底深处，有时候并不觉得自己是深圳人。白天，互相是同事、闺蜜。可能有安徽的，有东北的，还有来自别的什么地方。白天可以一起工作，可能很合拍，谈国际国内形势时，可能三观高度统一。但是如果两人是夫妻、恋人关系，晚上到了家里，门一关，也许有时候他们心里明白，两个人来自不同的世界。两个人原乡的原点是不一样的：对方不是值得两眼泪汪汪的老乡，各自的市井习俗南辕北辙。

并没有什么是非，只是原乡文化不同。

邓丽君有一首歌曲《原乡人》(庄奴作词，汤尼作曲)，是电影《原乡人》的

电影《原乡人》海报

主题歌。《原乡人》(台湾大众电影事业股份有限公司 1980 年出品，李行导演，秦汉、林凤娇主演)，则是改编自台湾乡土文学作家钟理和的同名自传。

钟理和的原乡，是对家乡的原乡，更是对爱情的原乡。18 岁时，钟理和随父亲搬迁到了美浓，爱上了在钟家做工的钟平妹，但是客家人风俗严禁同姓联姻。钟理和为此离家到沈阳，两年后回到家乡美浓，并且和钟平妹私奔沈阳。

庄奴的歌词写出了原乡的感觉——

我张开一双翅膀，背驮着一个希望／飞过那陌生的城池，去到我向往的地方／在旷野中，我嗅到芬芳／从泥土里，我摄取营养／为了吐丝蚕儿要吃桑叶，为了播种花儿要开放／我走过丛林山岗，也走过白雪茫茫／看到了山川的风貌，也听到大地在成长……

钟理和回到了家乡，见到了爱人，也即是新的离乡：我张开一双翅膀，背驮着一个希望／飞过那陌生的城池，去到我向往的地方……

离乡和原乡，都会张开一双翅膀，背驮一个希望，飞过那陌生的城池。陌生，在于文化的陌生，而且常常是不可改变的陌生。

上海吴淞口有著名的"三夹水"景观：黄浦江水，长江水，东海水，汇流在一起，船经过时可以明显地看到，三种水的颜色是不一样的；它们一起流，却流不到一起；反过来说，它们流不到一起，却一起流。

这就是文化的个性，文化的个性是文化的魅力，但是，有个性的文化也即有矛盾、有冲突的文化——"对于深圳人来讲，除了深圳，就是老家"，是深圳人心里很难打开的结。

很多年的春节，深圳是最能体现"深圳人的身心距离"的。别看一年中有350天熙熙攘攘，唯独过年的15天，深圳就是一座空城——都回老家过年了。"来了就是深圳人"，那么回老家时候，就不是深圳人。深圳则是没有人。

即使有一天，定格在其中一元，不再具有二元的纠结，但是原乡的情结依旧。一百年前第一批第二批来上海学生意的移民，到老了不仅家乡口音浓重，被人家叫做老宁波、老山东……而且家乡的口味、家乡的习俗，也依然完好地维持着。

每个人都是从自己的原点出发，以自己的轨迹和惯性，决定着自己的经由和到达。

80 年代上海，不一样的路不一样的鞋

和深圳《外来妹》完全相左，上海有自己的路，有自己的鞋，而且都是带着上海光环的。

1979 年，深圳撤县建市，第二年建立特区。与此同时在上海发生了什么呢？上海人的感觉是"活"过来了；并不是说他原来"死"掉的。而是上海人善于生活的特性被改革开放激活了。

1979 年《文化与生活》在上海创刊。如今回想起来，是可以用"传奇"来形容。《文化与生活》编辑部，只是上海文化出版社属下的一个编辑室，按照行政级别定论，属于科级。就是这么一个科级部门，几位普通编辑，编辑出版了一本引领了当时中国生活时尚的杂志。一出刊，就成为全上海的最热，要凭票、要开

后门。一个男青年手里有一本《文化与生活》，足够为他"撩妹"加分的。

《文化与生活》是上海人的生活宣言。

上海人的生活水平和品质，是全中国的风向标。彼时恰逢一些资产阶级和知识分子家庭"落实政策"了，享受生活成为可能。上海人的自我感觉是非常良好的。

仅仅是两三年后，上海的国民经济往下掉了，国营工厂效率低下，产品积压；通货膨胀汹涌，各类民生矛盾此起彼伏。

"文革"中上海百万知青上山下乡，返城之后要有工作，往往只能安排到里弄生产组、街道工厂。还有很多人没有工作。中学毕业考不上大学叫待业，农村回来没有工作的叫失业。

几十万待业失业青年游荡在街头，上海的城市包袱越来越沉重。上海人惬意的感觉渐渐失去了。上海那些"全国第一"的东西好像也越来越少了。

到了80年代中期，工人要下岗了。直至90年代，上海约有100万下岗工人，约占全上海户籍人口的十分之一，如同当年上山下乡一样，每个人家庭、亲戚、朋友、同学中，一定有人下岗。

恰恰也就是在那个时候，深圳的国贸大厦竣工了，对上海的国际饭店，有着改朝换代的羞辱。

马骥远对上海也有自己独特的感受——

> 我从小在安徽凤台长大，因为父亲是上海人，也时常来上海，所以我们家被当地人看作是一个上海人家庭。
>
> 上小学时，有个同学问我，听说上海国际饭店有24层那么高！我至今还记得他脸上那充满惊诧和向往的神情。当时凤台县城里最高的楼，是县委招待所，四五层楼的样子。
>
> 虽然从小没有生活在上海，但与上海有关的优越感是无处不在的。无论是父亲去上海出差，还是我们一家去上海探亲，父母的同事，包括我的老

1980 年代的上海南京东路

淮海中路瑞金二路口

新世界百货商场

淮海路上的庆丰熟食店

1988 年，上海第一届裸体油画艺术展
吸引了大批观众

外滩情人墙

师，都要开一大堆代购清单的，买毛线、衣服，以及各种小地方买不到的食品。这就是当时上海在全中国的地位。

我第一次去国贸大厦旋转餐厅，是1989年春节。父亲带着全家在深圳过年时上去的。在当年，确实是超前的存在。80年代深圳在"高大上""现代化"的层面上，抢走了上海的风头，我是有感性认识的。

国际饭店、中国国际贸易中心大厦，都含有"国际"。

两个"国际"代表着两个时代。国际饭店是上海人50年的骄傲，建成以后是远东第一高楼。什么叫远东？当年没有东京、汉城（首尔的前称）什么事。还有很多流传的段子，比如说乡下人戴着帽子，抬头看国际饭店，帽子"啪"的掉在地上。

24层，对于中国人是神一般的存在。

如果说，每一个地区的发展都会有波浪形或者一个V字起伏，80年代，上海就逐渐陷入谷底。

过了很多年，我们从1988年的一段视频中，听到了朱镕基就任上海市长时提出了"振兴上海"。之前，都知道"振兴中华"缘起于北大学生为中国男排的喝彩，而后流行于全中国，但是没有想到，有一天，上海也需要振兴了。

即使在上海需要振兴的时候，上海人离开上海去南方下海打工，也是极少数。

无论是当年"外来妹"蜂拥南下，还是今天国内外科技创业者云集，"深圳人"中，来自上海的都不多。上海这个移民城市的老大哥，面对深圳崛起，为何缺少移民动力了？

上海有"海纳百川"自我形容，恰恰说明上海是"百川"向往被接纳的地方。

深圳风起云涌之时，许多上海人刚刚经历过一个被迫移民的年代。50年代的支边支内，六七十年代的上山下乡，一去就是二三十年，人生的黄金阶段都在外地。改革开放之后，上海人刚刚能够全家团聚，安居乐业。虽然工作不一定理想，但是生活在上海，可以知足的。

如今有个宣传用语叫做"宜居"，不得不说，几十年前，虽然没有宜居的概念，但是上海宜居的综合指标很完整。学校多教师好升学率高，是宜学；绝大多数人都有工作是宜业；公共交通四通八达，是宜动；文化生活设施远东第一，是宜趣；各级医院分布细密，是宜患……还有一点很重要，上海社会秩序是最好的，人文环境是非常优良的，这是宜心。

开埠以来逐渐完善的城市底坯，让上海人有了在上海安居乐业的恒心。

要上海人迈出离开上海的那一步，真是很难的。

当许多人在深圳下海，发了财，做了总经理的时候，上海有 100 万下岗工人。其中也有很优秀的人，他们绝大部分可以做一个丁是丁卯是卯的工人，做不了创业者，或者没有想过去成为一个创业者。我们会在下一章陈述上海人领头羊的做派中再展开。

也有上海人去深圳发展的。

比如著名电影演员、深圳电视台早期的副台长祝希娟，是上海人。《深圳特区报》创刊早期也有多位记者来自上海。

但是他们有一个共同的特点，大多是体制内的干部调动。真正放下一切，义无反顾到深圳做深圳人，确实很少。

有些上海人，是因为在上海怀才不遇而到深圳，但是到了深圳他更不适应，因为他适应的是上海循规蹈矩的国企体制，循规蹈矩不是贬义词，而是说国企体制规矩繁多，在深圳完全行不通，因为深圳是不循规蹈矩的。

如果用动物做个比喻，上海国企体制思维是动物园，每只老虎都有定量配食。到了深圳，深圳不是动物园，而是接近自然环境，老虎是要抢食的。这就是新的思维。

农村或者偏远地方的人，生就抢食的本领，到了深圳抢得到食物，上海人则是习惯几十年一贯制的"定食"。

酿酒与爆米花，两种不同的移民方式

深圳怎么可以和上海相提并论？

在行政级别上，上海是直辖市，深圳都不是省会城市。作为"计划单列市"的经济特区城市，深圳是副省级，比上海低半级。

几十年前，老百姓有对中国十大城市的排行榜：上海、北京、天津、广州、南京、重庆、武汉、西安、成都、杭州。或许还有其他统计排列，不管怎么排列，深圳都在榜单外。深圳只是个小渔村，只是藏着"秘密图纸"要偷渡到香港的角落。

风水轮流，十大城市排列没有了，经常做榜单的是"北上广深"，并且以"四大名旦"来称誉。四大名旦具有名旦的共性：城市化程度高，GDP 高，收入高，消费指数高，房价更高。

房价背后是什么？是 GDP，消费指数，时尚指数，等等。总是北上广深轮流坐庄，上海深圳还经常数一数二。

上海和深圳都是移民城市，中国没有第三个大城市，像上海深圳以移民作为主体。当然，上海和深圳两个城市的移民方式和移民速度是不同的。

上海的移民是一波一波来的。1843 年之后经历了几波移民，上海人的阵容在不断地扩大，从 25 万到 250 万、400 万、500 万……"上海人"的阵容渐进式地扩大，"上海人"的同化力也随之上升且强大，不断有"乡下人"被同化成为上海人。

在上海，刚刚进入上海的人，凭着家乡口音就会被贴上"乡下人"的标签，是被看不起的。不过上海的市井文化有个特点，是排斥性的接纳。

举个例子，上海人坐公交车，习惯往车厢里面走。外地人刚刚到上海，乘公交车只敢站在车门口，因为上海话报站听不懂，怕过站。此时，一定有上海人嘲笑他："乡下人，往里走一点。"被人家骂"乡下人"，一定不舒服。但是乡下人真要是到站了没下车，又有上海人会提醒他，乡下人，到站了，快点下去。既是羞辱又是帮助，这就是排斥性的接纳。

被叫做"乡下人"的人，第一是气恼，第二会脸红，第三很快纠正自己的"乡下人"习气，以后乘公交车，就往车厢里走了，还用最快的速度，学会了上海话。没过多久，他也成了可以教训乡下人的上海人了。

这就是上海人的市井文化，有优越感，有排斥，但是排斥也意味着逼迫对方很快地融入上海，成为上海人。这就是以往上海市井文化同化能力之强。

深圳在很快摆脱了广东话的独霸一方后，普通话就一统天下了。不管是十几岁到深圳旅游也好，后来到深圳工作也好，普通话畅行无阻。虽然普通话里夹杂了各地的乡音：湖南、东北、陕西……但是没有人嘲讽讥笑，因为都是彼此彼此的主儿。"来了就是深圳人"，就是这个意思。

"来了就是深圳人"有其 AB 面。A 面，深圳不排外，接纳任何人；B 面，归属感比较弱，谁都可以做主人的时候，谁都找不到主人。

深圳最早效仿香港成立了义工联，提倡市民当义工、义务献血，所谓"送人玫瑰手有余香"，实际上是希望增强每个个体的城市归属感。

这一点从深圳的一些主流宣传上也看得出来。深圳的风云人物，当然包括马化腾、任正非这些成功的创业者，也有很多小人物。其中给人印象很深的是歌手丛飞。他不是特别著名，自己过得很苦，每年还去贫困山区助学，把所有的钱都捐给了比自己更困难的人。

高度市场化的深圳，为什么要树立这样的典型人物？是想表达一个理念——做"深圳人"不孤单。

在深圳说普通话是必然的，也是自然的，任何其他方言都无法"占山为王"。上海人则是以上海话为荣的。

马尚龙出生在上海，对当下上海话的形成有自己的见解：如今上海人说的上海话，是在 20 世纪五六七十年代他这一代青少年时期定型的。他回忆了自己作为一个第三代宁波移民说上海话的过程。

当时几乎每个人的上海话都带有各自的家乡口音。为什么上海滑稽戏里会有苏北话、安徽话、宁波话？就是因为各地移民混居，方言杂陈——滑稽戏是中国唯一一个以各地方言作为表现特色的剧种。小时候，我以为自己说的是上海话，不知道是带了不少宁波口音的，跟同学们一起说笑，宁波口音就流露出来了，会有一点自卑感。每个同学都会有家乡口音流露而自卑的心理。

举个例子，去买醋，我是说成买"谜醋"的。上海话米醋的米读第三声，宁波话读第二声，像"谜"的读音。和同学们交流时，他们会问啥叫"谜醋"？那是宁波话！于是就自我纠正，甚至就不叫米醋，叫"醋"。上海口音，是这样形成的。与我相仿年龄的移民后代，也是像我这样消灭了自己的家乡口音。

上海话，在我们这一代，逐渐形成并且统一。

培养一个贵族需要三代，形成独立的语言也需要三代。

上海人的语言乃至于文化，是"酿酒式"的，像酿酒一样慢慢酿出来的。渐进式的移民，形成了固有的文化、价值观和语言。再过 20 年，到 2043 年，上海开埠就满 200 年了。

深圳不一样。深圳是缺少这一环节的。

上海曾经是移民城市，如今准确地说，是被移民城市。凡是在 50 年代即为上海户籍者是移民，他们的后人是移民的后代，渐渐固化为上海原住民，也就是"上海人"，上海也随之不再是移民城市。八九十年代以来又接受了大量移民，是一个正在被移民的城市。在被移民城市里，会有两种文化，一种是原住民文化，一种是正在移民中的文化。原住民文化相对固化，正在移民中的文化相对漂移，否则为什么要叫移民呢？

深圳的移民历史从 20 世纪 80 年代开始，而深圳最有华彩的历史，也是从 80 年代开始的。与上海完全不同的是，深圳之前的原住民仅 30 万，如今的 1800 万深圳人，都是四十多年间移民而来，也有小部分他们未成年的子女。所以深圳的文化是正在移民中的文化。

"来了就是深圳人"，意味着早上 8 点钟还是在西安老家吃油泼面，一个航班的功夫，11 点在深圳降落，就变成深圳人了。这种极速的变化，可以称为"爆米花式"。这毫无贬义，就是好像爆米花，"砰"一下子变成深圳人。

他们在飞机上火车上，还和老乡说着家乡话，但是下了飞机火车，和深圳社会打交道，家乡语通道自然闭合，普通话成了通用语。

这就是不同的移民方式和速度，产生了不同的移民文化。

来了上海，没有经过同化，还是乡下人，必须历经酿酒的时间段，经过被同化的渐进过程，才变成上海人了。这是酿酒方式。

深圳恰恰是来得容易，去得也快。从 80 年代到现在，如果在深圳工作一个月以上都算是来过深圳的话，一定是天文数字。有文章说闯荡过深圳的人总和，将近 3 亿。也就是说，曾经有 3 亿人，为"来了就是深圳人"而踌躇满志。

每一个航班飞抵深圳，"砰"的一声爆米花爆开了，你就是深圳人；每一个航班飞离深圳，"砰"的一声爆米花爆开了，把深圳人带走了。

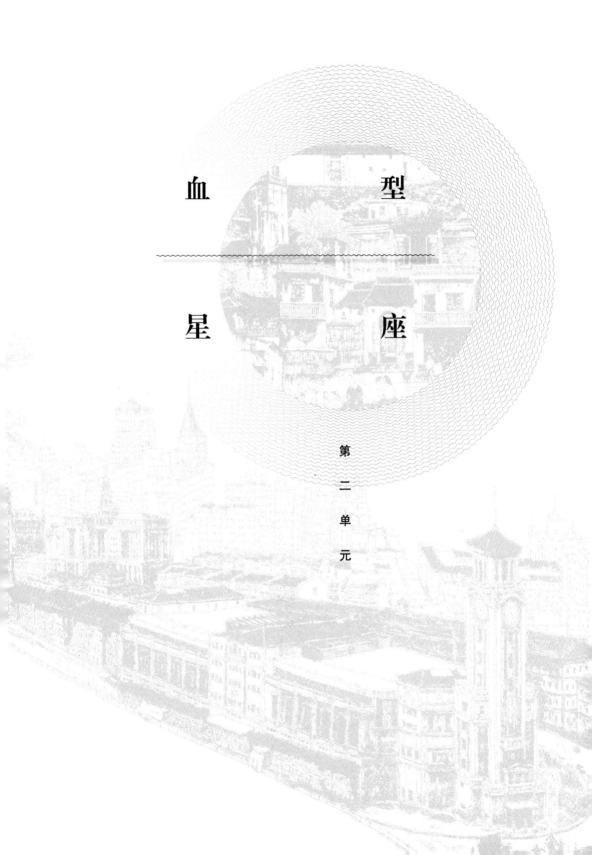

血 型 星 座

第 二 单 元

上苍决定了我的角色，我却给角色
注入我的血型
祠堂的规矩，公寓的修身，背熟了剧情的底本
冒险家踏上勇敢者的道路
在野性的田野里，一群小赤佬追逐
春二三月

10 万琴童与 10 万总经理，隔空助阵
马拉河，我们共同渡过。生活真正需要的
不是遇见了什么，而是记住了什么
羊的温良，不是怯弱而是秉性
角马的奋勇，不是勇敢而是唯有
雪花膏和卡西欧，摇滚迷人

红绿灯代言了城市的契约
舞台上下，人人都在演戏，角儿太少
狮王霸气，猎犬抱团，白鹤独善其身
星座的释语，总有隐形的基因
有止息的日子，无退路的奋斗，轮替无期
从学生意到下海，只是一个甲子

4. 不做领头羊，上海可以做什么

世界上有些阴差阳错的偶然，细细一想，却是暗合了恰到好处的必然。

举办了 30 年的上海旅游节，因为新冠肺炎，2020 年转弯了。2021 年仍旧在弯道上，花车巡游之类的集聚性活动一概取消，取而代之是各类媒体的密集性"轰趴"。轰着轰着，倒是轰出了一个引发上海人共鸣的主题：喜欢上海的理由。

之所以称其为阴差阳错的偶然和恰到好处的必然，在于二十多年前的 2001 年，上海有过一支歌，歌名恰恰是《喜欢上海的理由》（陶为民作词，孔佳原唱）。

这本是一支力波啤酒的广告歌，力波啤酒，正是凭借了这支广告歌，打败了把自己死死摁住的三得利啤酒。这支歌的写作人陶为民，或许想到过自己的歌词有杀伤力，但是他不可能想到，二三十句歌词，尤其是歌名"喜欢上海的理由"，一直被上海人传唱，更不可能预想得到的是，歌名被移花接木，用作 2021 年上海旅游节的官方口号。

喜欢上海的理由

　　上海是我长大成人的所在 / 带着我所有的情怀 / 第一次干杯，头一回恋爱在永远的纯真年代 / 追过港台同胞，迷上过老外 / 自己当明星感觉也不坏 / 成功的滋味，自己最明白 / 旧的不去，新的不来 / 城市的高度它越变越快 / 有人出去有人回来 / 身边的朋友越穿越新派 / 上海让我越看越爱 / 好日子，好时代 / 我在上海，力波也在。

这首歌在当年是从单纯的广告歌，唱成为流行歌曲的。那一年，电视台每个频道轮番播出，以至上海人都会哼了，都记住了。千万不要小看这支广告歌的

"时代意义"。这是上海媒体上，第一次"明目张胆"地歌唱上海人心中的上海生活和上海情调，是第一次由上海人唱出了爱上海的歌。

在此之前所有写上海唱上海，永远是在歌颂上海的贡献，而不是上海人的情怀；真要写到上海人，那便是苟且、计较、懦弱，央视春晚连续八年都有一个讽刺上海人的小品，全中国似乎都认同了小品演的即上海人。唯有《喜欢上海的理由》，将上海人歌颂了一大把，还很感性，很生活，很市井，很上海，提升到了城市格调的高度。

力波借助上海概念赢了。上海概念如此张扬地提出，喜欢上海的理由如此感性地梳理，何尝不是力波为上海做了最大的宣告？

回想 2001 年前后，上海人的感觉终于又好起来了。他们皆是八九十年代的过来人，彼时上海皱过眉头，要说是至暗时刻也不为过，是大上海最灰暗、最尴尬、最"小上海"的年代。

就业困窘有 100 万下岗工人，住房紧张有十数万人均不足 2.5 平方米的特困户，卫生间尴尬有几十万只马桶。于是应运而生了攻克买不到菜的菜篮子工程，帮助百万下岗工人重新就业的四零五零工程——因为下岗工人的年龄大多是四五十岁的中年人，危房旧房改建工程完全是杯水车薪……凡是政府实事工程要解决的问题，总是百姓民生几十年越积越深的无奈、无助、无望。

最尴尬的日子，在 90 年代中期开始一页一页地翻篇。上海人的日脚好过起来了，动迁的动迁，买房的买房，钞票多了，窘迫少了，上海人腰板扎足了。

1990 年，浦东开发了，几年后，陆家嘴已然是世界性的地标。

1991 年，上海证券交易所成立了，稍后便有深圳证券交易所的呼应。两家证交所对唱 30 年后，才有北京证券交易所一起来三重唱。

延安东路高架，以充满了各种传说八卦的龙图腾竖立，和南北高架完成了十字相交，在 1999 年终于全线贯通了。

上海人的口气大了。

力波广告歌终于找到可以登陆的"诺曼底"——上海风情、上海格调、上海生活，上海人喜欢的上海。2001 年，"喜欢上海的理由"，唱得正是时候。

学不来北京人的狮王霸气

2000 年，上海人终于意识到了，上海人就是领头羊，更深层次地意识到，领头羊不仅是责任，也不失为优点，且是不可复制的优点。领头羊的属性和担当，包含了上海人的固有品行、规矩，包括了被全国人民诟病的做派，似乎都有了"善有善报"的回报——"善"字是"羊字头"的会意字。即便是上海人固有的优越感，也可以在领头羊身上隐约再现了。

"领头羊"三个字本身很平常，但是当它作为邓小平对上海的期许时，就不平常了。邓小平一定不是随意而言之，而是有他深层次的微言大义。"领头羊"的意义，恐怕不是很简单的带头模范作用，指定要由上海来承担这个角色，当是邓小平"知人善任"，知上海而重托。

很多年以后，我们看到了"领头羊"的作用，从而又在一个细小之处感受到邓小平的伟大睿智；似乎可以像写学术论文一样探究：为什么邓小平希望上海来承担领头羊的角色，而不是首都北京，不是南风拂面的广州，也不是异军突起的深圳，更不是时有惊诧之作的温州？

如果，我们将中国几个重要的城市都以某种动物属性来比喻，便会发现，领头羊非上海莫属。这不是优劣是非，恰是因地域文化的差异和人文气质不同而决定的。

北京显然不是领头羊。皇城根的地理优势，决定了北京人的心理优势。北京更像是狮王。它是有威严的，有气场的，有统治力的。狮王不必像领头羊以身作则事必躬亲的，狮王通常不需要参加围猎，坐享其成便是。狮王自有狮王的担责，那就是捍卫领地的完整。狮王每天要沿着自己的领地去巡视，在重要的边界处撒尿——很多动物都是如此设立自己的领地界碑和领袖地位的。

皇城根下狮王的气派，决定了它是一道城墙，是城墙的一粒小石子，也连着城墙的气息。它不是让你学的，而是让你看的。

崔健的摇滚是狮王式的：我曾经问个不休／你何时跟我走／可你却总是笑我／一无所有／我要给你我的追求／还有我的自由／可你却总是笑我一无所有⋯⋯

1986 年，在北京国际和平年百名歌星演唱会上，崔健首唱，歌名《一无所有》，却是有思想，有沧桑，也有不可一世的霸气。崔健的霸气，因为他是北京人，是一个百分之百的"京生"，如果他是"沪生"，他就不可能是我们熟知的"红旗下的蛋"。

还有好几位北京出生、且有部队大院背景的文化人，很受人喜欢欣赏。当然因为他们有学识，有思想，有趣味，还有口才，但是千万不要忽略的是，他们有地道的北京话，有在北京出生而自然生养的皇城根气息，还有部队大院出生的居高临下优势。很难想象，要是他们的普通话结结巴巴，带着某一个地方的乡音，是否还会有现在这样的话语魅力。

哪怕是胡同口遛鸟玩蛐蛐儿的爷们，说起手中玩物也是宫内宫外、几百年上千年的。和北京爷们对话，即便是一个外地赴京的小官，在气场上都是要输掉的。早些年有个市井称呼"侃爷"，那就是对北京爷们的特指。他们不仅占有精神上的气场，也把握了语言上的绝对优势。一个是地道的北京话，一个是全国通用的普通话，要知道普通话的三大定义之首是"以北京语音为标准音"，意味着，北京爷们是说书先生，你是听客，顺溜不过他的。

精神上的气场和语言上的江湖霸主地位，决定了非北京籍人很难融入北京。虽然北京发展的机会非常多，去北京打工者也非常多，但是那叫作"北漂"，真正漂出名堂的，大多在娱乐圈。漂的概念，是没有根，犹如浮萍；今天可以漂过来，明天也可以漂过去。这就是北漂者和北京人之间最根本的距离。

到上海打工有很大的差别，少有沪漂一说，到上海漂是漂不了几天的，只有脚踏实地往下沉，才能在上海"混出个人样"。

上海当然也会排外，但是上海人是用普通话作为公共语言的，在语言地位上，不仅平等，还多有迁就。在上海政府机关会议桌上，都摆着一块"请说普通话"的铜质铭牌。上海籍公务人员私底下颇有微词，但是渐渐地，说普通话成了他们的职业习惯。

开埠只有一百八十多年，上海自然少了北京的历史豪迈和皇城根的气派，但是城市人文气质和公序良俗，在全国一直领先。面对同样汹涌而入的外来人口，上海在 2001 年提出了"新上海人"概念，这是上海人对外来人口的态度。"新北京人"提法，要晚于上海整整 10 年。2011 年 4 月，"首都之窗网"一档节目中，首次提出"新北京人"概念。也是在这一年，广州市政府提出用"新广州人"取代原来的"农民工""打工仔"的称谓。

做一个猜测，"新北京人"和"新广州人"同年出生，似乎是在踩着下课铃完成了中央政府布置的作业，而班长 10 年前已经交卷了。

这 10 年的领先，是领头羊的领先。

不妨回忆一下，近些年诸多社会群体性大整治活动，几乎都是上海率先试行，一年半年之后向全国推广的。

2015 年 9 月，"五违四必"整治，是从上海首先拉开警铃的。

2016 年 3 月，一场"最严标准""最严执法""最严管理"的道路交通违法行为大整治，在上海拉开序幕。

2019 年 7 月，垃圾分类，上海又是第一个起跑的。

领头羊的身份恰如其分。

每一次大整治活动都将上海作为试行城市，大概是要获得两方面的"试行数据"。一是这个大整治的具体方案存在哪些不可操作性，二是欠妥的方案可能会激起民众的什么反应。这个试行安排在上海，是最妥当的了。

上海是超大型城市，试行的数据准确度高，上海民众比较温顺，较少过激反应，试行方案即使有欠妥之处，修正也来得及。还有一点是隐性的，也很重要，魔都都已经率先执行了，别的地方还有什么理由做不到的？

遭遇社会群体性大整治，上海民众当然也发牢骚。不明不白地，罚了钱，扣了分，没有一个不发怨言的，甚至也要"册那""册那"开骂的。有些具体的新规，确实值得探讨，有些执行缺少柔性，也值得纠偏。不过，怨归怨，骂归骂，服从归服从。印象中，交通大整治中出现很激越反应的案例很少。上海人是天生羊的秉性。

再看一下上海交通大整治几年之后的效果，恐怕也是全国冠军的有力争夺者。汽车礼让行人，从一开始的"理让"，很快就升格为"礼让"了。交通大整治的各项规定，上海人当作了作业在完成。

领头羊，不是上海人想做，而是说，上海人就是领头羊。

学不来温州人的非洲猎犬之为

在城市规模和城市 GDP 上，温州是排不上号的，但是温州的生意经，是令人刮目相看的。说起温州，人们不大会想到温州的风景、温州的土特产、温州的人文历史，却是很快会在脑子里浮现出温州人的做派。温州人遍布全世界各个角落的生意，从纽扣、发夹、打火机、贺年卡，到旅游景点纪念品、服装、奢侈品加工……温州人的抱团，温州人的不怕辛劳，温州人的海角天涯，温州人的天高皇帝远。毫无疑问，温州人是一个非常特别的存在。

网上有形容温州人的生意经是蝗虫式的，所到之处，颗粒不剩。这是太小看温州人了。蝗虫只具有破坏性，却不具有本身的文化，而且也不会有创造。温州人是有自己文化结构的，而且温州人正是通过自己的文化结构，壮大了温州。

我们更愿意将温州人比作非洲猎犬。非洲猎犬是肉食类动物，它的名声似乎不是太好，除了自己捕猎获得食物，还常常做鸡鸣狗盗、不上台面的事情。

非洲猎犬个体能力远远比不上狮豹，但是它的群体作战能力极强，常常从狮豹嘴里夺食。狮豹狩猎并不容易，当它们气喘吁吁撕扯羚羊、角马时，嗅觉极其灵敏的非洲猎犬从几公里外来了，而且是一个家族几十只。它们不和狮豹正面交战，而是持续地骚扰袭击，与狮豹争食。狮豹缠斗不过非洲猎犬，最终不得不放弃自己的口粮。

除了不劳而获，非洲猎犬的食性毫无尊严，腐尸照样吞噬。还有一点，非洲猎犬的长相既不威武，也不可爱，是丑相。

许多人对非洲猎犬非常不屑，是以人的道德和审美标准在衡量，显然不懂自然界一切都是合理的。而且人们只看到了非洲猎犬的不劳而获和食腐，却没有看到非洲猎犬的"生意经"，更没有看到非洲猎犬的团队精神和家族凝聚力、战斗力。

以非洲猎犬对应温州人，最对得上的是团队精神和家族凝聚力、战斗力。

温州购房团是全中国都熟知的，在天价房价的魔都，许多楼盘里都盘踞了温州购房团置下的房产。有人以为温州购房团是一群温州人来集体购房，像买服装一样，你买你的我买我的。当然有这样的方式，不过还有一种方式，才是真正体现温州人的家族凝聚力和战斗力的。那就是集体购房是相互间有借钱、垫钱的，50万、100万拿去，不用立据为证。有人开店开厂钱不够，照样借钱不立据。这种信用方式延续至今。我很怀疑借钱不立据的真实性，但是多位温州籍朋友很肯定地说：现在还是这样。

没有人担心少了借条会有人赖账？贪婪之心本是人性的弱点，要有法律要有契约来防范坏人之心和坏人之行。在温州，是什么在制约人性的弱点？是什么在保护几乎原始态的人文环境？是温州人的家族文化，也或者叫做温州人的祠堂文化。

地理位置的独立性，使得温州相对与世隔绝，从而保留了传统的家族文化，也可以叫做祠堂文化。每个家族都有祠堂，列祖列宗牌位供奉在祠堂，过年过节，子子孙孙皆要到祠堂，向列祖列宗汇报自己的品行，就像是机关、公司每年要写小结一样。与年终小结可以复制粘贴不同，祠堂有族长坐堂，有全家族老少见证，谁都不敢说谎话，更不敢造次。如果触犯了族规，做了对不起列祖列宗的事情，轻则鞭挞，重则逐出家门，永远不可以进祠堂——相当于取消考评资格。一旦被逐出家门，那就是行尸走肉一般，再也没地方混了。

当失信成本太低甚至不需要成本时，失信就会获利，就会被效仿。反之，如果失信会受到毁灭性的打击，失信之恶就不敢恶了。

与非洲猎犬呈现出非常严谨周全的家族文化相比，温州人的家族文化也是原始而强大。

上海是最具有城市文化的地方，且是移民城市，家族文化及其制约越来越式微。上海人买房，向亲人调调头寸，过半年一年还清是有的，要借 10 年 8 年的事情很少听说。向银行贷款利息很高，但是不需要欠下任何人情债。

上海人也讲规矩，但是上海人的规矩，不是家族化规矩，主要是社会化的规矩。上海人除了小家庭的自我，更多的是一个社会人，是个体和社会之间的互往之诚信。

一个温州人，在温州要讲温州的规矩，离开温州，仍然受制于家族文化，身上还是温州人的规矩，但是一旦进入了上海社会，就兼有上海人的规矩与服从了。

张文宏就是这么一个温州上海人，或者说是上海温州人。

有关张文宏医生，已经有太多太多的介绍，不需要再做任何描述了。

有必要看明白的是，张文宏的温州规矩和上海的公序良俗之间，是如何发酵的？在张文宏身上，体现了上海哪一个阶层的价值观？

"共产党员先上！"

"共产党员上。是为了信仰上去也好，是因为党的纪律约束上去也好，没有讨价还价，肯定是上去。我是支部书记，我先上！"

全中国对张文宏的认识，是从 2020 年年初这一段小视频里的这段话开始的。

所有的高风亮节赞美都有过了，不再重复。

想要探究的是，在张文宏的先锋带头作用之外，可能还会具有的思维逻辑。这其中也隐含了契约和族长式的担当。张文宏彼时是华山医院传染科主任，相当于是族长了。

信仰不是契约，它需要无条件的服从；纪律约束不是契约，它需要言而由衷的遵守。服从和遵守，恰也是上海公序良俗的要核。如果说，农村社会的根本，是细分农具和粮食，那么城市社会的要义，是将人分成不同层次不同种类不同文化。什么身份的人，必须做什么身份的事情。身份是承诺，职业是承诺，职位也是承诺。"共产党员先上"的道理就在这里。

有一个观点很有趣，认为张文宏代表了中产阶级的形象，甚至是中产阶级的代言人。对这种言论，张文宏自然是不会理会的。这个观点，隐隐约约道出了一个社会的知性阶层，所应该具有的道德、修养、学识、尊严、责任。传统的温州祠堂宗族人伦和先进的上海城市契约，在张文宏身上不谋而合，也可以说是世界文明和江南文化，在以张文宏为代表的社会知性阶层身上得到了有机的发酵。

在上海，社会的知性阶层，确实是可以和往昔中产阶层遥遥相望的。上海之所以为上海，上海之所以非常推崇契约精神，也是和社会知性阶层密不可分的。

做一个虚拟的穿越，假设80年前甚至更早些年代，张文宏已经是上海著名的医生，从德国或者法国留学回来，他就是上海中产阶级的代表。满怀报国热情，满怀知识分子的尊严，他可能已经参加了地下党组织，他可能已经承担了许多赴汤蹈火在所不辞的重任。事实上，那个年代上海的中产阶层、知识分子，不乏卓越的爱国者。

比如仁济医院首位华人副院长牛惠霖（1889—1937），他是中国第一代海归西医师，被誉为"中国医界之柱石"。1927年和1931年，红军将领陈赓两次腿部重伤，秘密来沪就医。给他做手术的医生，正是牛惠霖和他的弟弟、骨科专家牛惠生。

道德、修养、学识、尊严、责任，是任何一个年代上海知性阶层秉持的做派。

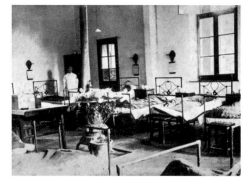

1933 年的仁济医院大病房

上海知性阶层，也或者叫做中产阶级，很多年间，至少有六七十年，在中国是令人尊敬的存在。开埠以后，上海迅速突起，成为中国乃至亚洲最大的城市。与最大城市相匹配的城市化结构，学校、医院、交通、娱乐、文化商店、城市管理，都得到迅速而平衡的发展，中产阶级就此应运而生。教师、医生、作家、演员、公司和洋行的职员、公职人员，也包括租界的外籍人士，集束式地在上海立业谋生。

有赖于租界的商业繁华和民居设施的完整，在以霞飞路即现在的淮海中路为主轴的周围和以静安寺路即现在的南京西路为主轴的周围，尤其是淮海中路一带，包括南昌路、长乐路、复兴中路、陕西南路、重庆南路，集中建造起了两大公寓区域，这是上海老公寓最集中的地区。由于建造水平高，也具有长久的审美耐磨力，这些老公寓大多未拆，像武康大楼、培恩公寓（妇女用品商店）、爱思公寓（瑞金大楼）、国泰公寓等等，便是当年的公寓。

大约有八十多幢这样的老公寓，成就了上海城市民宅的经典，但是很少有人注意到，老式公寓更加重要的意义是，它诞生了唯上海独有的公寓文化，也可以说是中产阶级文化，或者知性阶层文化。

老式公寓的定义，是 Apartment Building，大多是大楼。所谓公寓，也即出租的性质，而非租住人的私产。

因为居住条件尚佳，入住公寓皆是中产阶层。他们来自江浙一带的小康之家，有着天然的江南文化生存环境，他们自身都接受过良好的教育，其中有诸多第一批海归留学生，因之有较高的收入。公寓房子房租贵，蓝领工人是住不起的；公寓的出租性质，也不是老板和土豪劣绅喜欢的。于是老式公寓的中产阶级属性便凸显出来了。

上海中产阶级身上，融合了江南文化和西方文明。他们视体面和尊严为至关重要，表现出来的，是道德、学识、修养、文雅、诚信、规则、责任、格局……上海的公寓文化，就此产生。

他们是知识阶层，对文明、修养、时尚、品位的追求，在上海自然是"春江水暖"，领风气之先。他们所散发的价值观、审美情趣和品位，成了上海人的主流价值观和审美品位。

曾经有一句流行语：南京路是全国人民的南京路，淮海路是上海人民的淮海

淮海大楼（恩派亚公寓，建于 1934 年）

武康大楼（诺曼底公寓，建于 1924 年）

瑞华公寓（赛华公寓，建于 1928 年）　　　　国泰公寓（建于 1928 年）

　　　　　　　　　　第二单元　血型 / 星座

路。明是肯定南京路的江湖地位，实则是在夸赞淮海路的上海格调。上海人亲和淮海路，是有缘由的。只是很少有人想过："上海人民的淮海路"，恰是发端于淮海路一带的老式公寓。

南京路虽然是第一商业街，但是其周遭，原来是六合路、牛庄路、云南路等诸多小马路，绝少公寓，大多是低矮的平房，住的是蓝领——过去叫做劳动人民。

淮海路一带公寓虽然密集，毕竟还是石库门和更老旧的房子居多。在公寓成为周边市民的向往时，羡慕也罢，嫉妒也罢，公寓的生活方式和道德修养，便被附近男男女女效仿。王安忆写到过如此的市井，大意是说：一个女人倒好痰盂马桶，揩一把面，捺了点雪花膏，走出弄堂转个弯到了淮海路，就像是个淮海路女人了。住公寓的人，不是榜样，而是风向标，代表了过日子的富足、文化、体面和教养。这个风向标，渐渐地，不管是大杨浦还是南市，上海人都看到了，都认了。这个风向标，如果要给它定义的话，那就是"公寓文化"。公寓文化是"上海人"很重要的必修课。

公寓文化，是上海第一代领头羊的雏形。几十年后的领头羊血液里，依然保留着公寓文化的血色素，几十年后的上海人，也或多或少不经意地散发着过往上海人的习性。

如果张文宏80年前已经是上海的医生，他就住在某个公寓里。他的医术是高明的，他的待人接物是文雅的，他的内心境界是高尚且高傲的，那时候的张文宏可能也是来上海谋生没多少年。2020年的张文宏，自喻为是"新上海人"，他的医术，他的待人接物，他的内心境界，和自己的前辈之间，是看得出相承袭的公寓文化脉络的。

上海老式公寓，除去诞生了公寓文化，除去曾经入住过上千上万的社会精英，更多的是上海人秉性的培育基地。一个最普通的上海人心里，也是烙上了上海公序良俗印记的。

1965年，由谢晋导演的《舞台姐妹》（上海天马电影制片厂1965年出品，谢芳、曹银娣主演）公映了，几乎是在公映同一时间，对它的批判也开始了。最集中的批判，是影片中的一句台词：认认真真演戏，清清白白做人。虽然大批判的炮火极其猛烈，但是批判不下去，尤其是对于上海人的价值观来说，认认真真演戏，清清白白做人，很有可能是自己父亲母亲言传身教的，怎么会是错了呢？

《舞台姐妹》海报

13年之后，《舞台姐妹》再次公映，"认认真真演戏，清清白白做人"，也恢复名誉了。按照上海人的普遍心理去理解，认认真真演戏，就是认认真真读书、认认真真工作、认认真真过日子，堪称上海人公序良俗的核心，也是上海人心甘情愿做领头羊的社会环境。

大约只有在上海生活了几十年后才能够意会，这句话是一个省略格式。它的完整意思是：只要你认认真真演戏，清清白白做人，社会就会给予你尽可能公正公平的回报。

如此重要的部分，有关社会的承诺，怎么可以略而不表？这就是上海的个体和社会之间的默契了。这种默契，是来自在上海工作和过日子的每个人切身感受的。

上海的物价指数之高、节奏之快，在国内几乎是置顶的，上海人觉得无奈，非上海籍的白领更是不堪承受。比起他们的家乡，比起其他城市，上海的日子不好过的。确实有人自负而来，自怜而去，在上海找不到自己的立身之地，但是还是有上百万非上海籍白领留在了上海。上海机会多，固然是他们选择上海的理由，还有一点他们毫不讳言：虽然上海也不纯粹，职场里隐藏了各种暗斗黑幕，但是相对许多地方，上海是最公平的，是最讲游戏规则的；只要有本事有实力，晋级机会不少的。

选择上海的理由，恰是那一个省略格式的完整表达。

学不来广州人的白鹳自在

论资排辈，广州理当在温州之前得到表述，但是温州的宗族文化家族文化，和上海的社会契约文化有更多的对比性，广州则是岭南的自成一派，且让广州排在温州之后。

在中国，如果要追溯和世界文化沟通的资深，不是上海，是广州。

1739 年，上海距离开埠还有一百多年，哥德堡号已经抵达了羊城。那时候的广州，是中国通向世界的码头，亦是西方人心目中中国的代名词。

哥德堡号数次到广州，是贸易的往来，也是文化文明的交流。所谓"交流"，是交互式的流通，意味着，广州接受世界文明和世界文化，在中国是开了先河的，是最先开化的城市。

广州别称"羊城"，来自"五羊"的传说，羊可以说是广州的吉祥物，但是广州本身不是羊。广州并没有承担"领头羊"的重任。

广州的粤文化历来是独树一帜，自信、自强，也自我。那一句"除了广东，都是北方"，很像是广东人的自画像。

创办于 1957 年的广交会——中国进出口商品交易会盛装舞步之时，它的兴奋点，它所隐含的世界元素和西方神秘，它所张扬的时尚风向标，远远超过当下国内任何的国际会展。

粤菜一直稳居四大菜系。在上海，粤菜的江湖地位更加高尚，新雅、美心真是有钱人的热衷之地。虽然上海多有江浙一带移民，但是甬菜、本帮菜很难入列大雅之堂。很多年后，美食年代到来，群雄纷争，但是粤菜始终当仁不让，它的白灼清淡煲汤，与当下通行全世界的健康食谱不谋而合。

粤语和粤语歌更加是绝中之绝。每年春晚，一班演小品的演员，皆是以各地方言取乐，或者就以自己家乡土话本色出演，绝无模仿广东话的，也绝无广东籍小品演员（广东也似无小品演员）来一道粤语脱口秀的。因为粤语九声发音（北方话四声发音）根本模仿不了，如果是广东籍演员在春晚一口粤语，一定会被观众骂死。同时广东人说普通话，真似骨鲠在喉，实在狼狈。反倒是粤语歌，更有抑扬顿挫的表现力，向来是华语歌坛的支柱力量。

特别的语言即是特别的文化；如果特别的语言还身处特别的地域，便有特别的人文。

不像上海话，虽然是五声发音，但是舌头的运作，几乎涵盖了普通话和外语所有的位置，所以上海人就和外地人说普通话了，也算是能者多劳。广东人不会说普通话，也就推广不了普通话。一个外地人在广东问路，基本上是鸡同鸭讲的彼此难受。

广东人的衣食住行，特立独行。因为潮热，广东人很适应慢条斯理，喝喝早茶看看报聊聊天，半天打发掉了，悠闲自在，自得其乐。

如果说以黄河为主流的北方文化和以长江为主流的江南文化，还有诸多互通互融，那么以珠江为主流的粤文化，它的人文它的市井，有很大的不同，在广东，尤其是在广州，可以很狭义地将岭南文化聚焦在珠江，聚焦在广东广州。同为开化的城市，上海有海纳百川之誉，广州则有自成一派之尊。广东的风气，是别地方学不像的。

广州不是领头羊，可能更像是白鹳。若缺少动物常识，会把白鹳当作仙鹤，两者形相似，食相同，鹳更粗壮；鹤栖息在地面。白鹳筑巢于高高在上，很是优雅自在，和周边少有纷争，也少有往来，一副与世无争的样子。

但是广东人从来不是吃素的，就像白鹳也不是吃素的一样。白鹳主食是小鱼、蛙、昆虫——多是食物链的末端，算不上是猛禽，好像不会惹上杀手的罪名。

广州最早开化，也浸染于租界文化，但是广州潮热的气候，阻碍了城市文化的建立。广州不像上海，有一大批成规模的老式公寓，并且由老式公寓作为平台，建立起了以教师、医生、职员、演员为内核的中产阶级文化，也不像上海一样，建立起了一个大工业社会，从而建立起了几百万产业工人的队伍。

上海的工人有固定收入，有妻子儿女，有辛劳也有目标，他们是社会的底层。他们是社会契约的被执行者，却也是社会契约的享受者。他们要遵守社会的诸多法则，但是他们享受城市福利，人身安全，文化娱乐，就医读书，都能够得到满足，还有一步一步的晋升机会，善良、努力、聪明会得到大概率的回报。

他们是上海公序良俗得以延续的底本。

1981年的托福考场

每年上海高考，总是会有监督高考的机构，但是从来没有人去举报高考作弊，没有考好就自动服输。并非上海没有人想高考作弊，而是在上海，高考作不了弊。即便是其他社会考试，比如以前的英语四六级考试，作弊招数层出不穷，但是在上海，玩不了作弊的招，也鲜有人铤而走险。

在上海不仅防范能力强，而且犯罪成本太高。

在其他地方，高考作弊和各类考试作弊屡见不鲜。2000年广东电白发生过教育局长谋划的高考作弊事件。这在上海是不可想象的事情。上海有一位区教育局长说，不必说我们的觉悟决定了不可能去违法，上海各类考试监考之严密，作弊也是不可能得逞的。

还有一点不可能的是，在上海，一个人要是喜欢偷鸡摸狗，谎话连连，是吃不开、走不远的。只有认认真真清清白白，才是做人的道理，也是做人的上策。

上海也经历过一段道德契约备受考验的时期。

且说1985年至1995年的10年间的上海，"认认真真演戏，清清白白做人"，受到前所未有的挑战。

我们在第一单元中已有备述，上海的优越感，上海的价值观，上海的底气，在这漫长的10年里，动荡、裂变，或者碰撞。

一波洋插队，将"认认真真演戏，清清白白做人"的脚本撕碎了。在深圳成为总经理滋生地的时候，上海很少去为伍，更多的不甘心和跃跃欲试，看中了国外，留学、借着留学打工，成为一时之时尚。美领馆签证需要带了躺椅去隔夜排队，去日本、澳大利亚学语言，大多是明修栈道，暗渡陈仓，一到外国就黑掉了自己。

留学日本

一时间，上海人在日本和在澳大利亚打"黑工"、打"黄工"的传闻，便是纷纷扬扬。男人背尸体，女人忙陪酒，几乎就是去了日本的活路；若是去欧美，女人或是水性杨花或是背叛老公。而且中国留学生之间互相倾轧，人多活少。作家刘观德在他的长篇纪实《我的财富在澳洲》中总结出了"五苦论"：吃不到苦的苦，比吃得到的苦的苦，还要苦。

对去国外打工如此黑云压城的市井舆论，应该也是有国内人看笑话的。日本哪有那么多的死人等着上海留学生去背？不过出卖体力和出卖身体的事情肯定有的。

已故作家沙叶新，当时在《新民晚报》上发表了一篇文章《东京的月亮圆不圆》，以他惯有的嬉笑怒骂，写到了在日本做陪酒女生意的上海女孩子。文章一发表，就受到了众多在日本读书打工女孩子父母亲的强烈抗议，这场笔墨官司打了很长时间，沙叶新再三道歉都不被接受。

对于上海人来说，小姑娘的名声，小姑娘的清白怎么可以被玷污。这种事情，

《夺子战争》海报

发生在穷乡僻壤，倒也算了，在上海绝不可以有啊。

事实上，上海还是会有不三不四的事情的。

2021年，上海电视台重播了一部1997年拍的10集沪语电视剧《夺子战争》(导演梁山，主演赵有亮、李家耀、白穆等)。二十多年前拍的电视剧，居然在豆瓣上获得9.1的高分。电视台本意是让人感受到上海话的韵味，但是上海人在这部电视剧中，回溯到了洋插队年代上海的市井风尚，上海的大弄堂小马路，回

溯到那个年代上海人的人伦道德价值观。

这部电视剧的编剧金勇勤，几乎是写了一部纪实的电视剧，剧中男主角乔书铭和远赴美国的妻子争夺儿子的故事，也几乎是金勇勤自己的故事。

京剧院琴师乔书铭，单位收入微薄。妻子暗地里背叛了他，名义上是去美国留学，实际上是和一个美籍富商私奔。妻子去了美国后，谎称要让还在上海的儿子去美国读书。乔书铭身边所有人都看得很明白，那个女人是要把孩子骗到美国，从今往后和乔家不会再有往来。乔书铭的父亲，甚至以断绝父子关系相胁，决不让8岁孙子被乔书铭送走。只有乔书铭一个人、也只有他有权做主将儿子送到机场，让儿子一个人飞去美国。

乔书铭不是傻到完全看不清妻子的计谋。他放走儿子的理由是，人总归是要讲道理的，伊讲是让儿子去美国读书，机会多好！没说不让儿子回来，也没有说要和我离婚，我怎么可以不相信伊？我哪能可以不让儿子去美国读书？

当然乔书铭输了。他是输在了"洋插队"年代上海价值观的动荡和撕裂之时，输给了"不认认真真演戏，不清清白白做人"的市井势利。乔书铭远不是领头羊，他只是羊群中一只孱弱的老羊。羊即使是要饿死了，也决计吃不下一块牛排的。乔书铭输掉了这场"夺子战争"，而且正像过些年才会出现的一个词汇——有点"二"，但是他没有输掉上海人做人的道理。

大约有10万以上的上海人去洋插队了。10万人中有多少人后来婚变了？估计不少于三分之一。没有确切的数据支持，只是来自直觉上的判断。

有位男士的妻子去日本，从机场执手相看泪眼，到两年后意冷缘断。男士去单位开离婚证明——那时候结婚离婚还需要单位证明，单位人事处问，你老婆出国多久了？男士说两年了。人事处说，两年了？是可以离了。

当然也更多正面的个案。纪录片《含泪活着》(张丽玲策划导演拍摄，日本富士电视台2006年出品，获2006年"日本放送文化基金奖"纪录片大奖，上海电视台纪实频道2012年播出），是让很多人、尤其是上海人含泪看完的。上海知青丁尚彪举债去日本，拼尽全力打工，只为将女儿送往美国留学。15年的日本岁月，一家人天各一方，辛酸、喜悦、误会、理解，万般情感，言语难尽；经过两代人的奋斗，终得以团聚。

纪录片《含泪活着》——看得到上海人的秉性

"洋插队"毕竟还是少数，50年代高出生率衍生了110万知识青年上山下乡，继而又衍生了一代婚育高峰，一代下岗工人，还有一代独生子女。人多力量大，人多困难多。住房紧张，三代同住十几个平方里已然宽敞；收入很低，36元月工资似乎要拿到共产主义实现；物质供应匮乏，连特供婴幼儿的牛奶，都做不到天天供应……

也就是在这个困难年代，上海儿童学琴，拉来了几十年盛而不衰的潮流。学琴主要是学钢琴。一架聂耳钢琴4200元，接近于半个"万元户"的身价，竟然要开很大的后门才能买到。钢琴还要搬到亭子间搬到阁楼上去，道场只能做到了螺蛳壳里。买了钢琴还要请钢琴老师，最初是一星期一堂课，5元钱，一个月20元。

几年后的一个粗略估计，这一波学钢琴的孩子有10万，"10万琴童"这个专有名词就此诞生。其中是否包括学小提琴学琵琶学长笛的孩子？不管是否包括，10万琴童都是永远无法打破的吉尼斯纪录。

尤其是1985年上海电视台"卡西欧家庭演唱大奖赛"的播出，创造了令人惊悚的97%收视率，同时也为上海儿童学艺，注射了一支大剂量且长效的兴

上海10万琴童

1985年，上海电视台举办
"卡西欧家庭演唱大奖赛"

奋剂。

其他大城市固然也不约而同有孩子学艺的热潮，但是没有一个城市像上海膜拜式地追求，如果不让自己的孩子学一门艺术类的技艺，比如乐器、声乐、书法、绘画、舞蹈，就是对不起孩子了。琴童的父母，大多是老三届，虽然也有小部分社会精英，经济条件富足，绝大多数没有很高的学历，没有很好的职业，更没有艺术修养一技之长，甚至已经下岗，所有的理想都寄托在自己孩子身上。为了孩子，可以省吃俭用，可以克服一切困难。上有老下有小的，外地就不去了，就在上海找一份工作做做，不坍台的。他们去做"黑猫"，去做超市营业员，去立马路做协警……

轮到他们这一代自叹"可怜天下父母心"了。这种意识是传统的，也是城市的，尤其是上海的。上海人的体面、修养、进取，出人头地，上海人的认认真真演戏，清清白白做人，在孩子学艺身上，得到了新时代的新释义。

顺便说一句，也算是应运而生，钢琴考级的第一个站点，是上海，1982年，由上海音乐家协会创立主办。

《旅游时报》副总编王路，儿童时代是学琵琶的，并且是以琵琶作为自己学业专业在上海音乐学院毕业，只是后来弃艺从文了。她的一段童年学琵琶的记忆，很唯美，可以代表一代孩子学艺的——

我的琵琶老师就住在与淮海路交叉的华亭路口，五层楼的公寓房。房门外面挂一层布帘，掀开来，502三个字小小地写在正当中。

师母是个非常温顺的女人，脸圆圆的，短发，带一个头箍。老师也并不是本地人，早年从南通沿着水路来到上海，会弹琵琶也会拉二胡，还会弹古琴，打起电话来讲着谁也听不懂的南通方言。

他给学生上课，一个小时收5元钱。每个月底，妈妈会把两张崭新的10元放在信封里交给老师。老师总会特别不好意思，仿佛自言自语道，"没关系没关系的"。好多年都是这样。师母端出一些自家做的小食招呼我吃，每次吃完了，师母又会问我要不要上个厕所再回家。妈妈就说"难为情难为情"。老师和师母就会说，这小孩弹琴有天赋，要好好培养啊。

几乎每次都这样，双方从来没有觉得说厌了或听厌了，而我在老师家那个幽暗的小厕所里看着窗外爬进来的牵牛花，仿佛思考着自己的未来。

老师直到退休都没有评上副教授，他有时候也会和妈妈说些意难平的话。后来，他的儿子从北京调回来，就住在跳水池对面那个老式房子里。这个房子拍过《十六岁的花季》，窗户上的铁栏杆雕着精细的花纹。

多年以后，老师得了癌症，中期。有时候我自行车呼呼骑过淮海路时，会看到师母搀着他在上街沿散步，人瘦了不少，脸色愈发清朗。我呼地骑过去，会大叫一声"老师！"骑到很前面了，他好像还在身后微笑地望着我。

著名钢琴家、上海音乐学院钢琴教授孙颖迪，出生于 1980 年，他是上海 10 万琴童之一。他的父母是普通的工薪阶层，和艺术完全没有关系。他很感谢父母在他小时候让他触碰到了钢琴，2005 年他获得了李斯特钢琴比赛金奖，是首位获得这个奖项的中国钢琴家。

另一位上海钢琴家宋思衡和 10 万琴童稍有不同，他出生于钢琴世家，14 岁就在北京的全国钢琴大赛当中得到了第一。

当上海有 10 万琴童在为自己的父母圆艺术家的梦时，深圳则是有 10 万总经理在为自己的明天奋斗，甚至在为自己的今天挣扎。

两个城市的两个"10 万"，恰是反映了两个城市不同的人口结构，和不同的文化结构。深圳彼时只有青年，只有今天和明天，上海则是代际相承，体现着城市市井人伦。

上海 10 万琴童，最终走上音乐道路的寥若晨星；深圳 10 万总经理，后来把总经理一直做下去，越做越大的，也少而又少。后来，上海 10 万琴童家里，琴在童在，只有琴声不再；深圳 10 万总经理，当着当着，公司就关了。不约而同的，是同样美好的梦想；不约而同的，是同样高得惊人的淘汰率。

明明知道淘汰是几乎必然的结局，但是上海的家长以让孩子学一点艺术为理由，把孩子推上了独木桥，反正独木桥下，像是昔日市少年宫里"勇敢者的道路"，并不是河水，而是正常的读书。

有退路的奋斗，有底线的确幸，有原则的守约，有努力的体面，有温度的拒绝，有滋味的乐胃，有艺术的思维，有分寸的坚持……

这是上海。

同为移民城市，同为改革开放后各有标新立异的城市，深圳和深圳人又是如何？

上海是领头羊，深圳应该是什么动物属性？

深圳人的习性，上海人学得像吗？或者说，深圳人是否学了上海老大哥的做派？

5. 渡过"马拉河"，方是深圳人

深圳可以和什么动物属性对应？在探讨这个问题之前，不妨先回顾一则旧闻：

1991年，深圳新闻媒体报道了一条颇具爆炸性的新闻：深圳暂住人口达到了常住人口的两倍：截至1990年底，深圳流动人口为133万人，而常住人口仅有69万人。

往前推一百多年，开埠不久的上海也发生过类似的人口暴增，主要是江苏、浙江、广东、安徽的大量人口移居而来。

在和平年代，中国人是绝对安土慎迁的，但是深圳打破了这样的传统认知。

长篇报告文学《深圳的斯芬克思之谜》（陈秉安、胡戈、梁兆松著，海天出版社1991年出版）写道：一座城市的流动人口、暂住人口大大超过常住人口。这在中国的城市史上，除战争、灾荒年代外，还是第一次。

《深圳的斯芬克思之谜》书影

90年代初，深圳曾经对全国各地来到深圳的劳动力人口进行过一次摸底调查。结果显示，"永久沉淀"的有14万人，包括正式调入的干部和工作稳定的工人。与之相对，"半沉淀"也就是没有稳定工作的有98万人。后者是前者的6倍多。

这当中，有数万借用在各企事业单位的干部，他们大多是各地体制内工作人员，想换种活法，于是以停薪留职等方式离职来到深圳，他们有一个听上去颇具时代感的称谓，叫"下海者"。

还有几十万在各种"三来一补"工厂的工人。按照彼时国内大多数地方的标准，他们叫做"临时工"。

还有一些人，抱着"闯一闯"的心态来到了深圳，想创业还没凑齐本钱，想工作还没找到机会，暂且在这座城市游荡着。他们也有一个不太好听的称呼，叫"盲流"。

深圳，聚集着上百万"下海者""临时工""盲流"，这些人构成了城市人口结构的大比重。

他们当中有一部分，经过奋斗转换身份，在深圳安家落户，绝大部分则注定成为城市的过客。时代的浪潮、生存的本能、发展的欲望，驱使他们离开家乡来到深圳，但是，深圳是一座"淘汰率"极高的城市。一个人在这里站稳脚跟，意味着有 6 个甚至更多的人黯然出局。

2021 年，深圳常住人口 1756 万（第七次全国人口普查数据），实际管理人口 2000 多万，其中户籍人口还不到 600 万，仍然是一个大浪淘沙的城市，只是规模膨胀了很多倍。

深圳是一个另类的城市，深圳人是一群另类的人。

深圳人做不了北京人那样霸气的雄狮，也不能像在老家时那样做不畏强龙的"地头蛇"。中国人的自信常常源自脚下的土地。深圳人的脚下，既不是皇城根儿下的北京城，也不是祖祖辈辈生长的故乡。

深圳人做不了广州人那样孤芳自赏的白鹳。单说广东人最钟爱的早茶，在深圳，恐怕没有一家早茶会入老广的法眼。倒不是说深圳的厨子手艺不精，只因早茶实际上是一种生活方式。食客气定神闲，茶点款款而至，相得益彰。将"时间就是金钱，效率就是生命"奉为圭臬的深圳人，早上必是行色匆匆，是吃快餐的

遍布深圳的湘菜馆，是深圳美食的老大

料，而非早茶的主，做不了气定神闲的茶客，也成就不了口味经典的早茶。

事实上，深圳作为广东辖地却成为"湘菜之都"，不是没有道理的。火辣劲爽的湘菜，反倒符合深圳人心急火燎的生活节奏。

深圳与广州的不一致，是气质上的。一个奔跑不停，一个淡定从容。

深圳人也做不了上海人那样的温良勤勉的领头羊。深圳人固然勤勉，但是很难说温良。相反，深圳人是由全国各地最不安分、不温良的人组成的。"看到绿灯抢着走，看到黄灯闯着走，看到红灯绕着走"，这是深圳人在 80 年代应对国家政策的行为对策。惟其如此，率先开办"三来一补"企业，拍卖土地使用权，这些其他城市想都不敢想的事情，才能在深圳发生。

颇具戏剧性的是，深圳人如此"胆大包天"时，是受到不少批评的，其中有来自上海的声音。1982 年 3 月 29 日，《文汇报》刊登署名文章《旧中国的租界》，暗指经济特区等同于旧社会的租界。这种声音，直至 1984 年邓小平视察深圳、珠海、厦门时对特区成就予以充分肯定，才慢慢消逝。

深圳人究竟是什么？

也许，东非大草原上年复一年横渡马拉河的角马，才是深圳人的真实写照。

每年 5 月，东非塞伦盖蒂大草原进入旱季，约有 200 万只角马，长途迁徙8000 公里，强渡马拉河，为的是对岸马赛马拉肥沃的草原。一年一度的角马大迁徙，壮观而惨烈。马拉河水流湍急，河里凶猛的鳄鱼正等着一年一度的大餐。角

横渡马拉河的角马

马冲入马拉河，奋力游向对岸。有的被激流冲走，有的被鳄鱼吞噬，有的在同伴的踩踏中倒在了岸边陡坡。有科学家做过估计，迁徙中约有 0.5% 的角马死于马拉河（本段落数据来自纪录片《非洲的神秘荒野》）。有关角马渡河的死亡率，在多种影片和文章中，数据皆不相同，但是都是数以万计的角马葬身马拉河。

终究有更多的角马渡过了马拉河，来到马赛马拉草原休养生息。角马队伍生生不息，第二年又有几十万只在旅途中出生的小角马加入迁徙的大军，再次拼命向马拉河对岸冲去。

角马，就是这样一个在大浪淘沙中被不断洗牌的种群，在强敌环伺的草原上保持着旺盛的生命力。

不必夸大角马的勇敢，这是它们的自然属性，但是完全可以说，角马强渡马拉河，是为活命，而不是为逃命。

也许，深圳人就是角马。

深圳人的生命里，都有那么一条"马拉河"

2003 年，有一家深圳企业的转让合约即将敲定并签署。企业的老板和收购方代表，一道飞到海南三亚亚龙湾，包下了喜来登大酒店一半的房间，准备举行收购协议签字仪式和庆祝酒会。

最后阶段谈判十分顺利，宾主双方都换上了宽松的 T 恤衫和沙滩裤，在海边散步，谈笑风生。

企业的创办、兴衰、并购，在深圳是极其平常的事情。

这家即将出售的企业叫做"华为"。

准备把自己创办的企业出手的老板名叫任正非。

不要惊讶。这是曾经发生的事实。如果当时转让协议顺利签字，也许就不会有后来的华为 5G 网络，不会有华为智能手机……

就像东非大草原的角马那样，每一个深圳人生命中都有一条"马拉河"，渡过去则生，渡不过去则死。

任正非和华为，在 2003 年恰恰遇到了这个关头。

任正非是个"老深圳"了。1987 年，43 岁的退伍军人任正非带着筹集的 2.1 万元到深圳，创立了华为技术有限公司。华为，寓意"中华有为"。

1992 年，任正非斥资投入交换机研发；1995 年销售额达到 15 亿元，基本占领中国农村通讯市场；俄罗斯、非洲、东南亚……

一个个国家的通信设备供应合同纷至沓来。

上世纪末、本世纪初，全球电信基础设施的投资下降了 50%，华为的国际销售额却逆势增长了 68%。2000 年，华为实现销售额 213 亿，比上年增长 85%。

但是，华为的辉煌，差一点就此戛然而止。

21 世纪初互联网泡沫破灭，华为的极速扩张也给自身带来巨大压力。IT 泡沫破裂、与思科的诉讼战、资金链紧张等问题，让华为面临诞生以来的空前危机。2001 年销售收入只比上年增长不到 6%，创华为历史新低；2002 年更是成了华为自身历史上第一个业绩负增长的年份。

21 世纪初的华为公司

同时，任正非的股权激励计划受到巨大阻力。不少员工辞职走人，以此换取收回在公司的投资。10 年后，任正非撰文《一江春水向东流》回忆道："2002 年，公司差点崩溃了。公司内外矛盾交集，我却无能为力控制这个公司，有半年时间都是噩梦，梦醒时常常哭。"

熬过了 2002 年进入 2003 年。公司仍然看不到转机。不少海外客户停止了合作。虽然与思科的诉讼最终达成和解，但华为也蒙受不小的经济和信誉损失。

内外交困之际，任正非生出了出售华为的念头。他向当时的手机、移动网络巨头摩托罗拉伸出了橄榄枝。2003 年 5 月，摩托罗拉首席运营官扎菲洛夫斯基飞到深圳与华为接触。经过半年谈判，协议基本达成，摩托罗拉以 75 亿美元的价格收购华为 100% 的股权。

2003 年底，在三亚亚龙湾喜来登大酒店，万事俱备，只欠摩托罗拉总部最终拍板，华为转让就大功告成。

最后关头"噩耗"传来，收购方案被摩托罗拉董事会否决了。

华为以这种"被放弃"的方式生存了下来。

不久之后，任正非说了一句意味深长的话："迟早我们要与美国相遇的，那我们就要为和美国在'山顶'上交锋，做好一切准备。"

一语成谶。于是有了后来的麒麟芯片，有了华为的 5G 系统和智能手机，有了与中美"贸易战"相关的种种事情。

2003 年，摩托罗拉营收 300 亿美元，华为则是 100 亿元人民币。2020 年，摩托罗拉市值 280 亿美元，华为没有上市，有专家称估值达到 1.3 万亿美元。这个数字固然可能有夸张，但是，华为的体量超过当年"准东家"摩托罗拉数十倍，已是毫无疑义。

横亘在华为面前的"马拉河"，任正非渡过去了，才有今天我们知道的"华为"。

这样的劫数和考验，大抵深圳人都是要经历的。"大老板"任正非如此，普通老百姓亦然。

笔名"李西乡"的李胤

曾经的打工仔李胤，站在深圳公立小学讲台上，时常想起刚来深圳时在公园草地上过夜的情形。在风餐露宿的一个月里，他几乎要靠乞讨度日。在深圳留下去，是"不可能的任务"。

李胤面前"马拉河"的凶险指数，丝毫不低于任正非面对的困难。李胤生长在湖南永州农村，从小喜欢文学。高考落榜之后，在老家的学校做代课教师。没过多久，因为没学历，代课的资格也没了。一气之下，李胤买张火车票跑到深圳。到了当时深圳南头检查站才知道，进入特区还需要边防证。他只得在彼时尚不属于特区范围的宝安区落脚。

囊中羞涩，每天晚上李胤在公园草地过夜。那个年月，深圳时刻聚集着一大群全国各地前来寻找生计的人，公园成为免费的露天集体宿舍。人多了倒也不孤单，反而有一份"天当被地当床"的豪气。但是深夜时分的孤寂困窘，还是让李胤流下了成年之后的第一滴眼泪。

钱花完了，工作毫无着落。李胤差点想跪在天桥上乞讨，就像很多走投无路的人那样，讨要一口吃的以及回家的路费。

李胤终究没有迈出这一步。他找了一份最艰苦最没有保障的工作，为印刷厂当业务员。白天骑着自行车在城市里狼奔豕突，找客户拉业务，用他自己的话说，"汗水与收获不成正比"；晚上读书写作，把闯深圳的泪水、挣扎寄情于文字。

数年下来，李胤在报刊上发表了上千篇散文、诗歌，以家乡为题的散文《永州夜读》入选了福建省中学语文补充教材，成了小有名气的"打工作家"；通过自学考拿到了本科文凭；应聘于公立小学当语文教师。

2011年深圳读书月经典诗文朗诵会，著名演员严晓频（出演过电视剧《北京人在纽约》《孽债》等剧）朗诵了一首诗："从青春到孩子的母亲，当我写下深圳，我的眼里已热泪盈眶。厂牌、工卡、收音机、流水线、车间、工业区，以及加班路上的方言，这些熟悉的词语，他们曾多么美好地打动了我……"

这首诗的作者叫"李西乡"，是李胤的笔名。

又过了几年，李胤正式调入深圳。工作、编制、户口、名气，这一切刚来深圳露宿在公园时连想都不敢想的事情，都已经变成了现实。一切如同梦幻一般。

李胤时常想起自己最落魄的时候，有位一起露宿公园的流浪诗人拍着他肩膀说的那句话："兄弟，实干兴邦啊！"

其实那是一句半开玩笑的话。"空谈误国，实干兴邦"，曾经是深圳随处可见的标语。

对于李胤这样来深圳求职的人来说，"兴邦"实在有些遥远，"兴己"是实实在在的。

深圳的口号是"空谈误国，实干兴邦"，而每个深圳人的口号则是"空谈误人，实干兴己"。不实干，怎么在深圳找到工作、养活自己！不实干，怎么在这座城市给自己一份有尊严的生活！不实干，怎能渡过人生中的"马拉河"！

任正非撑过了生死边缘的2003。否则，今天只能从工商部门的档案和发黄的旧报纸上寻找华为曾经存在过的印记。

李胤撑过了几乎要乞讨回家路费的那一刻。否则，今天的深圳少了一个语文教师和小有名气的作家，湖南老家多了一个面朝黄土背朝天的农民。

并不是所有企业家都像任正非那样幸运。多少人，多少企业，曾经如日中天，终究从辉煌中跌落，消失在人们的视野中。比如曾经的中国无绳电话大王万德莱，比如曾经的国产手机巨头金立……

也不是所有的打工者都像李胤那样幸运。当年曾经以一句玩笑话让李胤重燃希望之火的那位流浪诗人，还是彼时与他一起露宿在公园里的"室友"，大概率成了深圳的匆匆过客。同一拨以地为床以天为被的兄弟，大浪淘沙，硕果仅存的，仅他一人而已。

每天，深圳都有1000多家企业、商户注册成立。它们当中会有未来的华为，但注定会有很多无疾而终，成为飞过深圳的一只蝴蝶。

每年春节后，都有数百万人涌入深圳。他们中间会有很多人像李胤那样在深圳站稳脚跟、安身立命。同样注定会有更多的人在打拼、挣扎一番之后，无望地买了回老家的车票。

深圳不缺弄潮儿。深圳人，永远是由大量弄潮儿和少数幸运儿组成的群体。

深圳不相信会有"付流水"的年华

1993年10月28日，深圳发生了一件轰动全中国的事情：中国第一届优秀文稿竞价会在深圳图书馆举行。

1993 年，市场经济大潮骤然兴起。彼时颇具影响力的《深圳青年》杂志社灵机一闪，土地使用权可以拍卖，作家的文稿为什么不能拍卖呢？杂志社发起组织首届全国文稿竞价会。活动官宣不无诱惑："让文人凭着自己的智慧，富裕起来。"

深圳文稿拍卖一度成为热门话题

在竞价会上拔得头筹的，不是"文人"，而是电影演员刘晓庆。

刘晓庆的《从电影明星到亿万富姐》拍出 17 万元，转卖一手后升至 108 万元，在中国首届文稿竞价会上创出最高价纪录。

重要的是，《从电影明星到亿万富姐》在拍卖时，一个字也没写，只有一个书名。

改革开放之初，刘晓庆无疑是中国最具影响力的女演员，出演了几个角色，广受好评，而且以其张扬高调的个性，每每成为受社会关注的话题人物。名利双收之下，刘晓庆下海经商，以"亿万富姐"自居，俨然成为中国影视界最富有的人。

以百万高价卖出空无一字书稿，是刘晓庆人生的最高光时刻。她完成了人生的一次巨大转型。此前，她是一个风光的电影演员。以后，她将是一个纵横商海的冒险家。

只不过，她的冒险不太成功。

自称"亿万富姐"，高调炫富，树大招风，成为刘晓庆后来偷税漏税事发的重要原因。更加"失败"的是，在刘晓庆吃了官司之后，人们才发现，她不像她宣称的那样有钱。

在深圳蛇口碧涛苑，中国内地第一个豪华别墅小区，刘晓庆拥有一套独栋豪宅。2002 年案发，盛传房子要被强制拍卖，各路记者闻风而来。实际上，那栋房子早已不是刘晓庆的了。因为生意亏空，刘晓庆已经转手卖出了。

同样，号称 8 个投资过亿的房地产项目，是刘晓庆用名字和肖像使用权入股，水分巨大。

当时有媒体把刘晓庆的投资方式称为"空手道"，也就是后来生意场上经常听到的"空手套白狼"。

倒也不是刘晓庆存心招摇撞骗，实在是那些年在深圳叱咤风云纵横捭阖的各路冒险家常用的招数。

就户籍和常住地来说，刘晓庆不算深圳居民。深圳，见证了她的冒险；深圳，也成了她的滑铁卢。她是无数在深圳"搏"过一把的冒险者中的一员。她不是成功的，也不是最失败的。

深圳，从来不缺的就是冒险者。就像马拉河，总是迎来渡河寻找草原的角马，有的每次都能成功强渡，有的第一次就葬身河中，有的渡得过这次渡不过下次……

由特区形成的特区概念，由特区概念形成的特区思维，深圳人的深圳思维，与北京、上海、广州以及诸多大中城市之间，有一种时空错位的感觉。

20 世纪 80 年代，深圳经济特区刚刚建立，全国范围内正在流行一首歌《莫让年华付水流》（陈光忠词，金复载曲，王洁实演唱）。这首歌是同名纪录片《莫让年华付水流》的主题歌（中央新闻纪录电影厂 1981 年摄制）。纪录片选取了 10 位"新长征"有为青年，将他们的事迹作为表率，鼓励青年把握住大好时光，莫把年华付水流。

事实上，在"文革"结束的短暂亢奋后，很多普通青年滋生了失望的情绪，高考考不上，工作没着落，社会不公平……尤其是在大城市里，很多年轻人不求上进，碌碌无为，只把年华付水流。

《莫让年华付水流》是针对青年一代的人生观而拍摄的。有为青年的事迹很动人，歌曲很好听也很流行，至于对青年一代是否有教育作用，不太好说。可以推断的是，1984 年署名"潘晓"的文章《人生的路呵，怎么越走越窄？》引起的社会大讨论，应该是与《莫让年华付水流》相呼应的。

"时间就是金钱，效率就是生命"的早期版本

"空谈误国，实干兴邦"，不但是深圳蛇口的一块标语牌，也是深圳人的写照

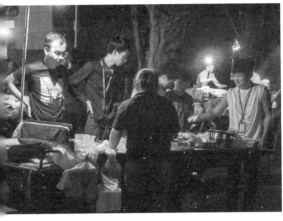

深圳科技园的后半夜，大排档的买方和卖方，都是加班的打工人

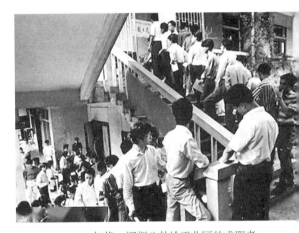

80年代，深圳八卦岭工业区的求职者

深南大道从1982年开始铺路，就是那么熙熙攘攘，因为它是深圳人上班的路

90年代电视剧《深圳之恋》，霸道女总裁跌落神坛的故事，彼时深圳打工人的群像

有一个地方，是不相信"年华付水流"的，那就是深圳。

最早从四面八方涌入深圳的，是数以百万千万计的年轻打工者。他们春节之后乘着火车、汽车浩浩荡荡从各自老家来到深圳，绝对是和平时期最为壮观的人口迁徙。

这些豆蔻年华的姑娘小伙，来到深圳意味着人生面对着巨大的不确定性。

可能像江西姑娘刘晓燕那样，一边省吃俭用积攒本钱，一边暗地里学习技术和管理，打工数年之后自己投资开办工厂，完成从打工妹向女老板的华丽转身。

可能像蛇口凯达厂的汕头打工妹翁纯贤那样，最终跳槽到大企业从事管理工作，跻身大都市的白领阶层。

可能像富士康那个不知名的贵州打工妹那样，一不小心让自己的照片跟着刚刚出厂的苹果手机，漂洋过海来到国外，被发到互联网上成为"网红"。

可能像很多人那样，在深圳打工挣下一点钱，在老家盖一间房，积攒点成家立业的本钱，在老家嫁个好人家（娶个好姑娘）。成家有了孩子之后，多半还是要继续出来打工，把孩子留给父母照看，两口子继续在深圳挣钱养家，直到年纪大了，干不动了，叶落归根回到老家。

也可能像致丽玩具厂的重庆姑娘王小芳，因为无良老板无视安全导致工厂失火，不幸葬身火海的噩运。当然这是极端的不幸，但是也是一种概率。

谁都怀抱着对美好生活的向往，但是，幸运不会降落在每一个人的头上，命运也不会温柔地对待每一个人。

深圳是公平的，也是现实的、残酷的。时时刻刻都是马拉河，热情而残酷对待着每一匹角马。这是活命之河，也是死亡之河。

结果是最重要的，以至少有人过于关注达到结果的过程。而且，在这个距离亲人千里之遥的地方，你会很少感受到精神层面的枷锁和束缚。

20世纪90年代，东北等老工业基地流行着一句话："下岗女工不流泪，昂首走进夜总会。"

类似的情景，在深圳早已上演过了。打工的艰辛、枯燥，并不是每一个人都可以忍受。而物质和欲望的诱惑，又不是每一个人都可以抗拒。于是，有一些来到深圳的女孩子，没有成为打工妹，而是走进了新兴夜总会、娱乐城，以及形形色色的情色场所，由此形成了一个新的职业——"小姐"。

改革开放之初，港商北上内地投资，台商挺进大陆办厂，第一站都是深圳。那个年代出现在中国内地的一些香港人、台湾人，看上去都是那么财大气粗、出手阔绰，且无视伦理道德。于是，自有一些来到深圳的女孩子，成为某些香港人、台湾人金屋藏娇的"金丝雀"，由此也产生了一个新的群体——"二奶"。

"二奶村"，曾经被拍成香艳港片

曾经，在距离华强北电子一条街不太远的某个地方，有过"站街女一条街"。在距离大芬油画村 20 公里的地方，有一个传说中的"二奶村"。

她们试图利用自己的青春年华，让自己过得更轻松、更舒适一些，在深圳，让自己的物质不至于匮乏。

不过，即便是在深圳这座冒险者的城市，走捷径的风险，还是要比别人大得多。"2012 年深圳罗湖 6 名夜场女被杀""港男掐死二奶"……这些曾经轰动的法制新闻，字里行间讲述着行走在边缘地带的深圳人，所承担的风险和付出。

她们也是角马。她们到深圳的初衷，是打工，实现自己的人生梦想。不过人生的道路，走着走着很容易走岔道的。旁人觉得她们走上的是岔道，无疑是角马葬身马拉河，但是她们自己觉得倒是渡过了马拉河。价值观的马拉河和物质的马拉河，都凶险万分。

过了 10 年，90 年代前后，曾经被劝谕"莫让年华付水流"的一代人，从青年进入了中年。国企改革启动，中年工人随即成为减员增效、下岗分流的主要目标。他们的出路与安置，成了每一个大中城市的主要的民生压力。

上海为此出台了"四零五零"工程，重点为 40 岁至 50 岁的下岗工人提供就业支持和生活保障。其他各大城市也都有类似的政策与措施。

1994年，刚组建不久的上海航空公司决定从上海纺织系统已婚女职工中招聘空中乘务员，在社会上引起强烈反响。下岗职工——空中乘务员，霄壤之别的人生道路，如今成为可能。共有1698名已婚纺织女工报名，最后录用18人，她们中年龄最大的36岁，最小的28岁。虽然只有18人，但她们的象征意义可以无限放大。上海也诞生了一个具有历史意义的新名词——"空嫂"。

当然这是上海名片式的个案，属于整个"四零五零"工程的明星个案。

唯一没有下岗负担的城市，是深圳。

深圳，每天都在接纳不计其数的年轻人来冒险，每天也在将为数众多的人淘汰出局。数以千万计的年轻人在深圳这个"集市"里，不断地周转着，替换着。留下来的，都是年轻人。"四零五零"之类社会民生，在90年代的深圳，是闻所未闻的事情。

深圳自身也在成长，来到深圳的冒险者，也在升级。豆蔻年华的打工妹、打

1990年，深圳吸引大量人才前来寻求发展机会

1996年，深圳人才招聘会上延揽全国优秀人才的大型横幅非常抢眼

工仔仍然是深圳人群像中的主力军，但深圳的聚光灯逐渐要分给后来的一群冒险者了。

1993 年，只有高中学历的陈清州在深圳创办了一家叫做好易通科技公司的企业，迅速成为中国最大的对讲机生产企业。后来，好易通改名为海能达，在安防科技领域成为中国和全世界最重要的供应商之一。

那一年，陈清州 28 岁。

1995 年，北京有色金属研究总院科研骨干王传福辞职来到深圳，创办了比亚迪股份有限公司。这家公司后来成为全球主要电池生产厂家，中国主要的新能源汽车生产研发企业。

那一年，王传福 29 岁。

1996 年，中国航空设计规划研究院科研人员陈志列辞职来到深圳，创办了研祥机电实业有限公司。很快，这家企业成为中国特种计算机领域的行业翘楚，中国"工业控制计算机系统"国家标准的起草单位之一。

那一年，陈志列 33 岁。

2006 年，还在香港科技大学攻读硕士研究生的汪滔，在深圳创办了大疆创新科技有限公司。目前，这家公司占据了全球消费级无人机市场七成的份额。

那一年，汪滔 26 岁。

2010 年，美国杜克大学毕业生刘若鹏，在深圳创办光启研究院和光启技术公司，成为全球领先的超材料隐身技术和海量目标实时动态追踪技术供应商。

那一年，刘若鹏 27 岁。

2012 年，从美国斯坦福大学取得博士学位并在 IBM 公司工作 3 年的刘自鸿归国创业，在深圳创办了柔宇科技有限公司，成为全球最薄可折叠显示屏的研发生产商。

那一年，刘自鸿 29 岁。

还有 1987 年 43 岁的任正非。

大芬油画村村口的雕塑和巨幅壁画

上海和其他一些城市为"四零五零"展开一场艰苦的工程之际，深圳的"三零四零"甚至"二零三零"大展宏图了。

当然，深圳并不只是"三零四零"和"二零三零"的天下。只要有信心渡过马拉河，谁都可以来。

1989 年，已届"知天命"的香港画商黄江，带着弟子来到深圳宝安县大芬村（今属龙岗区），租了几间房，从事订单式的油画临摹、复制、收购、销售。在美国油画市场零售价 100 美元的一幅临摹油画，在大芬村只要 100 元人民币的批发价。随着国际市场订单雪片般飞来，越来越多的画工、画师和画商云集大芬村。于是就有了后来闻名全球的"大芬油画村"。

如今，大芬村每年出口油画 100 多万张，占据全球油画临摹复制市场 60% 左右的份额，稳居全球最大的油画交易集散地位置。

深圳总是吸引着一拨拨中国最有想象力、最有活力的冒险者，在深圳做人生前途和命运的尝试。深圳成了中国冒险者的乐园。

梵高作品《修路者》真迹由私人收藏，而深圳大芬油画村画匠的临摹版行销全世界

当然不是每一个冒险者都能成功，也不是每一个成功者都能长盛不衰。深圳成就了一些人的辉煌，深圳也见证了一些人的没落和退场。新的冒险者很快就会踩着前辈的"尸首"冲进来。深圳的活力，就这样长久地保持着。

这就是马拉河赋予的命运。

这一幕幕，似乎让人看到了上海的影子。当然，这不是同时期的上海，而是另一个时空中的上海，19世纪后期到20世纪40年代的上海。荣德生、冼冠生、郭乐、吴蕴初、刘鸿生……一代民族企业家群星闪耀的上海。

从19世纪中期到20世纪中期的100年，上海当之无愧地成为中国民族工商业的中流砥柱。

2018年，中美"贸易战"爆发。中国网民在研究了那些被美国"制裁"的中国高科技企业的注册地之后，半开玩笑地说，中美"贸易战"，实际上就是深圳粤海街道与美利坚合众国的贸易战。当然这只是戏言。

中国人的实业报国精神、企业家精神、工匠精神，源自历史上的上海，传承于今天的深圳；昔日"冒险家的乐园"，今天"冒险者的乐园"实现了精神契合，却是不争的事实。

所谓深圳是另一个时空中的上海，大抵如此。

每8个人就有一位CEO的城市

深圳作为大城市的历史确实短了一些。中国人的民族精神，是上下五千年；北京人身处皇城根下的霸气，是明朝以来的600年；上海人的海派文化，是上海开埠以来的180多年。深圳，从1980年建立经济特区算起，不过40年出头。40多年，还不足以烘焙出十分成熟的城市文化特质，特别是那些代际相传的集体无意识。

深圳刚刚建立经济特区时，上海正掀起"10万琴童"的热潮。

深圳培养过什么呢？很少听到深圳喊出过诸如培养"10万××""百万××"的口号。但是，潜移默化之中，深圳似乎也在悄悄地培养，或者说催生一些什么。

一代又一代 CEO 在深圳层出不穷，深圳大约是拥有 CEO 最多的城市。

在上海，"10 万琴童"的梦想是音乐家；在深圳，对孩子未来的"活法"，是截然不同的期待。发表于 1988 年的长篇报告文学《啊，深圳》中有这么一个桥段，有深圳家长这样训斥孩子：你现在不努力，长大就只能当干部了！

当干部，吃"皇粮"，历朝历代都是最远大的前途。在深圳人眼里，居然是"没出息"的比照。固然这只是特定时期的特殊现象，但也足以说明，在深圳人的基因里，有不一样的特质。

也许，这就是催生 CEO 的特质。

在深圳长大，马化腾是具备这种特质的。

和大多数深圳人一样，马化腾一家也是外来移民。他祖籍潮汕，生于海南岛，小时候跟着父母的工作调动来到深圳。他成长的年月，正是深圳的家长训斥孩子"不努力就只能当干部"的时候。1993 年，马化腾从深圳大学毕业，进入深圳润迅通讯发展有限公司，开始了寻呼系统研究开发的职业生涯。

今天，已经很少有人记得"润迅"这个名字，但在寻呼机时代，润迅是华南地区最大的寻呼企业，几乎每个深圳人每天的生活都要与润迅打交道。能进入这家公司，是让很多人羡慕的。

如果满足于体面的工作和不错的待遇，就不会有后来的马化腾，更不会有今天的腾讯。

1998 年，27 岁的马化腾有一个技术创意，他向领导提出，将国际上刚刚面世的软件 ICQ 的功能与寻呼机结合起来。润迅公司正如日中天，享受着寻呼时代红利，没有采纳马化腾的建议。

创业的冲动在马化腾心中激荡，难以抑制。他决定从润迅离职，用炒股所得注册了一家公司，和创业伙伴在华强北赛格工业园租了一间厂房办公。同年，他们就开发出了聊天软件 OICQ，市场反响热烈。首字母 O，是 open 的意思，寓意 OICQ 是更开放的 ICQ。

生命不息，加班不止，深圳人的日常

不论是街头卖艺还是熬夜加班，都是奋斗的深圳人

特区初期，最繁华的老东门商业街

打一通电话，回一个 BP 机，也许就是一个致富的机会

下班后笑容满面奔向食堂的女工，可曾想
到再过几年，还有多少人留在这座城市？

1992 年 8 月 10 日，深圳"股市风
潮"中排队购买股票认购证的"深圳人"

问题随之而来，钱没赚到，OICQ 服务器托管费不堪重负。创业刚刚开始就难以为继。马化腾想以 60 万元把 OICQ 卖掉，但是无人接盘，只好自己硬着头皮撑下去。

1999 年第一届深圳"高交会"，马化腾抱着改了 66 个版本、20 多页的商业计划书跑遍了所有展台，争取到了美国 IDG 公司 220 万美元的风险投资。

OICQ 终于活了下去，并且有了一个更加为人熟知的名字：QQ。

2001 年，QQ 用户暴增到 2 亿。却缺乏盈利模式，公司资金周转捉襟见肘。QQ 将停止服务的消息，一度盛传于坊间。关键时刻，马化腾找到移动运营商，经过艰苦谈判，双方同意合作运营移动 QQ，实行收入分账，这才为腾讯赢得了稳定的营收。

2024 年 6 月，一条科技新闻引起了人们的关注：ICQ 宣布关停。即时通讯的鼻祖退出历史舞台，难免令人唏嘘。但 26 年前被 ICQ 激发创业灵感的那个深圳人马化腾，却早已成为中国互联网产业呼风唤雨的行业巨擘。但"小马哥"数度强渡"马拉河"的艰难，又有谁能体会？也许，小马哥就是血液里具有 CEO 特质的人。

城市的基因使然。

在北京，衡量一个人是否成功的标准，是有没有进入中央国家机关当公务员。在上海，衡量一个人是否成功的标准，是有没有进入世界五百强企业，得到一份高薪工作。在深圳，如今考上公务员当干部也已经是一种高大上的选择，但是衡量是否成功的标准，仍然是一个人有没有创业成功，有没有开创自己的产业。

当然，不是每个人都能得偿所愿，更不是每个人都能成为马化腾。

有时候，一步棋早走一步或者晚走一步，影响的是一局棋的全盘。

安徽人老徐 2006 年来到深圳，十多年了，一直保持着创业的状态。

老徐和朋友合伙开了一家 IT 公司。小本经营。熬过了 2008 年金融风暴，生意渐渐有了起色。与此同时，老徐也收获了爱情，认识了重庆姑娘小孙。老徐对小孙说，生意刚刚走入正轨，房子暂时不忙买。我们先租房住，等到公司效益再好一些，我们一步到位买套大一点的房子。

小孙同意了，俩人结为连理。几年之内，儿子和女儿相继出生。

然而，计划赶不上变化。确切地说，创业的收益，远远赶不上深圳房价的猛涨。邻居在电梯里遇到，有时候会问一句："啥时候买房啊！""今年吧！"一段时间后再次见到，同样的问题，老徐回答："明年吧！"

如此往复多次，邻居不再问老徐了。老徐一家仍然在出租房里住着。新婚燕尔变成老夫老妻，吵架的次数也多了起来。妻子小孙每每跟闺蜜说起夫妻之间的龃龉，老徐被吐槽的置顶罪状肯定是这一句："这么多年了，都没买下房子！"

老徐不会离开深圳，他会将创业进行到底，但是，能不能赚够钱在深圳买一套住得舒心的房，他难以预估。

老徐这样的CEO很艰难，但是终究没有被深圳淘汰，而是在一次次地强渡事业人生的马拉河，每一次都强渡成功。也许，这才是深圳创业者的常态，这才是深圳人的常态。

2021年8月，正值深圳经济特区建立41周年，深圳媒体报道中，引用了工商部门公布的一个数据：截至2021年7月底，深圳共有登记注册的商事主体368万户，其中企业232万户。

按照1756万常住人口计算，深圳每不到8人就拥有一家企业，就有一个CEO。这个比例，把北京、上海、广州以及全国其他城市，都远远地甩在身后。

有像任正非、马化腾、王传福、陈志列这样在国际国内举足轻重的大企业老板，在深圳"角马"中，他们是领头马；也有更多像老徐这样苦苦经营自己的小企业，甚至连在深圳房子也买不起的小企业主，他们是最普遍的"角马"，每一次渡马拉河都很艰辛。

他们都是深圳人。

6. 每个城市都有各自的星座

把城市假定为人，或者是某种生物，甚至是动物，是一件很有趣的事情。因为每座城市有各自的性格，承担着各自的角色，具有自己的地位，具有自己的文化，派生出自己的行为。

我们无法对每个人都整齐划一去做同一个定义，每个城市，尤其是有影响力的城市，更是如此。

每个城市有自己的血型，用占星学的学说来推论，每个城市也有自己的星座。

中国有影响力城市的区别，可以从邓小平对上海的"领头羊"期待得到印证。

邓小平为什么希望上海成为全国的领头羊？而没有将眼光投向北京、广州等大城市？这与邓小平70年代末"在中国的南海边画了一个圈"是同样的道理。

很多年之后，我们才真正领略到了邓小平的高瞻远瞩。

伟大的城市，自然有伟大的"动物性"

伟大的城市，都是有个性的。仿佛东非大草原上动物的性情各异。

这无关褒贬与善恶。

某位著名作家，好几年前从东非草原旅游归来，对非洲猎犬的行为深恶痛绝。它们成群结队，在狮子或豹狩猎时隐藏在一旁，等到狮子、豹捕猎成功，刚刚享用美食没几口，数十只非洲猎犬一拥而上，以数量上的绝对优势，不停骚扰，最终将狮子、豹赶走，把猎物据为己有。这位作家痛斥非洲猎犬是不劳而获；而且非洲猎犬面目狰狞……

持有这种观点的人很多。当然也是有反对意见：鄙视非洲猎犬，是以人的价值观和审美观，在定义动物的是非善恶。每种动物的生存和行为，都是"适者生存"，是自然界生物链的体现。况且，如果要用人的价值观来评判，非洲猎犬的团队精神在动物界是顶流的，完全是人类所不能及。

马尚龙就是一个持反对意见者。

很多年来，马尚龙有一个特别的癖好，喜欢看有自然界动物的纪录片，渐渐地对动物的属性有了研究性的了解，对人与动物之间的异同有了个性化的思考。狮虎豹之类肉食类动物有温情，野牛羚羊斑马之类食草类动物有争斗，猫有若即若离，非洲猎犬有可爱……人与人的关系，就是动物与动物的关系，再加上了人的思考和人性善恶。

一直有感于邓小平希望上海要做全国领头羊，马尚龙想到了动物属性和地域文化的玄妙相像。对每一个地方，只要带着感情带着熟知，都能够为它的地域文化比配到有对标意义的动物。这是非常有趣的事情。

不妨把各大城市看做一个动物世界，用动物性反推及人，不同城市的不同性格，就自然延生了。

北京的狮王，广州的白鹤，深圳的角马，温州的非洲猎犬——比配成功。

不敢说是神来之笔，但是有小小的兴奋。如果有足够的篇幅和兴趣，完全可以将更多的地域和更多的动物对照起来。动物属性不是吉祥物，吉祥物只是讨个口彩，人本身也是动物，不同的地域文化，总是可以在不同的动物身上找到相似的华彩。

这是我们自定义的星座，是有关城市的性格、有关地域文化的星座。

当然，我们比照的还是动物身上既原始又带褒义的特征，如果与动物完全相像，没几种动物，是人愿意近距离喜欢的，反过来说，假如动物有思想，很有可能，有很多人是动物也看不起的。

比如非洲猎犬，不大会是卡通片里的正面形象。《狮子王》辛巴身边的猎犬，好像也不是好人，这就是人类审美的误区。如果看过有关非洲猎犬的

1990 年代电视剧《深圳之恋》，是深圳"角马"奋斗与爱情的故事

纪录片，对它们就会有很客观的认知。非洲猎犬的团队精神，不是像极了极具争议的"温州购房团"？温州人体现出来的正是非洲猎犬一般的团队精神。

至于深圳，四十多年来，有多少"爆米花"式的生命体在深圳膨化，在深圳分离，在深圳"牺牲"，但是深圳人的队伍却越来越壮大。深圳人应该像什么呢？

马骥远想到了二十多年前刚来深圳工作时的一幕。

有一年过完春节从安徽回深圳，没买到卧铺火车票，只好坐硬座，对闯深圳的"民工潮"如何汹涌澎湃，有了感性理性兼具的认识。每一站都是黑压压的人潮往车上涌，走道上和座位下面、行李架上，都是人。明明没有空间了，执勤民警还是把站台上的人往车里塞。

深圳极其残酷的淘汰机制，从这一刻就开始了。如果挤不上去，连成为深圳人的资格都没有。

深圳的移民潮，深圳的生存状态，是否更像东非草原每年的角马大迁徙？为了生存，角马要从马拉河渡河，马拉河里的鳄鱼，也正等待着角马大餐。数以百万计的角马，不顾一切跃入马拉河，向对岸逃命般游去。很多角马，死于鳄鱼的伏击，还有很多角马，死于自身恐慌的踩踏。不计其数的死，烘托着不计其数的活。这一幕，与当年民工潮闯深圳的景象，何其相似！

深圳火车站

无论路途多么凶险，第二年角马还是会准时再次出发，角马的种群就这样顽强地生存下来了。

角马每年大迁徙当中的死亡率是 0.5%。那么四十多年来去深圳创业的，去打工的，他们的"伤亡率"又是多少呢？

上海的领头羊、深圳的角马、北京的狮王、广州的白鹳、温州的非洲猎犬……这些城市的角色行为，这些城市的"星座"，就这样体现出来，可谓星光灿烂。

领头羊的上海和角马的深圳，虽然性格差异很大，但是两者有一个隐形的共同点，都是超大规模群体性活动，这也正暗合了上海和深圳这两座移民城市在两个时代中的行为轨迹。

"红灯停，绿灯行"的羊；"红灯绕，绿灯抢"的角马

话题重新拉回上海。上海为什么是领头羊？

有部纪录片，记录了藏羚羊羊群过青藏公路的情景，很能够说明领头羊的作用。某段青藏公路，将草原隔开，恰也是隔断了藏羚羊群季节性迁徙的路径。藏羚羊的迁徙必须横穿公路到另一边的草原，但是公路会有汽车不断往来。这是一个问题。每到藏羚羊迁徙时，当地公路路管会在公路边守候，有羊群横穿公路，便会禁止车辆通行。

藏羚羊没有人这么聪敏，也不了解人类会做出让路的举动。

这时候就看领头羊的作用了。领头羊在公路边踌躇徘徊，进而退，退而进，及至走到了公路上又退下，上百只藏羚羊都按兵不动，静待等头儿的命令。终于头羊穿过了马路，所有的藏羚羊一呼而上。

这就是领头羊的作用。

其实，动物界有不少种群动物，皆有领头的大佬。象群、狮群、狼群皆是。自然界的物种都没有是非，只是羊的秉性更加温良，比作于人，比作于中国人，尤其是比作于上海人，更加贴合。

上海在中国大家庭里扮演的角色，就是做领头羊。这是上海的血型决定的。

血型决定行为做派。不是上海人喜欢做领头羊，而是上海开埠以来城市文化的发展，把上海人塑造成了领头羊。

上海是中国城市文化发展最完整最先进的城市。城市文化与农村文化核心的区别，是对社会化契约的态度。

社会化契约的内核是，一个人可以做什么，不可以做什么；享有什么权利，履行什么义务；关系到每个社会成员的责权利。

举一个最简单的例子。中国最早的红绿灯出现在上海，上海也一直是中国红绿灯数量最多的城市。红绿灯的要义是"红灯停，绿灯行"，是社会化契约最典型的标志。

红绿灯规则是上海城市社会化契约的"代言"，要求个体对社会服从。

上海人为什么自觉地服从约束？因为每个人在服从契约的同时，也在受着契约的保护。这才是社会化契约的要义。这不是个人与个人之间的契约，也不是企业与员工之间的契约，是整个社会和每一个个体之间的契约。它不只是规定了个体的义务，同时也规定了社会的责任；只要个体尽了自己的义务，社会就有责任保护个体的利益。

这是最基本的契约，也是最高级的契约。这就是上海城市文化的完善和先进。谢晋导演的电影《舞台姐妹》，女一号的原型是越剧表演艺术家袁雪芬。其中一句台词，"认认真真演戏，清清白白做人"，曾经是被批判的靶子。后来，袁雪芬在接受采访时说：这句话是她一生的座右铭。

社会管理者，当然希望被管理者是温和的、守规矩的。温顺的羊，具备了这一切特征。上海人知道，守规矩，社会就会保护，于是就会自觉地守规矩；不守规矩反而很难。上海作为领头羊的气质，是自然"进化"出来的。

上海人的领头羊气质，不是从邓小平对上海期待之后才具备的，它早已内化在上海人血液里，只有邓小平发现并且提升了上海的气质。

上海为什么会涌现出最多的工匠、最多的技术革新能手、最多的各领域专家？这是遵守社会契约的行为所致。

上海人依靠投机取巧、趋炎附势往上爬的鬼鬼祟祟之人之事，当然有，也不少，但是很容易被人前人后鄙视，不守规矩的做法恰恰是上海人最看不起的。

守规矩的领头羊，未必适合闯深圳。因为深圳的思维是全新的。这是一个创造新规矩的地方，而不是让你继续循规蹈矩。

何谓深圳的"新规矩"？为什么上海人难以适应这种新规矩？

同样举一个关于红绿灯的例子。20世纪80年代的广东地区，特别是深圳，流行着一句话：看到绿灯抢着走，看到黄灯闯着走，看到红灯绕着走。

比起上海人的"红灯停，绿灯行"，这是颠覆性的变化。用当时流行的官方语言来说，这叫做"用足用活政策"。政策当然也可以说是规矩，深圳人自然是要遵守的，但是改革初起，市场经济，一系列规章制度都在探索、建立之中，不可能面面俱到，不可能像"红灯停，绿灯行"，清晰而明确。深圳人，需要自己去摸索新的边界，去建立新的规矩。

上海人深知这不是自己的强项。当上海人觉得自己的改革开放步子不够大的时候，也曾经用红绿灯来自嘲：一慢二看三通过。顺便一说，几十年后的现在，按照国际化的文明准则，按照慢生活的态度，"一慢二看三通过"，可谓一个人修身养性的炉火纯青——这是后话。

但是对于40年前的深圳，对于几百万的角马，只有拼命式的奋进。面对马拉河，面对鳄鱼恭候，游过去固然可能丧命，但是不跳入马拉河，就不是角马。我们不能用社会达尔文主义的观点来评价深圳人，但人生总是胜者为王。如果说深圳人的生命中总有一条，或者是不止一条马拉河，总有一些人能渡过去，也有一些人甚至更多的人渡不过去。而我们记住的，常常被举例作为典型深圳人的，总是那些成功者。

如果，当年任正非、马化腾面对"马拉河"，没有强渡过去，那就没有今天的华为，也没有今天的腾讯。

当然，深圳不缺乏成功者，没有马化腾或许会有"牛化腾"，没有任正非或

1995 年上海纺织局欢送空嫂留影

1990 年代初，上海有百万下岗
工人，纺织业率先大调整

许会有"张正非"。深圳还是深圳。角马还是角马。或也可能，真是有别的角马在马拉河悲歌一曲，才有了任正非和马化腾的夺命而逃。

不管成功者还是失败者，角马的气质是相同的：不顾一切往前冲，"绿灯抢、黄灯闯、红灯绕"。

这种气质，至少在改革开放初期，上海人是比较稀缺的。哪怕到了 90 年代，国企改革攻坚，上海出现上百万下岗工人的时候，仍然很少有人去做"角马"。上百万的上海下岗工人，他们养育了中国第一代独生子女。

这一代上海人，以牺牲自己为前提，梦想着让自己唯一的孩子成为艺术家；进而在讲规矩、契约精神的社会中，成为一个体面的人。

这一代上海人，不经意中，把孩子推上了另一条"马拉河"，10 万琴童成了另一种意义上的"角马"，在学琴的"马拉河"里前赴后继。

上海 10 万琴童和深圳 10 万 CEO，不可能明白他们居然都同为角马，同在马拉河里。

马化腾的父亲，当时在国企当领导，因为具有深圳思维，才会同意儿子马化腾放弃润迅寻呼台待遇优厚的工作，去开发那个不知能不能成功的 OICQ，才会成就后来的互联网风云人物马化腾。

设想一下，如果马化腾是上海某国企员工，对父母亲说想辞职创业，得到的回答多半会是："好好上班，不要胡思乱想！"

"冒险家的乐园"致敬"冒险家的乐园"

20 世纪 80 年代诞生的深圳经济特区，对于全中国，都是崭新的天空，"时间就是金钱，效率就是生命"，给中国人带来的冲击力和震撼力，是无法用语言形容的。

在此之前，中国人对人生的期许十分单纯，或者说是十分单一的——辛勤工作，靠着自己的努力而进步，运气好的话，能当上干部。很多人的梦想无非是这样。深圳特区横空出世，中国人突然发现，一个人的进步和发展，除了读书，除了做官（读书做官论），还有另外一种崭新的可能，或者说是从来不敢想的可能，那就是，发财致富。这种可能，从 1950 年以来，第一次展现在中国人面前。

深圳是中国改革开放之后最早呈现出多元价值观的地方。对于崇尚秩序、规矩的上海人来说，多元和惯性的秩序是有冲突的，甚至多元就是"无序"。深圳，

代表深圳形象的深南大道，
1983 年是这样的（何煌友 摄）

俨然是新的"冒险家的乐园"，全国人民这么看深圳，上海人也这么认为。

"冒险家的乐园"，这个名词中国人不陌生，上海人更不陌生。如果我们把时间进度条往回拉半个多世纪，哪一个城市会来认领"冒险家的乐园"？上海。

回溯 20 世纪 50 年代之前，上海何尝不是"冒险家的乐园"？当年，来上海冒险的不光是西方资产阶级，更多的是一代民族资本家，一代"上海制造"的先驱，都是冒险的一代。历史的定义继续岿然不动，"冒险家的乐园"的冒险，也是进取，是勇敢，是眼光，是能力。

马尚龙想起了自己的祖父，也就是马骥远的曾祖父。马尚龙至今还记得小时候听爷爷说，他是从小来上海"学生意"的。

什么是"学生意"？其实就相当于一个甲子之后到深圳打工。大约是在上世纪 20 年代，一个十六七岁的宁波少年，在上海无亲无故，被人叫做"小赤佬"，这是整整一代来上海移民的缩影。祖父很聪明也很努力。生意学会，他买了一部脚踏印刷机，做单片印刷；赚了点小钱后，又买了第二部、第三部印刷机，进而开了一家印刷所。再后来，这家印刷所改名为利昌印刷厂。1956 年公私合营，利昌印刷厂和另一家印刷厂合并，成为后来的上海人民印刷二厂。

"学生意"的经历是很苦的。过了很多年，在了解了自己家族和上海历史之后，马尚龙坦言，"我的爷爷刚到上海时，应该是一个宁波农民工"。而这样的宁波农民工，在当年的上海是数以百万计的。

马尚龙的祖父，不是大资本家，只是当年上海滩众多冒险者中间的一个。按照深圳的标准，他不是马化腾任正非，他只是众多创业者中稍稍幸运的一个。在百来年前那条"马拉河"上，他只是众多角马中的一匹，幸运地游到了上海滩。

上海和深圳，两个不同时代的移民城市，经历过同样激情燃烧的创业年代。冥冥之中，有一条时代的纽带把两者连结在一起。

这条纽带的学名是"冒险"。

这不是抽象的理念，而是人格化的现实。

马骥远想到了自己的父亲，也就是马尚龙的大哥——马尚贤。

马尚贤 1964 年考上大学，是那个时代的"天之骄子"，70 年代大学毕业之后，在安徽省凤台县工作。到 80 年代中期，担任县计委副主任兼某大型煤矿筹备处副主任，官拜副县级。就在人们以为马尚贤将在仕途上一路发展时，1988 年马尚贤"下海"到了深圳，经营一家企业——也是深圳 10 万个 CEO 之一。

在马骧远看来，他的父亲身上融合了上海和深圳的特质，在安徽工作将近 20 年，骨子里有着老上海的血型。他秉承了爷爷冒险家的气质，才促使他决心去闯深圳。作为闯深圳大军中的一员，他也是一匹角马，付出了艰苦的努力，渡过了"马拉河"。

20 世纪上半叶一个小宁波学生意，进而成家立业，半个多世纪之后，他的孙子在深圳延续着家族的作为，认认真真演戏，清清白白做人。

"冒险家的乐园"上海和"冒险家的乐园"深圳，穿越相隔半个多世纪的时空对望，目光中都是自己的影子。城市和城市的时空穿越，也同样体现在祖孙俩冥冥中的会心一笑。

深浅烟火

第三单元

一脚一脚扇出烟火，洄游在

一层一层的深浅，光鲜与粗陋同在

超级台风，吹散了去阳澄湖吃蟹的人

G弦上的馄饨皮，西区的三角勾股定理

小公主飘然而过，爷叔讲道理不紧不慢

莲花山的风翠绿，福田的云，不再上不去

力士香皂从沙头角移步，洗白了故乡的土尘

恭喜发财的鞭炮，从国贸中心的窗口弹射

华强北老板煮茶谈生意，谁都知道

先有潮州门槛，后有潮汕牛肉丸子

老家的粗话，忽然烘焙出摇篮里的青春痘

母语似乳汁，透露了斯卡布罗的口信

西安的砖，铺在穿长衫的路，哈出了皇城根的局气

吃喝拉撒，当有自家的脾性

漂移的市集，挂出了

明天的匾额：存在的家园

7. 上海闲话和上海的闲事

上海，总是时不时会发生一些足以上升到文化事件的事情，不知道什么时候发生，一旦发生了，却又是在你的趋附、欣赏、议论之中，有点意外而不突兀，甚至还自然。像是洄游的三文鱼，会按时按既定的路线而来，只需要睁大眼睛守候着。态度可以不一致，这不重要，重要的是，这件事情很小，甚至很市井，无关上海文化经济政治的"江湖地位"，但是因为发生于上海，贴上了魔都的标签，就衍生出了远远超过事情本身的意义，从而成为一个文化事件。

西区的三角走廊，有点诡异，有点人来疯

2021 年 10 月 4 日，细长的乌鲁木齐路"乌中市集"，亮出了奢侈品牌 Prada 的门面装饰。不管是买一把芹菜，还是买两只番茄，皆有 Prada 的包装纸。足足七天，"乌中市集"一直置顶式地挂在坊间和新闻言谈中。曾经，"穿 Prada 的女人"是奢望，这个星期，在乌中市集，"穿 Prada 的蔬菜"是寻常。

在乌中市集 Prada 成为时尚事件并且蔓延到很远之时，恐怕很多人都只看到了那一张 Prada 的包装纸，只热衷讨论这是商业还是时尚，是买菜还是买奢侈品，却忽略了三个很重要的点位，这三个点位，在本次事件中具有本质的意义。

乌中市集是一个新名，它的原名是乌鲁木齐中路菜场，简称乌中菜场。改名后它叫做市集，而不是集市。

市集与集市有区别吗？于菜场，集市似乎更加贴切，但是集市是发生在农村的生活，小镇的赶集，赶的就是集市。上海人没有赶集的概念，"市集"有集，乃是市区之集。词语的顺序改变，往往也改变了词语的意思。或许上海并不是第一个使用"市集"概念的城市，但是上海的市集，蕴含的意思是上海市的集。如果乌中市集现在依旧沿用着乌鲁木齐中路菜场的名字，它和 Prada 的暧昧，就有了些尴尬。

上海市中心菜场很多，为什么 Prada 选择了乌中市集？当然乌中市集位于衡

美国驻上海总领馆（街角有门时代）

《色·戒》：去福开森路（武康路）

1986年，在美国领事馆
签证处等待着签证

复风貌区，是上海西区，最高尚的住宅区域，都离开它不远。向南径直走330米，在淮海中路和乌鲁木齐中路街角，是美国领事馆；沿着淮海中路向西直行1000米，则是当年的诺曼底公寓，现在的武康大楼。电影《色·戒》（焦点电影公司2007年出品，李安导演，梁朝伟、汤唯主演），片首王佳芝从凯司令慌张出逃，跟黄包车夫说了句"去福开森路"。按照地理位置推断，王佳芝的目的地，很有可能是诺曼底公寓。福开森路，是现在的武康路。

历史常常以很奇特的方式，在同一个人身上或者同一个地方重现。

50年前，当乌中市集还是乌鲁木齐中路菜场的时候，每天清早都会排队买菜，买一趟菜，至少要排四五次队，买鱼要排队，买肉要排队，买青菜要排队……

过了20年，也就是20世纪80年代末，乌中菜场不排队了，美国领事馆排队了。美领馆门外的签证排队，一定是列入美国CIA档案的，就像当时有一个冷漠的黄毛签证官，也被所有遭拒签的中国人耿耿于怀一样。彼时美领馆的大门还是开在淮海中路和乌鲁木齐中路夹角的街口。黑铁门外躺椅一把把，棉大衣一件件，就这样通宵排队了。排队的人流中，很有可能也是在乌中菜场排过队买过菜的。

在这两个地方都不再排队很多年之后，武

乌中市集普拉达　　　　　　　　　　乌中市集普拉达

康大楼成网红了。游人围着武康大楼，某些节假日，武康大楼楼下的游人达到4万人次一天，相当于上海迪士尼每天的流量。

　　武康大楼的网红足以覆盖乌中市集，况且，在 Prada 垂青之前，乌中市集的二楼早已经做了非菜场性质的改造，有时尚物件，还有与之相配的美食，"CHIMIDO 柴米多农场餐厅"面积不大，至多三五十人的容量，午餐是要等位，皆是青年男女。Prada 的功课还是做得很仔细的。乌中市集 Prada，即使没有媒体的推波助澜，照样也会兴风作浪。排队又回到了老地方。乌中市集俨然是上海西区高端时尚的所在了。

　　如果是一个在上海生活了很多年的人，当然最好是有阅历的上海人，会有菜场常识。菜场的建立有两个条件，第一是人口密集区域，第二是住宅老旧区域。乌中菜场这一带人口密集，和住宅老旧浑然一体。

乌中市集一带的弄堂民居，
还隐藏了上千只木马桶

上海西区固然典雅，但是老旧小区和小洋楼，也就是一路之隔。沿着乌鲁木齐中路，是石库门为主的老旧小区，在乌中市集这一侧弄堂里的家家户户，至今还隐藏着几千只木马桶，它们是二级旧改里弄的标配。旧屋的主人等待着动迁，但是老旧小区体量都偏小，动迁成本则是天价，只有这样耗着。因为耗着，烟火气也就每天升腾，菜场也就有了存在的必要。

有一些主人买了新房住出去了，旧屋出租给了外来打工者，但是弄堂里的市井风气，依旧是上海的。上海爷叔大半生就在上只角的边角落蜗居，老克勒轮不到他们做，但是老克勒的腔调，也有点像了。讲了几十年上海话，有吴侬，有老卵，有俗语，或达不到风貌区的文明高度，倒是最鲜活的上海话。

从这条弄堂里走出来的老太太，往日里是到乌中市集买菜的，当然她们从来不叫它市集或者集市，几十年了，它就是乌中菜场。Prada 来到菜场这几天，她们是不乐意的，当然她们也明白，Prada 不是为她们来的，来几天也是要离开的。

上海西区这个三角走廊，有点诡异，有点人来疯。美领馆、武康大楼和乌鲁木齐中路周边石库门老旧民居，构成了 Prada 的三角勾股定理。上海很多了不起的建筑群旁边，总是由更多低矮的民居、底层的民众和不登大雅之堂的民生填空着。他们不是时尚事件的旁观者，而是组成事件的元素，即使是在风貌区，他们的元素属性丝毫没有被改变。

有架空线的武康大楼

风貌需要最漂亮的，也需要最生动的；需要阳台上品茗读书的，也需要弄堂口下棋戏谑的。倒过来讲也是如此，这才是上海西区风貌的全部。

在武康大楼成为网红之前的好几年，武康路上的梧桐树叶已经网红了。2013 年，有市民拍了几张武康路梧桐落叶的照片，发在微博上，引发了赞美。谁能想到就是这么几张照片，后来催生了城管部门的红头文件：最美落叶季，不扫落叶。最初只是武康路湖南路几条马路，而后逐年扩大范围，到了2020年，已经有四十多条马路效仿。春暖花开去郊野，是踏青，深秋残阳在武康路这样的小马路上散步，为的是"踏黄"。踏黄也是上海的格调了。

同样的梧桐树叶，落在不同的路上，是完全不同的命运，落在不同的城市里，更是另当别论了。

哪怕是一家非法经营的法式面包店，只因为是开在武康路上，即使2017年被查封了，它留下来的网红记忆还十分深刻：名叫Farine的法国面包店，号称"全城最好吃的法式面包"，"排队三小时也要等"……

哪怕是一根冰淇淋、一杯咖啡或者奶茶，总是因为有武康路和福开森路的混合味道而与众不同。

在2021年年末上档的贺岁片《爱情神话》(麦特影业等2021年出品，导演邵艺辉，主演徐峥、马伊琍、吴越、倪虹洁、周野芒)，更加是当下上海西区生活的浓缩，也是对2021年"管涌"式的上海情结，做了一个完美的收官。

武康路、五原路、湖南路、乌鲁木齐路；小马路小店家小弄堂小房子……它是透过小上海、而不是大上海，来展现上海的；连同它的故事，也是四个小女人说出来的小故事。这与习以为常的"大上海"视角，有很大的不同。它之所以在上海成为年度话题，成为上海现象，在于它用上海话来讲述上海人自己的生活故事。

《爱情神话》海报

衡山路酒吧

岂止是武康路？岂止是衡复风貌区？当下的上海，已然是中国都市文化的置顶模式，甚至可以说是金字塔的塔尖了。从2000年开始，衡山路酒吧一条街、新天地、田子坊，轮番亮相；二十年过后的文化和时尚焦点，是在思南路、武康路、安福路、上海中心朵云书院……似乎是全中国都知道的。

尤其是那些反映大都市题材的影视作品，《我的前半生》《三十而已》《理想之城》……剧情背景都是上海。外滩、陆家嘴、老洋房、石库门，可谓上海题材影视剧的"四大名旦"。公司的幕墙玻璃外是陆家嘴，假如没有上海中心、东方明珠作背景，剧中几个亿几十个亿的生意便圆不过来；一对情人散步吐露内心是在外滩，黄浦江万国建筑最温情脉脉的流苏；老洋房是某个角色的家族荣耀，他和另一个住在石库门的女孩子有了一段刻骨铭心的感情……"四大名旦"直接影响了情节的走向，也直接影响了收视率。

虽然，诚如评论家毛尖之批评：一些电视剧里的女主，拿着三十万的年薪，过着三百万的生活，但是，这不是"四大名旦"的错，是那些影视剧迎合了当下社会价值观对"四大名旦"的错解。

《爱情神话》故意屏蔽了外滩、陆家嘴、石库门，只是徘徊在两平方公里的西区小马路，但是老洋房恰恰也是魔都的一个魔盒。

"四大名旦"各有各的符号意义。陆家嘴象征的是魔都，外滩指代的是十里洋场，老洋房弥漫了上只角的气息，石库门反映的是底层民生。

如果是1950年之前的地下党题材影视，旧日上海依旧是最拿得出手的背景，只需要将陆家嘴换成大马路霞飞路，照样是"四大名旦"。

上海永远是一块重要的背景板，永远是一个故事发生地。

曾经有媒体列数近几年上海的网红事件，得出的结论是有趣的。像乌中市集Prada，是网红，武康路的面包和冰淇淋也是网红，但是像武康大楼乃至更多老旧的建筑和马路，是和网红没有什么关联的。它们是历史，而不是新星闪烁。与其说是网红，不如说是因为它的历史而长红。

上海的网红还有一趣在于，上海的网红，大多是某件事的网红，某个区域的网红，带有社会性，甚至含着上海这把"金钥匙"，却是很少个体化的网红，或奇葩、或出圈、或异相，大多不在上海。应该也还是和上海人本身的生活做派有关，崇尚循规蹈矩、安分守己的社会里，标新立异会受到无形的鄙夷，也就缺少了网红素质的训练。奇葩网红，需要无羁无绊，无规无矩，上海人做不出的。

当然也有个人网红的，"安福路小公主"已然是 2022 年安福路一景。"安福路小公主"的由来，是有一位小公主范儿，头戴小皇冠，身着洛丽塔裙，每天流连于安福路，近看却是六十岁上下的"大妈"年纪。过往路人无不驻足观望，还会和小公主搭讪，更有人拍短视频发朋友圈，"安福路小公主"不气不恼，挽了个小坤包走来走去，说一口纯正的上海话。即使有一次接受媒体采访，

安福路小公主

小公主说话不疾不徐，全然不是网红的做派。因为是上海人，因为是在西区三角走廊，安福路小公主更加网红。上海"个人主义"网红太少了。也是太少的缘故，上海人反而对"安福路小公主"褒贬不一，甚至贬多于褒。这就是上海了，个人主义网红起不了大风浪，至少很少有亦步亦趋。

上海还有一个个体网红比较出名，是上海沪剧院的青年演员徐祥。他一口上海闲话，讲讲上海，讲讲上海人，有点冷面滑稽。因为现在讲上海闲话很流行，徐祥恰又是沪剧演员，上海闲话讲得很是"吴侬软语"，他的抖音，流量不小，徐祥自己也是从一个青年沪剧演员破圈网红起来。不过徐祥的网红，更多是借了上

海闲话的东风，红也上海闲话，红得有限也因上海闲话——向北很难过长江，向南至多到浙江。徐祥轻松地出了沪剧的圈，但是要出上海圈，还是要再出奇招的。

真正在圈内圈外红遍中国的，无疑是2023年底播放的电视剧《繁花》。红在王家卫，红在一群演员，红在1990年代的上海，也红在上海话——有不少非上海籍人竟然也是看沪语版《繁花》。他们的理由很充分，如今看外国电影只看原版片加字幕，上海话加字幕总是更容易些，而且上海话很好听的。

就在乌中市集Prada，从一个菜场波及大半个中国成为时尚文化事件之时，另有一则报道，只有上海人才有兴趣关注，却也是热闹了一阵的。

上海市群众艺术馆推出了沪语的课程，教小孩也教大人。这不是上海第一次推出沪语教程，却是第一次报名秒杀，以至上海的媒体也纷纷卷入其中，借题发挥，将上海话对于上海人的重要性又推论了一番。

一个城市，还是"国际大都市"，要开课程教这个城市的母语，而且报名还被秒杀，可能就是上海独有了。北京不需要教北京话，正本清源，北京话是普通话的大爷；广州不需要教广东话，粤语和粤语文化自成一家；西安也不必教西安话，长安人根深蒂固，话语也带着秦砖汉瓦的厚重……

唯有上海，要力推母语了。好些年了，普通话是上海事实上的社交第一语言。随着20世纪90年代又一次移民潮蜂拥而至，在数量上，上海籍人已降为少数人，非上海籍人才是马路上公交车上的主流，甚至还是单位里掌控话语权的人。普通话成为上海社交的第一语言，不仅是行政部门的要求，也是社会市井生活自然为之。

假如要举办一场非北方话语区的全民普通话比赛，很有可能，上海是要拿冠军的。其中有上海推广普通话的结果，还有一个因素，从来没有人关注到：上海人是有语言天赋的。这种天赋来自上海话的发声位置，不管是英语德语法语，还是普通话。所有的发音，在上海话里皆有相同的发音位置。上海学生的英语口语向来是全国最好的，讲普通话亦是如此。广东人讲不好普通话，四川人讲不好普通话，在于广东话四川话里找不到普通话的发音位置，说出来的普通话惨不忍听，于是广东人四川人也顺其自然，不待见普通话了。

当普通话成为上海社交第一语言之时，普通的上海人感觉到了生活和社交的不快，敏感的文化人则是意识到了上海本土语言的式微，可能损坏上海本土文化的基因。最直接的后果是，上海的孩子只会讲普通话，不会说上海闲话了。作为上海人的母语，上海话踏上了萎缩乃至消亡的荒途。

任何一个地方，只有诞生了自己的语言——母语，才会有自己的文化；只有有了母语，才会有属于这个地方的市井，这个地方的人文，才会有自己的优劣。如果说，一方水土养一方人，那么，与一方水土日月同辉的，是一方母语。也完全可以说，一方母语养一方人。

比如上海话中的"嗲"，只有上海人是自然意会到它的完整意思。北京话、广东话、西安话也是如此，有各自的地域性语言——不必言传的意会，是语言地方性的快意。

应该是在 21 世纪之初，沪剧名家马莉莉联名一些文化学者，建议在上海电视台开设上海话新闻栏目，这在江浙一带已经很普遍，颇受当地市民的喜欢。上海电视台在 1995 年开播的沪语情景剧《老娘舅》一时风靡，马莉莉在此剧中出演了一个角色。

联署建议还将上海话和海派文化联系起来，推广上海话，等同于推广海派文化。当时海派文化也仅仅是文化人的小打小闹，远未像现在这样声势浩大，尤其是还没有被官方媒体正式认同。

联署建议媒体都报道过，一片共鸣之声。

在此之前，从 1994 年至 1997 年，彼时上海人的生活远不如现在，下岗问题、住宅问题、交通问题，所有的民生都遇到大问题，但是上海话春风得意，上海话的影视作品也接连播出。沪语版电影《股疯》(香港艺能电影有限公司 1994 年出品)，电视连续剧《孽债》(上海电视台求索电视制作社 1995 年出品)、《何须再回首》(上海电影制片厂 1997 年出品)、《夺子战争》，在这 4 年间集束性地飞出来。

不过联署建议最终没有被采纳，理由是，"上海是全国人民的上海"，推广上海话，不利于上海形象。至于海派文化，也因为推广上海话受挫而"连坐"——海派会给人错觉，是在搞这个派那个派的，不利于团结。可以佐证这个背景的，是1995年播出的电视连续剧《孽债》（黄蜀芹导演），拍了普通话和上海话两个版本，上海话版本具有相当立体的上海市井风貌，但是播出了两三天就被叫停，改播普通话版本了。

领导的否决性意见，总是以八卦的方式流传于坊间，但是结果一点不八卦：沪语电视新闻栏目黄了。情景剧《老娘舅》，以上海滑稽戏演员为主要班底，除了上海话，还有南腔北调，尖音团音，与上海人俗常的生活和闲话有区别，虽然播了十几年，应不在沪语影视剧之列。沪语版的电影，要过四分之一世纪，直至2021年，由《爱情神话》来跨时空传承。两年后，则是由电视剧《繁花》，将上海话提升到全中国人都想学几句的高度了。

上海话峰回路转的开始被重视，是因为世博会。2010年的上海世博会，是上海闲话最强有力的推手。这是谁都没有想到过的美丽意外。

迎接世博会，上海社区开始运动式地学英语，马路和小区里，都是英语汉语的双语口号，连地铁和公交车也是双语报站名了。也恰是在此时，多有老年市民提意见，乘公交车和地铁，听不清外国话普通话报站名，等听清楚了已经过站了。老年市民建议，是不是可以用上海话报站名？

上海话·上海情——上海话比赛

还有，上海本地的孩子也越来越不会说上海话了。比如"世博会"，上海话的读音应是"四博会"，和普通话很接近。年轻人的潜意识里，是在排斥普通话，特意用上海话来读，只可惜读错了，读成了"自博会"，几乎所有年轻人都这么对待"自博会"的。非常的"洋泾浜"，若是发生在20世纪七八十年代，是被人家说成"苏北腔"的。还有像出租车，年轻人会说成"出资车"。

年长的上海人担心，长此以往，上海在，上海话却不在了——没有了上海话的上海，还是上海吗？

上海迎接世博会之时，是将上海定位于世界的上海，这个格局远远大于全国人民的上海。如果迎接世博会的上海，连自己的母语都遇到了生存危机，那么世界眼中的上海，首先要做的，不是迎接世博会，而是去申请上海话的联合国非遗了。

当上海确定是要和世界发生关系的时候，上海要向世界展现的是上海本土文化，其中包括上海闲话，更包括海派文化。越是本土的，也越是世界的。大约在世博会之前的两三年里，有关上海的介绍、有关上海文化的推广，达到了前所未有的高度。

2010年3月7日，《新民晚报》开辟了"上海闲话"专版，每周一次，刊登的是上海市井的俗语和上海话写的文章。上海话的字，虽然有欠学术高度，且一直有互不买账的各方各派，为某一个字的写法某一句话的用法，吵架式的争论不休，但是《新民晚报》"上海闲话"专版，无疑是个信号：上海闲话是值得推广的。

一年半之后的2011年12月11日，第一条用沪语报站名的公交线开出来了。显然，公交公司也是做好了应付外地人、新上海人提意见的准备，他们选择的是11路公交车。有上海生活经验的人都知道，11路是原来南市区的环城公交车，老西门小北门小南门……乘客大多是当地老城厢居民，年纪大知识浅，不要说英语，普通话都听不连贯，再加上11路经过的老南市区站点路名，本地话和普通话读音相差很

2011年，11路无轨电车率先开通沪语报站

《新上海人学说上海话》
书影

大——这些理由足以打动领导，也足以应对各种批评。

结果却是一片赞扬，连新上海人也希望多一些听到上海话的渠道。

仅仅隔了一年，上海就有了第七条公交线路沪语报站名了。且看彼时东方网的报道——公交 69 路的 34 辆营运车内，响起了上海乘客熟悉亲切的沪语报站声，"海派"文化融入到公交营运服务的举措，受到了乘客的欢迎。

沪语报站名，提升到了海派文化的高度，也是海派文化名正言顺的落脚点。

在回顾第一条沪语报站名公交线时，已经是十几年的翻篇了。公交线路沪语报站名在 2017 年，实现了上海市区的全覆盖。

帝都爷、西北汉、上海爷叔，语不近，习更远

语言本身是没有性格的，但是一方人的性格，是会因母语而凸显的。

母语即母乳，对于地域文化和市井生活来说，是一点也不夸张的论断。

北京人说话之流畅，惟其北京话而铺垫，很难想象北京人要是一口东北话，皇城根气息将是如何一吐为快。

无论关中关外，暂且将陕西境内所有的方言，不无牵强地设定为是同宗同语同腔，陕西话的抑扬顿挫，分明是十三朝古都秦岭秋风之刚烈。

《白鹿原》《平凡的世界》和《装台》三部电视剧，堪称近年来国内电视剧的精品之作。虽然都是略带陕西方言，但是普受东南西北各地的喜欢，除了三部电视剧本身出色，它们的陕西话是加分的，观众一边追剧，一边还学了几句陕西话。

很有意思的是，带方言的电视剧不少，东北的、四川的、河南的……但是都远远不及陕西。及至 2022 年春天的《人世间》，东北的生活，虽然是淡淡的东北口音，并不像早前小品式东北话的油滑了。

广东人的粤语自不待说，粤语歌被公认是亚洲流行歌坛的一个单列品种，是

另一种形式的国语歌。语言的特别也是做派的特别，广东人从来自成一家。仅仅是早茶这一件事情，非粤语之地之人，学都学不像。

上海话的传播力和感染力明显逊色。沪语歌基本上是上海人卡拉 OK 式自己唱给自己听的，沪语的影视剧，更是有太强的地域局限性。上海话，仅限于上海，而上海的地理面积只占中国的 0.06%，上海的开埠历史不到二百年，虽然开埠之前原住民，也有自己的语言，上海川沙一代的本地话，是当时的上海话，但是和后来约定俗成的上海话区别很大——当下上海话的形成，还不满百年，和北京、西安、广东的方言历史相比，小巫见大巫了。

在长江下游发育，上海话是典型的吴侬软语。一直以来，"吴侬软语"四个字，被定义为语言语调的温婉。从来没有人想到的是，吴侬软语所"侬软"的，岂止是语言？侬软的分明也是上海人的温和，侬软的分明也是吴语和租界文化裹挟而来的世界文明的你侬我侬。

小桥流水，风调雨顺，小弄堂，小人家，逼仄的空间，个体的独处，乃至钢筋混凝土建筑——江南吴文化和西方城市规则、文明的相交，是上海话的"柔软剂"，也是上海人性格的"柔软剂"。如同上海的苏州评弹、沪剧、越剧，比之于京韵大鼓、秦腔，就会深切感受到一方水土乃一方语言，一方语言乃一方做派。

比如对男人的称呼。

杜月笙并非鸿儒，但是众多社会文化名流，是杜宅的座上客。"春申门下三千客，小杜城南五尺天"，挂在杜公馆的客堂，恰也是杜公馆名流盈门的写照。杜月笙言谈斯文，举止儒雅，待人接物谦卑恭敬；一年四季着长衫，最上面一颗核桃纽从不解开，表现着文人气质。不管是出自对文化人的敬重，还是要体现自己和现代文明社会的融于一体，在无数个称呼中，杜月笙最喜欢的称呼只有一个：先生。

"先生"是英语 SIR 的音译，代表的是西方文明。中国一代民族资本家最辉煌的年代，众多资本家的称呼，有叫老板的，更多的称呼也是先生，尤其是在社交和生活范畴，乃至下人对其称呼，"先生"会比"老板""老爷"更寻常，更显得洋派，有文化，同时也蕴含了等级的落差。"文革"之前，上海弄堂里，有点身份的邻居，会在先生前加个姓氏互称：马先生、王先生、张先生……弄堂小孩子称呼他们，则是马家伯伯、王家伯伯、张家伯伯。若是完全的工人阶级，那就是老马、老王、老张了。

文质彬彬是西方租界文化和中国江南文化相融后的崇尚，后来看到众多真正的老克勒一代，几乎都是同一款。

假如杜月笙是北京人，应该是杜老爷，或者杜爷。事实上，北京也不乏与杜月笙相似的显赫之人。

自然想到了《大宅门》中七爷白景琦。老爷、X爷，乃至爷，是北京男人称谓的习俗。这个习俗具有鲜明的皇城根色彩，王爷是最不可一世之爷，"爷"便是北京世俗社会的最高级称谓。及至当下，自称"爷"的男人不在少数。某次姜文说到读书之多少，对马未都拱手说，总比不过马爷吧！一个叫得顺口，一个听得自在。"爷"中有尊，也有狭。说一个男人很"爷们"，是说一个男人的担当和侠义。如果是胡同口的嘴仗，"我是你爷""我是你大爷"，虽然有失文明，但是皇城根的霸气犹存。

还常听闻有"京城四少"之类，少不是少年之少，而是少爷之少。

皇城根的霸气，决定了新文化运动、五四运动，以及而后振聋发聩、声势浩大、铭心刻骨的社会大事件，总是在北京发端。不管你是不是北京人，到了北京，自然会被北京强大的皇城根气场吸纳，也或者可以说，北京的皇城根气场，与中国最先锋的能人志士，气息相同。新文化运动的几位旗手，胡适祖籍安徽绩溪，生于上海川沙；陈独秀祖籍安徽怀宁；鲁迅是浙江绍兴人；唯李大钊与北京最是接近，祖籍河北省乐亭县……

有皇城根的底气，北京人的话锋锐利毕露。所谓北京人什么话都敢讲，不无道理。姜文、聂卫平、王朔，常常有惊世骇俗之言语流传开来。尤其是，惊世骇俗之言语，是京片子很顺溜地溜出来的，京片子是普通话的基本音，所以，唯有"京骂"得以上升为"国骂"。

皇城根的气场，可以用"老北京"来定义。老北京之老，是树大根深之老，是历史，是帝都，是胡同和四合院，是老的底子。

上海同样以"老"冠名，但是老上海之老和老北京之老，不是同一个老。老上海，是十里洋场之老，是眼界，是摩登，是石库门和老洋房，是城市之先。

上海自然也有思想家、文学家、艺术家，也不乏幽默尖刻，但是惊世骇俗之言语，是很少出口成章的，缺少的是皇城根的霸气，约束着的却是租界文化衍生的内敛。

上海人很少称爷的。爷的辈分有点大，上海人叫不出口，爷后缀一个叔，叫做爷叔。论资排辈，爷叔是父亲的弟弟，是可以和他开开玩笑的。也可以叫做"阿叔"，模糊界限在于，爷叔是有血缘或者很亲近的长辈，阿叔少了爷字，更多是小孩子对长一辈男人的泛称。小时候去拷酱油，大人总是关照要叫人的，阿姨或者阿叔。

爷叔的称谓，包含了这个男人是有阅历的，见过世面，肚皮里有"货色"（沪语，指有学问），不显山露水，更没什么威势；但是一看他待人接物，就明白了上海爷叔的路数和分寸，隐隐让人买账。电视剧《繁花》中爷叔深得人心，就在于此。

爷叔与老克勒不同。老克勒是徘徊于老旧生活的特殊现象，爷叔则是流连于当下市井的社会角色；老克勒好的是三五十年前的自己，爷叔讲的是内环中环及至外环的上海。诸多冠名"爷叔"的商标或者"爷叔"的自媒体，便是自动链接到了上海，没有谁会想到是北京爷叔的。

近几年，媒体似乎更多强调爷叔的上海属性，那就是上海爷叔了。

杜月笙喜欢"先生"这个称呼，而在他的家乡高桥，市井乡邻更喜欢叫他"高桥爷叔"，显然，爷叔要比先生更加亲近。

还有一位盛名天下的上海爷叔，是已故香港娱乐界大亨邵逸夫，主导了香港电视娱乐界数十年，他还是一位慈善家，仅是对内地文化教育的捐助，超过了

已故香港娱乐界大亨邵逸夫出生于
上海，排行老六，人称六叔

漫画大师丁聪

胡荣华与聂卫平

100亿港元，上海多有以他名字命名的剧场学校……这么一个大亨，却只是爷叔一枚。邵逸夫出生于上海，排行老六，人称"六叔"。

漫画家"小丁"丁聪，是当之无愧的大师，和他亲近的人，是叫他"小丁爷叔"的，其实小丁爷叔在家中是长子。

如果邵逸夫笑傲于北方江湖，丁聪在四合院起势，那就是六爷、丁爷。

上海爷叔和北方爷，气质也迥异。

胡荣华是中国象棋的标杆人物，聂卫平是中国围棋的精神领袖，老胡温文尔雅，老聂不拘一格，但是一点不影响两人私交甚好。曾经有过聂胡围棋象棋双棋对弈，轰动一时。如果请胡司令、老聂在爷和爷叔中对号入座，是不会坐错的。胡荣华人称胡司令，却当不了爷。常昊年少拜师老聂，棋学到了，但是师傅居高临下的架势，一点没学到，如今也到了上海爷叔年纪。正是应了这一句：橘生淮南则为橘。

《繁花》作者金宇澄也被叫做"爷叔"，好像是媒体叫出来的。《南方周末》在2013年便称其为"老爷叔金宇澄"，金宇澄本人也欣然接受。《繁花》只可能是上海爷叔写得出来。也有称金宇澄为金爷，比如评论家毛尖写过《金爷的发型》，多少是带了些毛尖式戏谑的成分。对金宇澄，更普遍的社会称呼还是爷叔。

后来《爱情神话》风靡之时，影片中的老白老邬，上海爷叔的标配，差不多都齐了。市井语言常有正反双意的奇妙，就像北方的爷，除了尊也可以是不屑，上海的爷叔，是敬也可以是讽。京派海派殊途同归，气派还是不一样的。

倒是有几个女性明星，一袭旗袍，一柄檀香扇，很是旧日上海名媛的装扮，不过，人称什么爷什么爷，她们也欣欣然，有点晕人。

在上海，"爷叔"这个称谓也就是这几年才有，但是"爷叔"的内涵和气质，向前推几十年，也足以看到，就像"爷们"，在几十年前的北京已经势不可挡。

上海曾经拍过一部电影《小街》(上海电影制片厂 1981 年出品，杨延晋导演，张瑜、郭凯敏主演)，故事背景是"文革"中一对少年的无望境遇，是张瑜的成名作。同一时期，北京少年也无望，姜文拍出来的电影，却是取名《阳光灿烂的日子》。差不多时候，在另一部电影《巴山夜雨》中(上海电影制片厂 1980 年出品，叶楠编剧，吴永刚、吴贻弓导演)，和张瑜演对手戏的是李志舆(2021 年去世)，他扮演的角色和当下的上海爷叔异曲同工。李志舆本人，又何尝不是上海爷叔？那一年，他 44 岁。

《巴山夜雨》海报

文艺作品不足以完整地反映社会，但是社会往往是会从文艺作品中反映出来，尤其是个性鲜明的地域文化，从个性化的地域文艺作品中折射出来。就像《外来妹》，只有在 80 年代外来妹汹涌深圳之后，才拍得出来。

也就像西北的地域人文，唯有"西北制造"，才是真正的上品。从《黄土地》《红高粱》《大红灯笼高高挂》，直至这些年的《白鹿原》《平凡的世界》……我们看到了西北，看到了陕西，看到了秦岭和秦人的后代。

不妨将北京、上海、西安三地做一个物化的比较。北京的皇城根是树文化，树大根深是北京本质；上海作为全中国马路最多的城市，讲究社会规则，可谓路文化；那么陕西，甚至更狭隘地说西安，依凭十三朝古都，拥有秦砖汉瓦，性格倔强，是砖文化。

树文化的北京出爷们，路文化的上海多爷叔，西安乃至陕西，应该是汉子的天下了。西北汉子走西口，是有意境的画面。

五尺为汉，不仅是说身高，更是中国人文文化核心"仁义礼智信"的必选。秦人是一块砖，砖文化一直延续着。砖文化为人处世，犹如一块出窑的砖，重礼仪，有分量，硬朗朴实，倔强，甚至不计后果。

砖文化不同于北京皇城根的树文化，砖离开了皇城，没有了皇城的气派，但是砖文化本身，有很多的自我认同。

只要想想秦腔是多么的高亢悠远，再想想京剧的行云流水、评弹的吴侬软语，就会感受到陕西的倔中有傲，傲中有独。

陕西作家陈忠实，正是凭着倔中有傲，傲中有独，留下了一部了不起的《白鹿原》。

另一位陕西作家路遥以生命为代价创作的小说《平凡的世界》，也可圈可点。

《白鹿原》中的白嘉轩，是个汉子。他为人处世的三观，是仁义礼智信，温良恭俭让，忠孝廉耻勇，这十五个字，贯穿了白嘉轩的一生。他是族长，有身先士卒的担当，他是家长，有以身作则的威严，忠孝在上，说话算数，两肋插刀，嫉恶如仇，有勇有谋；倔起来，也拔拳头，骂人，蛮横，也不通人情，他的温良是有是非的温良。

《平凡的世界》中的孙少平，原西的农民，他复刻了秦腔的高亢，复刻了倔中有傲、傲中有独，他和白嘉轩穿越年代而曲径通幽。

白嘉轩和孙少平这两个西北汉子，是两块砖。他们属于长安，不属于北京，于上海，更是陌生和遥远。

西北望长安，可怜无数山。

长安之倔一以贯之。

在正常状态下，上海人是有比较强的自我管理能力的。

在上海，会有很多非上海籍人，其中必定有陕西人，正如"橘生淮南则为橘，橘生淮北则为枳"，到了上海生活，也就断了铁人之脾性的。

即便他并不是传统意义上的上海人，未必是有上海长期居住证的，但是他已经接受了在上海打工生活的首要定律：遵守上海的社会法则。

上海人自身，从 1843 年 25 万真正意义上的原住民，经过 20 世纪 80 年代 1000 万上海人的定性，到如今 2700 万人口，本地人、乡下人、上海人、外地人、新上海人……都是在上海接受"上海制造"，同时参与"上海制造"，最后也都是"上海制造"的衍生产品，当然，各自的"成色"是不同的，有 24K、18K，有包金、铂金。也当然，"上海制造"——社会大环境在各个时期的"成色"也是不同的。

"上海制造"不是单纯的上海制造业。上海制造的精神本质，是制造了上海的公序良俗。公序良俗——相对公平公正的社会秩序和良好的民风，是上海之所以为上海的内核。公序和良俗，是你侬我侬、你毁我灭，互为因果、互为荣辱。

"遵守"两字，烂熟在上海人心里，是过日子最重要的法则。

遵守包含了诸多的必须遵守。

是对社会法则的遵守。红绿灯文明，内含社会秩序、公共道德，是一个城市最基本的文明，它的要义就是遵守。

是对人际关系的遵守。人与人的契约精神贯穿在每一个公共空间。有关文明、修养、人伦、秩序……坐车坐船是要买票的，男人要礼让女人，说出来的话要算数，是要有诚信的。

是对体面和尊严的遵守。很多遵守都是对客体的遵守，唯有对体面和尊严的遵守，是对本体的遵守、自我的遵守。

遵守也是社会管理者对被管理者权益权利的遵守。

遵守是义务，但是是有回馈的，那就是尊严，或者叫做尊享。遵守是前提，尊严是结果。

遵守之"遵"，是"走之底"，需要

狂风暴雨下的道德坚守或溃败

上海民众在外滩庆祝跨年

努力践行，尊严之"尊"，是一樽美酒，是享受。"遵文化"和"尊文化"，同时切入在上海秩序之中。

上海市井文化的个性化标签，是"路"文化。路文化的内核是"遵守"，唯有遵，才有尊，是上海人以往最大的优越感。邓小平希望上海做全国的领头羊，看重的是上海人"以遵而尊"的生活态度。

虽然上海很现代，被美誉为魔都，但是在遵守的意义上，和古都西安是在一条线上的，就像如今所说的"三观相同"。仁义礼智信，温良恭俭让，忠孝廉耻勇，这15个字是以不同的形式，在不同的地方表现出来。

遵守是相对的。或许上海遵守的"概率"高一点，也是有人不遵守的。尤其是当不遵守可以获得实际利益时，不遵守的概率就陡然升高。

上海也是如此。

在上海羞说房产纷争时，深圳的集在寻找深圳的"语"

一片歌舞升平的上海，有一档电视栏目，很有可能是全中国、乃至全世界独一无二的。它十几年长盛不衰，是少有的不歌舞升平的真人真事节目，深得观众喜欢，称它是为老百姓解决了自己解决不了的民生亲情纠缠，收视率也是长红。这就是至今还在播出的《老娘舅——我要问律师》。它的核心内容是调解家庭房产纠纷。

更早前，上海电视台还有一档《甲方乙方》节目，它才是调解家庭房产纠纷节目的"开创者"。节目中，为家庭纠纷，尤其是房产纷争，双方直接上电视，诉说自己的不平，有文化学者梳理社会和道德背景，律师直接切割房产的纠纷。晚上8点黄金时段播出，收视率非常高，屡屡得到电视台内设的收视率"总裁奖"。

但是节目也一直受到诟病，上海的老百姓怎么都家丑外扬的？有损于上海作为国际大都市的国际形象的，有关领导脸面也挂不住。2016年，《甲方乙方》无疾而终，家庭房产纠纷的调解，移位于《老娘舅——我要问律师》。

又是很多年过去了，调解家庭房产的电视节目仍旧有很高的收视率。其他电视台可以把娱乐节目做到中国式的极致，但是估计是开不出调解家庭房产纠纷的节目的，因为缺少"食材"。

已经动迁一空的老宅

上海又是唯一，少有的说不出口的唯一，称之为"羞说"。

父子成仇，兄妹反目，同室操戈，亲情崩塌；小人之心，厚颜无耻，穷凶极恶……不需要戴墨镜，像辩论赛一样咬牙切齿；当然也常有受欺侮受伤害而善良的一方；也会有主持人和

上海大规模动迁引发的亲情矛盾

律师秉持正义，给出公正公平的调解意见，大部分的当事人也会同意调解。

要特别认证的是，吵闹双方当事人绝大部分是上海籍人，出生于上海，会说一口纯正流利的上海话。

上海，一个人文修养尚佳的城市，竟然会有每天叠加的家丑，竟然会有每天

叠加的不怕家丑外扬的主。上海人的素质到哪里去了？上海人的规矩到哪里去了？上海人的"仁义道德"到哪里去了？

房子是万恶之源。

上海的房价之高处不胜寒，是全国人民都知道的。

好的新楼盘，开盘便是 30 万元左右一个平方米，100 平方米就是 3000 万元，还不贷款，还要摇号。在市中心，即便是破旧的亭子间，10 个平方米，也价值上百万元，如果是七八十平方米可以当作婚房的普通二手房，应该是七八百万元，甚至更高，就不必说上亿的整幢老洋房了。

与全世界一线房价比肩，一方面匹配了"国际大都市"的称号，一方面也冲击着上海普通市民的三观，这种冲击只有上海能够直接、大范围地感受到。

北京的房价也高，但是北京有不少民居，是有单位属性的大院，并不与社会房价市场接轨，没有形成产权，也不构成财产。

二三线城市有产权房，但是仅仅是本地民众买本地房，房价和生活是同样的低水平。

上海的民居属性，有租赁房和产权房两种，售后公房则是从租赁变为产权，租赁房虽然不拥有产权，但是它的价值一点没有被抹杀。比如所有的老洋房，最初是大户人家的私宅，1950 年后收归国有，那就是租赁房的属性了。

60 年代末，随着 110 万知青上山下乡，上海人的户口一直处于动荡状态。几年后知青返城了，知青子女来投靠了，结婚了，离婚了，外来妹要嫁进来了，老父亲要再娶了……每一次户口的出入，都是每一次的亲情动荡，因为每一个户口都是价值几十万的利益。直至动迁，有人做小动作了，有人被欺瞒了，有人厚颜无耻了，有人翻桌子，打 110 了……

守规矩，讲"路文化"的上海，为了房产利益，也为了上一代的家产，冒出来一个个"夺路而走"、无情无义之人。温情脉脉的上海，每天在上演着心狠手辣的斩亲断情戏。

其中还是有很多受委屈者，因为有修养懂规矩而受委屈，也因为有修养懂规矩而隐忍，但是家丑戏在上海的上演，社会反响一定远远大于其他地方。

或许有一天房产和家产的争端会渐渐平息，但是一家人一代兄弟姐妹的亲情温馨，因为有人失德、失尊、失格、失诚，而永远地不会回来了。

这些不堪的事情，在每个上海人身边发生；那些不堪之人，是你的同学，你的同事，你的邻居，甚至是你的兄弟姐妹。

这才是从《甲方乙方》到《老娘舅——我要问律师》节目收视长红的原因。

当然要蔑视那些不良之举，不过也要可怜那些不良之人。是比天价还要天价的房价及其连锁反应，摧毁了他们的三观底线。

任何时代任何地域，每个人心里总是有一道三观堤坝。堤坝是有抗风浪级别的。比如可以抗击 8 级风浪的堤坝，只要风浪是在 8 级之下，堤坝一定是岿然不动的，如果 12 级甚至更强烈的风浪来袭，8 级风浪指数的堤坝被摧毁也就正常了。

比天价还天价的上海房价，是 12 级以上的超强风浪。更何况，一代独生子女潮涌般进入适婚年龄，婚房是刚需。如果父母亲是普通的工薪阶层，如果他们的孩子也是普通白领，如果他们没有买过房也没有动迁过，那么没有婚房的儿子，结婚就难以破题。

天价非绝人之路，只要敢于抛弃亲情，丢掉颜面，在户口上、动迁上未雨绸缪，做点手脚，不少人就此得利，也有不少人就此受损。

这就是上海；这就是讲上海话的上海人之所为。

这不是上海的阴暗面，恰恰是上海市井伦理的真实侧面。

这些当事人，很有可能是在某一条弄堂口闲聊的上海爷叔——比如乌鲁木齐中路菜场旁边的弄堂口。上海爷叔讲起上海来，上海人的优越感十足，侃侃而谈，也不失上海人的派头。或许他就是媒体宣传印象中的上海爷叔，或许，他也可能深陷家里房产纠纷中，也或许，他就是一个上了电视的蛮不讲理之人。

上海的家丑剧，较少发生在北京，也很难发生在白鹿原和温州。

白鹿原和温州遵守的是家族文化、祠堂文化。家族文化和祠堂文化，具有道德和法律的双重震慑力，谁要是仁义礼智信丧失，谁就是触犯了族规家规，被逐出祠堂赶出家门，那么，这个人身败名裂，永世不得翻身了。

上海从成为移民城市开始，祠堂文化就没有了，家族文化，也随着社会几经变迁，越来越缺少了威慑力。面对天价房价天价利益，家族文化已经毫无约束力，全凭着自己心里三观的堤坝，来决定自己的取舍。

深圳是不会有"家丑剧"的。和上海比起来，深圳还远远没有形成自己的城市市井人伦的积淀。如果会有什么家丑的话，那也是发生在老家，也就留在了老家。不少深圳人在深圳还没有建立起自己的家，家丑也就无所依了。

北京是一棵树，贯通了皇城根的底气；西安是一块砖，浇注了十三朝古都的倔强；上海是一条路，规定了四通八达的走向。深圳是什么呢？

深圳像是一片云，融汇了浪漫和飘移。

面对来自全中国乃至全世界到深圳的人，深圳的口号是：来了就是深圳人。比之于上海"海纳百川"的胸怀，显得更加热情，更具有主人翁式的豪迈和浪漫。到上海工作生活很多年，报上了上海户口，刚刚达标成为"新上海人"，到深圳一下飞机，找到工作，就是深圳人了，绝无新深圳人老深圳人的区别。

恰恰也因为是"来了就是深圳人"，暗含了它的反义：走了就不是深圳人。深圳，是否很像一片充满了不确定因素的云，它是浪漫的，它也是飘移的——浪漫，是它的气质，飘移，是它的无奈。

也不完全是云，因为深圳并没有飘走。

深圳坐拥笑傲全球的华强北，领衔"时间就是金钱"的改革开放理念，深圳的 GDP、人均收入，是全中国的翘楚，它涌现了一大批叱咤风云的人物，它还保留着"一街两制"的沙头角中英街，给上百万到深圳旅游的内地客人带来喜感和憧憬。

深圳怎么可能是飘移的！

没有飘走，又没有积聚起来，不是发生在深圳的事情，也不尽然是相对流动的人口，是深圳的市井文化，是"深圳人"的属性特征。在说到上海人的时候，我们是会浮现出上海人的大致轮廓的，说到北京人西安人广东人也是如此，说到深圳人的时候，深圳人的轮廓是模糊的。

来到深圳的大多是单枪匹马，没有少年时期的校友会，没有几十年老朋友，绝少几代人的大家庭，更不会有七大姑八大姨的亲戚，老邻居、老街坊的概念已然是白垩纪一般的陌生……

所有缺少的，是市井文化的底坯。市井文化吸纳着最基本、最细小的喜怒哀乐、亲近疏远，是非善恶，渐渐汇流成这个地方的习性公约数、情感公约数、价值观公约数、审美公约数、人文修养公约数，最大的公约数，则是语言的公约数——母语。

母语是一个地方市井文化的起始。

虽然上海开埠历史不长，当下的上海话形成历史更短，但是上海话是年轻而坚强的，它是上海人的标识，是上海市井文化的端口，它也体现了上海人的性格和习性。没有上海话的上海，那就不是上海。

那么，深圳有深圳话吗？没有深圳话的深圳，有深圳人吗？

8. "青春期"的深圳人说着摇篮里的深圳话

2021 年，中国娱乐圈发生了一件事情，很是让深圳人高兴了一阵子。音乐选秀节目"中国好声音"落下帷幕，深圳大学应届毕业生伍珂玥夺取桂冠。

就音乐选秀这个圈子来说，深圳歌手从来是不缺席的。早些年"青歌赛"的陈汝佳，"快乐男声"的陈楚生，乃至于后来"好声音"的姚贝娜等深圳歌手，都是在选秀节目中脱颖而出的，但是，伍珂玥夺冠，还是让深圳人觉得有着特别的意义。

2021 年"中国好声音"冠军伍珂玥

因为，伍珂玥是一个粤语歌手。从初赛到决赛，伍珂玥自始至终粤语献唱，《海阔天空》《最爱》《一生中最爱》《飘雪》，这些经典粤语歌让观众恍惚回到三十多年前粤语歌的黄金年代，回到全国人民都学广东腔的年代。在主流场域北方语言几乎"一统天下"的今天，有多久没有看到南方方言歌曲在全国性的舞台上分庭抗礼了？粤文化的生命力和软实力，令人不得不信服。

伍珂玥无意中为粤文化当了一次"旗手"。而这个旗手，是深圳女孩。

但必须承认的是，深圳在粤文化圈子里的地位，并不会因为深圳歌手唱着粤语歌夺冠而发生根本性的变化。

伍珂玥是深圳人吗？当然是，她在深圳读大学，"来了就是深圳人"。她的家乡是广东台山，从小说着广东话，听着粤语歌长大。粤语是她的母语。她把自己的母语带到了深圳，把自己与生俱来的粤文化元素带到了深圳。

看起来很魔幻？深圳这个被打上了"粤"烙印的城市，一个简称"粤"的省份第二大城市；车牌是粤 B；所处的地域叫做"粤港澳大湾区"……

"粤"只是深圳特质的一部分，很难说是一大部分。在深圳大街小巷，大多数情况下听到的不是粤语，而是带有浓重各地地方口音的普通话：东北、湖南、

来到深圳打工，南腔北调在这里与广东话融合

湖北、四川、江西、安徽……

饭店帮派口味五花八门，川菜、东北菜、江西菜、安徽菜、西北菜……占统治地位的居然是湘菜。400多万湖南籍"深圳人"，7000多家湘菜馆，硬是把一个广东城市塑造成"第二湘菜之都"（第一当然是长沙了）。固然，深圳也有很多不错的粤菜馆子，但是说起粤菜，深圳在广东任何一个城市面前都是缺乏底气的。可以佐证的是，《舌尖上的中国》重点推介的一道深圳菜肴，是湖南菜——湘西蒸腊鱼。

如果一个当下的深圳人遇到一个1981年的深圳人，他们之间很可能说话语言不通，吃饭口味迥异，行事风格相左。四十多年，深圳人的衣食住行、家长里短、市井生活，变化之迅速，很可能超过了世界上任何一个大城市。

"生于斯长于斯"的粤菜，湖南人带来的湘菜，安徽人带来的徽菜，山东人带来的鲁菜，四川人带来的川菜……来到了深圳，是不是也像"来了就是深圳人"一样，"来了就是深圳菜"？

伍珂玥说的广东话，天南海北的人们带来的湖南口音、四川口音、东北口音、安徽口音……汇聚在深圳，是不是也就成了"深圳话"？

深圳，就是这样无所不包。深圳，也因此让人感觉不到它特有的市井文化韵味。

用海南椰子和文昌鸡做的"椰子鸡"，被称为深圳的"市菜"

1985 年，正在大规模建设的深圳上步区（今福田区）

从"上不去"到福田区

中国一线城市的 CBD（中央商务区），寸土寸金的程度已经不亚于欧美发达国家。深圳的中心区在莲花山区域，山顶邓小平铜像俯瞰之下，深圳最高建筑平安金融中心大厦一柱擎天，座座写字楼鳞次栉比。入夜之后灯光秀光鲜亮丽。中国改革开放的名片实至名归。

1990 年 2 月 1 日《深圳特区报》头版消息，上步区
走入历史，福田区取而代之

这个中心区今天的名字叫福田区。

不过，正如 Macau（妈阁）不是澳门的真姓，"福田"也不是这里的本名。

今天的深圳中心区，原来叫做"上步区"，1990 年改名为福田区。

上步区得名于区内的上步村，改名之前，已经叫了十几年。

经济特区建立初期，深圳分为四个管理区：罗湖、上步、南头、沙头角。处于中心位置的上步区，以上步路为地理中心，涵盖了今天的八卦岭工业区、华强北电子市场直至福田中心区一带，是深圳的工商业重地。

上步上步，更上一步，算得上一个很吉利的地名。

不知从什么时候开始，社会上对上步区地名不满意了，并且传出了完全相反的普通话谐音梗：上不去。

封顶前的平安金融中心

深圳特区是用来搞改革开放大干快上的，"上不去"怎么行？从大江南北来深圳工作的领导干部，也都有着各自的雄心壮志，"上不去"怎么行？更加要命的是，上步区里有一个地方，叫做下步庙，于是又流传出了普通话"下不妙"的谐音梗，让领导更有一些异样的感觉了。

深圳福田之夜

想要大展宏图更上层楼，"上不去"；希望全身而退华丽转身，"下不妙"。没有一位领导干部愿意在这样一个地方工作。于是，"上步区"的名称也就走到了尽头。

这些地方本来用广东话取的名字。上步区，广东话读音大致是"商宝亏"，与"上不去"（商唔灰）相差十万八千里；下步庙就更不必说，广东话读音近似"哈煲缪"，与"下不妙"（哈唔缪）也是泾渭分明。况且，广东话里根本就没有"不妙"这个词汇。

下步庙，一个不太讨口彩的地名

1990 年，国务院批复深圳，同意在原上步管理区的地域设立福田区。福田，得名于本区福田村的名字。福田福田，幸福之田。无论用普通话读还是用广东话读，都是这个意思。普通话和广东话，算是找到了默契点。

从"上步区"被联想到"上不去"那天起，普通话已经主导了深圳的思维。粤语不再成为深圳的主流语言了。

这个过程来得太快，快得连深圳人自己也反应不过来。

曾经，深圳是几乎只讲广东话的。不会说广东话在深圳是寸步难行。除了原籍广东以外，那几年来到这里的"老深圳"，几乎无一例外地经历过语言不通带来的尴尬和困难。

走在街上，路牌的注音就看不懂。解放路标注成 GAI FANG 路，建设路标注为 JING SHE 路，罗马拼音标注的广东话发音，不懂粤语的人看了会找不到北。

买东西时，商贩或售货员说要"一文（元）"，付给他一元钱，对方反复念叨着"一文"，并且伸出两个手指头。原来，广东话"二"的发音，听起来像是普通话的"一"……

2020 年，深圳换路牌，这是旧路牌

"鸡同鸭讲"的一幕幕，每一个初到的深圳人都遇到过。

主事者为此着急。从 1984 年到 1985 年，时任广东省委书记任仲夷几次公开表态，要求尽快在深圳推广普通话："现在正是推广普通话的最好时机，否则，不出三年就广州（东）话化了。"

这些要求在今天看来，根本不算什么，但是对于 80 年代的深圳，是一个很艰巨的任务。

那时深圳的语言，被香港主导下的粤语文化深深影响着，甚至可以说，是被笼罩着。

没有任何语言像广东话这样，"接地气"地记录着打工者在深圳的日常。年底回到老家，通常会这样向亲人介绍自己在深圳的生活：出门大多坐"巴士"，很少舍得打"的士"；手里有点闲钱，也会去商场"血拼"；有时候会和三五"死党"去茶楼"饮茶"，吃完了会抢着去"埋单"；有很多"靓女""靓仔"，但是忙于赚钱并没有时间去"拍拖"……

广东话，不仅仅是生活语言，更是彼时所有深圳人的工作语言。很多深圳人的身份，是用广东话来界定的——外来妹、打工仔。这两个典型的粤语词汇，成了一半以上深圳人的代称。

如果努力工作，得到老板和经历赏识，也许还能像电视剧《外来妹》主人公赵小云那样，当上"拉长"。固然不像老家的县长、乡长那么风光，但好歹也是一官半职呢！消息传回老家，也不失为一件光耀门楣的事情。

不过，老家的亲人还是要嘀咕一下："拉长"究竟是啥？

这个意思只有用广东话读才能理解。"拉"在粤语里发音近似于"来"，是英文"line"（机器排列线）的音译。"拉长"即一拉（线）之长，"一条线上几台机器的小组长"。虽说是比芝麻粒还小的"官"，却也是不少外来妹、打工仔人生的一个里程碑，甚至成为让他们留在这座城市，当一个真正意义上深圳人的原动力。

"line"上的女工，也有机会成为"拉长"

80年代的深圳人，在讲广东话的香港老板企业里打工，上司用广东话交待工作，规章制度用广东话才能说得清楚，工作语言是广东话。下班之后，打开电视机，香港无线台最新电视剧、综艺节目占据着深圳人的夜晚，休闲语言也是广东话。来到菜市场，用广东话与当地菜贩讨价还价；偶尔打打牙祭，去小吃店，和说广东话的服务生要一份炒河粉、炒花甲，生活语言还是广东话……

广东话是生活的情境。彼时的深圳人即便不能说一口流利纯熟的广东话，广东话词汇也一定是运用自如的。有些情境，只能用广东话解释。有些意思，只能用广东话表达。有些情感，只能用广东话理解。

早期摇滚歌星侯牧人在《小鸟》中，对年轻"潮人"调侃道："我像一只小鸟，飞来飞去，有一天飞到很热闹的地方，说话总带着广东腔。"正是当时深圳人的写照。

每年春节深圳人回老家过年，与亲人朋友酒酣耳热之中，会被嘲笑"一年土两年洋，三年不认爹和娘"。与此同时，带回家的广东话，也流入家乡，与各地方言融为一体，成为普通话的一部分。

忙活了一年，春节快到了，深圳人终于可以买张火车票汽车票回到老家。总得给亲人们带点礼物吧。那时候还没有香港自由行，如果能从沙头角中英街带点港货回去，是最好的年货了。最"高档"的货，通常是那些用广东话才能说清楚名字的。比如曲奇饼干、克力架、朱古力……

老李至今还记得 80 年代后期，一年春节回老家过年之前，到处托关系弄到一张沙头角中英街的通行证。给老爸老妈买了不少港版进口货，大包小包带回河南老家。

回到家打开包裹，老李拿出一盒包装精美的点心递给父亲："这是进口的威化饼干。"

父亲拿出饼干吃了几口，想起了点什么："这个就是'华夫饼干'嘛！怎么变成'威化饼干'了呢？"

老李也一头雾水，明明是进口的威化饼干，带回家怎么变成了老爸口中的"华夫饼干"了呢？

老李才知道，威化饼干就是华夫饼干。Waffle，最早的译音华夫，是上海话，广东话翻译叫威化饼干。

80 年代之前，传入中国的"洋玩意"，大多是用上海口音的译法。譬如，只有用上海话才能把 cement 叫做"水门汀"（后来改称为水泥）；只有用上海话才能把 sofa 称作"沙发"，如果一定要用普通话翻译，应该叫做叟法。上海很长久的经济江湖地位，决定了语言江湖地位。

改革开放年代，"南方"的风从香港吹来，深圳国贸大厦取代了上海国际饭店的风光。上海话作为对"洋玩意"翻译的江湖地位，就让位给广东话了。就像饼干还是那个饼干，但"华夫"销声匿迹，"威化"取而代之。在广东话独领风骚的年月，Marlboro 香烟，自然不会被译作"马尔保罗"，而是用广东话译成一个高大上的名字"万宝路"；Kent，也没有四平八稳地被称为"肯特"，而是用广东话译为"健牌"。奶酪 cheese，上海话音译"起司"不时兴了，广东话音译"芝士"才显得更加洋派，cream 叫做奶油显得有点平庸，用广东话管它叫"忌廉"，有了与国际接轨的感觉。

万宝路、健牌、登喜路、云丝顿，它们的名字无一例外都是粤语音译

语言，是时代的映射。不是每个人都有语言天赋，但是谁也无法拒绝财富、新潮、流行等元素的潜移默化。"说话总带着广东腔"，是彼时深圳人的身份认同。

深圳是最不"广东"的广东城市，但深圳人为推广粤语作出的贡献，是历史性的。

在广东话影响深圳人的同时，普通话也迅速在这座新兴城市站稳脚跟。领导三令五申之下，"推广普通话"成了深圳的政治任务。打开 80 年代深圳的报纸，随处可见形形色色的"普通话大赛"，从市到区以至企事业单位遍地开花。

南粤，这个自古远离权力中枢、官话普及率极低的地方，第一次掀起了推广国家通用语的热潮。广东人几千年来第一次尝试着把舌头卷起来，学习平翘舌的发音。在一次次应聘面试和普通话竞赛当中，挑战着"支援"和"资源"等高难度问题。

渐渐地，外来的"深圳人"与本土的"深圳人"之间，语言障碍不那么明显了。北方口音的广东话，广东口音的普通话，此起彼伏，和平共处。

今天的深圳是一个普通话主导思维的城市；甚至是在粤文化圈子里第一个"普通话"化的城市。这个转折，就是从"上步区"改名为"福田区"开始的吧。

这一回合，在若干年之后也许会载入深圳城市文化发展史。它标志着南腔与北调在深圳斗转星移的转折点，见证了普通话开始逐渐主导这座新兴城市的思维。

广东话，终究没有成为这座广东城市的主流语言。毕竟，城市的权力，越来越多掌握在说普通话的外来干部手里。城市的人口，越来越多由说普通话的外来建设者构成。深圳的移民潮，来得太猛太快。1980 年经济特区建立，常住人口不过三十来万，大多是说广东话的本地人。到了第四个 10 年之后深圳常住人口已经达到 1756 万。

特区建立之初的三十多万说广东话的原住民，迅速地被稀释了，已经没有能力维持原来的市井和原来的语言秩序，同化者的身份，迅速"沦为"被同化者。大量的深圳市民，来自四川、东北、湖北、江西、安徽、山东……他们风俗不同，却相安无事；口音各异，却交流无碍。

深圳，诞生不久，已经失去了成为粤语城市的可能。深圳注定成为广东城市圈里的另类，但是也衍生了一个很人文的命题：深圳人，根在何方，乡关何处？

椒盐、塑料、弯管子……热炒普通话

入乡随俗。

每个人都懂这句话。在家千日好，出门时时难。但凡初到异乡，总是要懂一些陌生地的江湖规矩，学几句当地的方言土语，特别是待人接物的称呼。譬如，到了北京，见人叫一声"这位爷"（"爷"要念第二声）；来到上海，喊声"爷叔"；初到广州，叫一句"大佬"……为人处世，总是会圆润很多。

但是，有一个城市是例外——深圳。在这里，叫人"爷"也好，"爷叔"也好，"大佬"也好，都会有人答应，但是更多的人不知是在叫谁。

因为并没有深圳特有的"俗"，特有的市井。90年代中期之前闯深圳，还会有人提醒，要学一点广东话，否则工作生活会有点不方便，之后连这一点都免了。深圳，是一个零门槛的城市，至少在方言和口音方面是这样。

港商不再是深圳唯一重要的投资来源，广东话在这座城市就失去了天然的"财富"属性。来自发达国家的投资者说英语日语韩语，蜂拥而至的台商讲台湾口音"国语"和闽南语。

特别是进入21世纪之后，任正非、王石、马化腾、王传福、汪滔……这些在深圳人眼里代表着"先进生产力"的企业家，无一例外，都是从中国的不同省份来到深圳，都说普通话，都以普通话为工作和管理语言。即便唯一来自广东省内的马化腾，在经过了深圳大学4年教育之后，也能说一口潮汕口音不很明显的普通话。

现代企业文化在深圳萌芽。它不同于东北的老国企，不同于北京的央企总部，也不同于上海的大型外企，更不同于宁波、潮汕、顺德等地一度风生水起的家族企业。这是中国现代民营企业自发形成的现代企业制度。老板是外来的，员工也是外来的，他们在公司的交流语言是普通话。公司里没有地域小圈子，没有七大姑八大姨。很难想象，如果任正非在工作中说一口贵州话，华为会变成什么样子；很难想象，如果马化腾在公司里用潮汕话发号施令，听不懂潮汕话的员工还怎么工作，腾讯还怎么能发展到今天这一步？

普通话，成为深圳各级的主流职场语言。普通话也就成了深圳的主流社交语言。在普通话的"一统天下"背后，大多数深圳人还是有着各自的口音，并且形成了若干个"亚语言体系"的。

深圳城市的权力中枢自然是讲北方普通话的。确切地说，是带有东北口音的普通话。从80年代后期开始，大量北方干部支援特区建设调入深圳，其中包括不少东北人，使得深圳"体制内"工作人员的地域文化结构在短时间内发生了巨变。

相当长一段时间，深圳党政机关大会小会上，偶尔粗鄙但不失风趣幽默的东北口音此起彼伏，俨然成为深圳的"官方"语言。但凡彼时"体制内"的深圳人耳闻目染之下，无论来自何方，说起话来不知不觉多少会带点东北腔。连一些操着浓重湖南、潮汕口音的公职人员，话语间时常蹦出诸如"贼好""扯淡"之类的东北俚语，这种颇具喜剧效果的场景也是时常发生的。

体制内的主流语言，难免对社会上有着潜移默化的影响。深圳人的民间语言也被渗透了一股东北"大碴子味"。在那些年，随着赵本山、小沈阳等东北笑星的辉煌，各种小品模仿秀大赛也在深圳频频上演。形形色色的模仿版赵本山、宋丹丹，你方唱罢我登场，给人恍惚身处大东北的感觉。

有个流传已久的说法，广东是央视春晚收视率最低的省份。因为那些以东北话为载体的喜剧小品，广东人要么听不懂，要么get不到笑点所在，但是深圳除外，因为在深圳，东北口音具有一定影响力。赵本山的"刘老根大舞台"深圳分舵，就建在莲花山脚下。

城市众多流通领域流行较广的是潮汕口音。最典型的潮汕亚文化场域，是华强北。

几乎所有人都听说过，华强北号称"中国电子第一街"，是全球最大的电子元器件集散地之一，著名的腾讯、大族激光等，最初就在这里诞生、落脚。华强北的历史要追溯到80年代初，初生的深圳经济特区在上步区也就是今天的福田区划定一片区域，意图抢占电子工业先机。

一家军工企业从粤北山区南迁而来，改名为华强电子厂，企业门口这条路就被命名为华强北路。久而久之，整个片区就被称为"华强北"了。华强三洋、京华电子、爱华电子、赛格日立……，一家家引领中国电子工业风气之先的企业，在这条路周边诞生、聚集。有了生产线，就要有供应链。从80年代末期开始，华强北逐渐形成了电子元器件配套批发市场。潮汕人来了，潮汕话也来了。

潮汕人肯吃苦、能抱团，对商机具有天才的嗅觉。深圳电子产业需要元器

1982 年的华强北

1991 年的华强北

今天的华强北

华强北，可以听到最地道的潮汕话，也可以
吃到深圳最正宗的潮汕小吃

华强北电子市场，一个潮汕口音通行的世界

件，潮汕人利用香港这个自由港进行中转，按吨的价格收购国外整集装箱的旧电子设备，转运到汕头市的贵屿镇，进行专业分工的分拣、拆解、编带、抽真空、打标、翻新，再拉到华强北电子市场，批发给国内外客户，巨额利润滚滚而来。

后来，深圳开发面积扩大了，电子厂逐渐从市中心迁出，但是华强北电子配件市场保留下来，并且越发兴旺，对中国电子产业发生着举足轻重的影响。天南地北操着各种口音的经销商纷至沓来，带回去的新鲜玩意，往往就能在当地电子市场掀起一阵"狂飙"。

BP机、无绳电话、大哥大、VCD、DVD、MP3、MP4、山寨手机、游戏本……一代代产品从华强北流向全国，引领一波波的电子消费潮流。当然，很多东西，昨天还炙手可热，一夜之间就成了过眼云烟。比如——小灵通。对，就是电视剧《狂飙》里，高启强、高启盛兄弟联手经营的小灵通。我们可以合理想象，在剧中"京海"这个讲广东话的城市，高氏兄弟售卖的小灵通，一定是从华强北进的货。盛极一时的小灵通让兄弟二人赚得第一桶金，没过几年，被市场抛弃的小灵通又让他们血本无归，以至于铤而走险走上犯罪不归路。

这当然是艺术的虚构，但是，"其兴也勃焉，其亡也忽焉"的一幕幕，几十年来一次次从华强北辐射到全国各地的电子市场，从不停歇。

华强北将近80%的档主是潮汕人，几乎每个柜台都摆着一套工夫茶具，店主和一帮朋友一边饮茶一边用潮汕口音说着什么。最近生意好不好啊，海鲜还是潮汕老家的好啊，今年加油一定要生个儿子啊……被旁人听到也没关系，反正外地人也听不懂。

这些用潮汕腔开展的对话，经常对华强北的市场走势产生影响。一帮人围在一桌，几泡工夫茶下肚，用只有互相之间能听懂的潮汕乡音交换一下市场信息，大佬拍板，众人附议，市场的某种行情可能就会发生巨变，某种紧俏的元器件接下来可能会被大量收购、囤货，然后价格翻倍。一众商户盆满钵满。这种以潮汕话为载体的操作，不懂潮汕话的人根本就摸不到门，在这个市场赚到钱也就成为空想。

几十年前，上海市井坊间，素有对精于算计之人不恭的绰号——潮州门槛，意即潮汕人很会算计，实际上是印证了潮汕人的生意经。

深圳房地产业的半壁江山是潮汕籍商人的。深圳人的"菜篮子"掌握在潮汕籍商贩手里。从手机到房子，从蔬菜到海鲜，潮汕籍深圳人以其他族群无法比肩的群聚能力和无孔不入的渠道掌控力，在深圳打造了一个庞大的交易与生活场域，也使得潮汕口音成为深圳人语言体系中的特殊存在。

特殊就特殊在，这种口音的"普通话"说得实在是太"普通"了。

潮汕籍人士在深圳唯一被"嘲笑"的软肋，就是语言了。他们经常把"赚钱"说成"撞墙"，把"发财"说成"花材"。嘲笑归嘲笑，阻挡不了人家"赚钱"和"发财"啊！

这种极具辨识度的"潮汕普通话"，自然也成了深圳人口音体系的一部分，并且自带某种财富属性。

深圳出租车里经常听到的是湖南话，特别是湖南攸县话。据深圳市交通运输局不完全统计，在深圳开出租车的湖南攸县人达 6600 多人，占深圳的士司机总数的 20% 多（另有版本说占一半）。一个皇岗村一度就住了 3000 多攸县司机，几乎把整个村子变成了"小攸县"。

深圳，固然是语言体系最简单的城市，都统一用普通话交流，但是，深圳又何尝不是语言体系最复杂的城市？

同在普通话的"天空"之下，不同口音和"亚语言体系"之间的较劲和揶揄，以及由此而产生的一些并无恶意的冷嘲热讽，终究是存在的。

来自北方（确切地说是北京周边和东北）的深圳人，占据着北方口音的强势地位，是有充分的语言优越感的。他们尽可以嘲笑从其他省份来的深圳人普通话太不标准：有的平翘舌不分，有的 N 和 L 不分，有的 H 和 F 不分，有的前鼻音后鼻音混淆。有的人连自己老家的地名都说不好，例如一些汕头来的，老是把汕头说成"上头"，湖南籍的总是把湖南说成"弗兰"……

很多深圳人的普通话，当然是不够标准的，但这既不影响相互交流，也不会导致什么语言歧视。口音的差别，倒是助长了深圳人的自嘲精神。

来自四川的会说，他们说的是"椒盐普通话"。椒盐，川菜常用的调料，是花椒和盐巴混合体，用"椒盐"形容川味普通话，不限于读音不标准，还有说得费劲、听得别扭等等。

来自湖南的会说，他们说的是"塑料普通话"。来自湖北的会说，他们说的是"弯管子普通话"。与川味"椒盐普通话"一样，说得也很费劲，听起来也十分别扭。

在普通话的"屋顶"之下，深圳不同圈层的不同"亚语言体系"，长期共存，也是会互相影响的。一个人在用潮汕腔十足的口音说事，突然冒出"咋整""忽悠"等东北话词汇，或者一个人用字正腔圆的北方口音说"靓仔""靓妹""拍拖"等粤语用词，都是丝毫不奇怪的。

中国语言体系的各种口音，在深圳人的日常交流中不断地碰撞、融合，正如不同籍贯的深圳人那样。

口彩文化在深圳复苏

德国哲学家海德格尔说：语言是存在的家园。

大致意思就是：如果没有语言作为"家园"，那么就连"存在"都是虚无缥缈的。

伟大的城市，都有自己独具魅力的语言。伦敦腔是英语发音鄙视链的顶端；北京话，透着皇城根儿下的大气、局气，也兼痞气；上海话，唇齿灵动中讲述着上海滩的百年繁华；广州话，佶屈聱牙中坚守着岭南文化的特立独行；西安话，沉稳幽默间透着千年古都的绝世独立……

语言，是地域文化的情感归依。很难想象一个没有伦敦腔的伦敦，没有京腔京韵的北京，没有上海闲话的上海……没有自己语言的城市，是缺乏存在感的城市，也是无法建立起自己市井文化的城市。

深圳有点特别。1980年经济特区建立，直至今天，深圳说过一段时间广东话，说过更长时间普通话，就是没有说过"深圳话"。没有"深圳话"的深圳，已经存在了四十多年了。

这会永恒吗？深圳永远都不会拥有"深圳话"吗？一个永远没有自己语言的城市，是难以想象的。如果有，"深圳话"又会是一种什么样的话？

先回过头去说说伍珂玥。伍珂玥作为深圳歌手，用粤语演唱，拿到了"中国好声音"年度总冠军，深圳人很是引以为傲。深圳这个南粤文化圈里的"小弟弟"，终于堂堂正正地为粤语文化长了一次脸。

如果有朝一日会形成某种"深圳话"，它会是什么样暂且不论，可以肯定的，它一定不是以粤语为基础的。伍珂玥是广东台山人。台山是粤文化的重镇。伍珂玥来了深圳，"来了就是深圳人"，但是她的粤语，她身上的粤文化元素，是从台山带来深圳的。

除了参加演出、录制节目时使用粤语演唱以外。伍珂玥在深圳无论是在深大读书，在餐馆点餐，在商场购物，还是参加社会活动、接受媒体采访（港媒除外），几乎是百分之百不说粤语的。伍珂玥这样深深刻着粤语印记的深圳人，尚且和绝大多数深圳人一样，普通话是工作、生活的习惯性用语，更多"来了就是深圳人"的深圳人，就更离不开普通话了。90 年代中期之后从非粤语区来到深圳的，由于工作和生活中语言环境的缺失，基本上失去了学会粤语的可能。

粤语，可以确定不会成为"深圳话"。同样可以确定的是，粤语在深圳是不会销声匿迹的。90 年代深圳街头巷尾处处听闻广东话，人人都学粤语腔的那些年，在深圳绝不是了无痕迹的。

有一些粤语用语，尤其是改革开放后从香港流经深圳传播到全国，虽然不能上升为经典，但是它无意间推动了某些文化和习俗的发展，改变了某些惯性思维，它们进入了历史，成为市井文化的一部分。

举个最简单的例子。新春佳节，几乎每个深圳人在表达新年祝福的时候都会对人说上一句："恭喜发财！"

80 年代初期到深圳的人，学会的第一句广东话，大概是后来成为入门级广东

1985年1月23日，"恭喜发财"第一次
出现在中国内地报纸版面上

话的那一句：恭喜发财。

他们到了深圳生活工作之后，才听到
"恭喜发财"的祝福，才知道"发财"也是
可以被"恭喜"的。这颠覆了很多人的传
统观念。在很多人的记忆之中，仅仅十多
年前，"过一个革命化的春节"，还是过年
前后贴满大街小巷的标语口号。没有任何
语言能像广东话直截了当地表达深圳人内
心的梦想。谁在内心深处没有一个"发财"
的梦想？哪怕是最卑微、最不切实际的梦
想，也有被"恭喜"的权利。80年代初期，广东话是最讲"口彩"的方言，或者
说，是带头讲"口彩"的。或许会觉得广东话很佶屈聱牙，但是无法抵挡广东话
"口彩"的感染力。

"恭喜发财"是一句典型的广东话，也是改革开放之后经由深圳人口口相传，
流行全中国的。不是每个人都能发财，但是没有任何人会拒绝"发财"的祝福。
粤语特有的"口彩"文化，就是那么直白而亲切，具有天然的渗透力和传播力。
它已经不仅仅是一种语言，而成了一种生活方式。

1985年，陈冲从美国回国探亲，受邀参加央视春晚，即席讲了几句表达心愿
的话。陈冲是这么说的：听说有一句话现在中国很流行，我就用这句话表达对全
国观众的美好祝愿：恭喜发财。虽然，这番话被很多人误读为陈冲是以美国人的
口气对中国人说话，有一点是明白无误的，"恭喜发财"正在中国从流行转化为
文化，并且汹涌澎湃。

春节后开工第一天，千万要记得按时上班，因为老板会来发开工"利是"。
利是，"大吉利是"也。就是一个红包，数额或许不多，是对员工的新春祝福，
也是对新年生意兴隆、共同发财的期许。开年上班第一天，工作在其次，"逗利
是"才是正事。每年腾讯公司春节后开工时，员工排起长龙到马化腾办公室领

2018年春节后上班第一天，腾讯员工排队领开工利是

开工利是的场景，每每都是当天互联网上的热门话题。

老板的开工利是仅仅是个开场。接下来是已婚人士向未婚人士发利是的时间。一个红包，钱不在多，基本上也就10元20元，一句"明年就该你发利是了哦"，长者对后生的关爱和祝福尽在其中。当然不会有人深究未婚人士是否如期许的那样向发红包者行列进军，仗着单身的身份，每年开工心安理得地混几十个红包的大有人在。

前些年，深圳企业的未婚员工在春节后第一个工作日总是收获满满

新年的彩头是属于每一个人的，无论老板还是员工，已婚还是单身。

"恭喜发财"，就是有这么大的魔力。不妨说，这就是口彩文化。

改革开放后，深圳是最早大书特书口彩文化的。口彩是香港的习俗，深圳恰是将香港口彩文化的焰火弹射到天空。

其实，口彩文化并不是引进，而是回归，是复苏，中国传统文化中，口彩文化由来已久，一直在民间有强大的生命力。只是在移风易俗年代，尤其是"文革"年代，口彩被禁止了，口彩文化也没有了。

直到有了深圳经济特区，有了天南地北的中国人来到这座城市，来到岭南文化的场域，口彩表现出强大的文化渗透力和感染力。今天的深圳，逐利是和发利是的，大多数并不会说广东话，但是当他们用各种口音的普通话说出"恭喜发财""大吉利是"的时候，基于粤语的"口彩"文化，已经深深地渗入他们的精神和血液之中。

深圳人受口彩文化影响很深。无论来自哪里，称呼男士，叫一声"靓仔"，看到女士，道一声"靓女"；中年以上的，绝对不兴叫"叔叔阿姨"，而是要称"哥哥姐姐"，这是一个以年轻为荣的城市，哪怕是假装的年轻。

广东话的深圳讲究口彩，普通话的深圳也毫不逊色。将"上步区"改名"福田区"，是包含了口彩的。只要顺乎民心，也未必不好。

1988年8月8日上午8点08分，深圳全市鞭炮齐鸣。如果没有深圳经济特区的崛起，"8"这一层意义不会如此深入人心。1994年，深圳"大哥大"手机号码9088888卖出65.5万元"天价"；2014年，一个含有"8888"的粤B车牌号码卖出172万元。四十多年，斗转星移，深圳人对"8"的痴迷从未减退。8的口彩，来自广东话"8"与"发"谐音。

餐桌上，发菜，与"发财"谐音大受欢迎，直到西部草原生态因为挖掘发菜大受影响而被叫停；鸡爪，广东人美其名曰"凤爪"，蛇肉配上鸡肉炖汤，称为"龙凤呈祥"。酒肉穿肠过，彩头永流传。

口彩文化，深深地影响着一代又一代深圳人，哪怕他们并不会说一句完整的粤语。

除了口彩，虽然广东话在深圳已是边缘语言，今天的深圳人大多数已经不会说甚至听不懂粤语，但粤语在深圳并没有消失。它渗透到了深圳人的生活和语言体系当中。

"来了就是深圳人"的深圳人，是带着各自的母语、各自的地域文化来的。在深圳，母语语塞在嘴里了，地域文化溶化在心里。深圳人由此既逃脱了一些市井窠臼，也失去了一些市井的乐趣。

深圳人来到深圳，却远离自己的父母、亲戚，也远离自己少年时期的同学和朋友。但凡深圳人，有两种社交活动是可以"免责逃脱"的：一是形形色色的中小学班级同学聚会，二是少年时代的同学朋友的婚宴。"离得太远，赶不回去"，是无法反驳的理由。深圳人由此在省去很多红包支出的同时，却也与基于熟人社会的市井文化越来越遥远。

如果两口子来自同一个地方，那还好，可以在家庭生活中保留相对原汁原味的家乡口音。如果是单身，或者夫妻二人并非同乡，那么家乡语言中的俚语俗语，那些渗透在家乡口音里的风土人情，在深圳人的日常生活中出场的机会，实在是不太多的。久而久之，也就淡忘了。

不管来自天南地北，来了都是深圳人。来了深圳却发现，除了语音语调的差异以外，深圳人在公共场合说的普通话内容其实是差不多的。深圳人日常的语言，过滤掉了那些只能用方言表达的喜怒哀乐、机智风趣、嬉笑怒骂、欲说还休。一方面固然是怕别人听不懂，最俚俗、最到位、最解气的词句，大多是地方性极强的，不同地域的人恐怕需要解释才能明白。另一方面则是不需要。上个班打个工而已，对方能明白无误听懂我的话才是最重要的。

只有在和同乡在一起，或者回到家乡时，深圳人从作为沟通工具的语言体系中解脱出来，用家乡语言中最接地气的一面直抒胸臆。用东北话说"瘪犊子""你瞅啥"，用北京话说"孙子""傻 ×"，用四川话说"要得要得""龟儿子"，用西安话说"额的神啊"……

深圳人是二元的，深圳人的语言也是二元的。但是二元的语言里，并没有"深圳话"。

"深圳话"的产生，需要有属于深圳人的市井。

何谓市井？它是北京的前门大碗茶、德云社相声、天桥杂耍场、满嘴唾沫星的胡同串子；它是天津的煎饼馃子、狗不理包子，以及机智幽默且油嘴滑舌的"卫嘴子"；它是上海的"四大金刚"，石库门以及形形色色的"老娘舅"；它是成都的"苍蝇馆子",以及茶馆里那打不完的麻将和摆不完的龙门阵……

很遗憾,今天的深圳,是没有自己市井的城市。深圳人很难有统一的认同,比如年初一早上应该吃什么,比如哪一句糙话是深圳的"市骂"。深圳有的是高楼大厦、钢筋水泥、科技公司、写字楼。深圳人相聚的场所不是侃大山、听相声、买早点、下馆子、打麻将、摆龙门阵、家长里短邻里纠纷,而是上班、加班、996。充斥在深圳人生活空间的,是被抽去了情绪、磨平了棱角的普通话,作为交流工具而存在的普通话。

仅仅作为交流工具的语言,沟通固然无碍,但是,难以发展成为一种叫"深圳话"的共同语言。至少在今天已经成年的深圳人当中如此。

但是,事物总是在发展的。

老张最近遇到了一点"烦心事"。这位深圳媒体人,从小有点语言方面的天赋,虽然生长在北方小县城,但是依靠每天收听中央人民广播电台的《新闻和报纸摘要节目》,居然普通话说得字正腔圆。在当地同龄人中,能做到这点实属凤毛麟角。有了女儿之后,老张毫不怀疑孩子会继承自己的语言"衣钵",说一口流利的普通话。这在深圳是不难的事情。

有一天老张惊奇地发现,女儿说话有点"变味"了。习惯性平翘舌不分,前后鼻音不分,比如把"支援"说成"资源",把"和平"说成"和频",而且语调也很奇怪,不是以普通话四声分明抑扬顿挫的感觉,而是类似台式普通话的腔调。

这一届深圳孩子长大之后,说的会是"深圳话"吗?

"语言环境没有问题啊",老张心想,自从女儿咿呀学语以来,他在孩子面前说的都是十分标准并且接近京腔的普通话。

老张问女儿:"你说的是什么话啊?"

"普通话啊!"女儿理直气壮地

回答。

"你的普通话怎么不标准了呢?"老张说。

"怎么会不标准!我们同学都是这么说的。"女儿继续理直气壮地回答。

老张突然想起之前一件小事。两个同事经常带孩子到单位写暑假作业。一个是吉林人,另一个是四川人。两位同事都有很重的家乡口音,区别很大。两位同事的孩子在一起时说话,语音、语调、语气,却是差不多的,根本听不出来谁是东北人的儿子,谁是四川人的儿子。具体是怎样的口音?老张回忆一下,好像和自己女儿说的话差不多。不仅发音相似,很多用词也差不多。比如"你造吗"(你知道吗)、"酱紫哦"(这样子哦)……

老张突然有一种恍然大悟的感觉:深圳的孩子——深二代深三代,正在说着一种他们的父辈不曾使用的语言。虽然他们的父辈来自东北、四川、湖南、江西……说普通话的腔调千差万别,到了他们这一代,在学校里的朝夕相处中,口音逐渐"中和反应"而趋同。潮汕人的孩子不会再把"赚钱"说成"撞墙",把"发财"说成"花材",北方人甚至北京人的孩子发音,也不再那么字正腔圆,甚至丢掉了北方的腔调。他们折衷或者说一定程度上淡化了平翘舌、前后鼻音的分别。伴随着台式配音的日本动漫长大,他们的语调和用词不可避免地受到了台式普通话的一些影响。有点类似于前些年主流文化圈曾经批评过的所谓"港台腔"了。

在深圳孩子中流行的语言,会是将来的"深圳话"吗?现在还不好定论,但这至少提供了一种可能。

在当下上海话的约定俗成进程中,第三代移民、也即60年代的青少年,逐渐摒弃了各自上一代的家乡口音,在互相的生活语言交流中大范围多层次地趋同,上海话的定型,就在这个年代。几十年之后,深圳话是否有可能这样形成?

来了就是深圳人。今天深圳孩子的父辈,是这样成为深圳人的。今天深圳的孩子长大之后,恐怕会改变这个局面了。"来了"固然是深圳人,不过是半路出家的深圳人。真正的深圳人,是出生在深圳,他们一起长大,一起打闹,看同一本漫画，痴迷同一代偶像明星，在青春期有"一起追的女（男）孩"，谈情说爱，结婚……

他们不会再像父辈那样自称为四川人、东北人、江西人、湖南人……

他们的父辈是深圳人，是因为到了深圳。

他们是深圳人，因为他们出生生长在深圳。他们的语言是趋同的。他们的语言中有着很多共同的喜怒哀乐、机智风趣、嬉笑怒骂、欲说还休。他们共同的成长记忆、青春记忆和文化记忆都与深圳有关。他们也需要一种共同的语言，来承载这种共同的默契和共同的记忆，作为他们"存在的家园"。

深圳特区建立四十多年了，可以用青春期来形容，有特殊含义的"深圳人"，自然是青春期少男少女。与深圳人的青春期相比，深圳话还处在下一代的萌芽状态，只能称之为摇篮里的深圳话。

对于背井离乡来到深圳的深圳人来说，他们是以深圳为家。"以此为家"，就不是心中的家。他们还有老家，只有老家才是自己习俗和语言的家园。

有一天，深二代深三代建立起了自己的、也是深圳的语言体系，深圳的市井和地域文化才有真正意义上"存在的家园"。不再需要提倡"来了就是深圳人"，而是反过来，不论到了什么地方，都会说，我是深圳人。离开深圳便是离乡。那时候的深圳，恰也是原乡人的原点。

9. 不响和恭喜发财，是上海、深圳的伴手礼

深浅，是城市的脚印；烟火，是城市的日子。

城市的脚印，一脚深一脚浅，走过的岁月有多长，城市的人间烟火就有多么浓。

深浅是语言，烟火是市井。一个城市自己的语言历史有多久，生命力有多强盛，表现出来的是这个城市文化的深浅。烟火是市井，是习俗，不见得华美，但是它是城市的元素。

同为移民城市，上海走过了将近200年。相比之下，深圳还是"小字辈"。以1980年建立经济特区为原点，至今也不过40多年。

这也就决定了说起上海和深圳，脑海中的画面会很大不同。说到上海，会想起本帮菜的浓油赤酱，会想到"嗲"只有上海人讲得清楚，还会想到公寓里的绅士淑女，"老娘舅"们的家长里短……

这是上海的市井和烟火。没有这些市井和烟火，它就不是上海。

一个初到上海，甚至已经在上海落脚生活几年的人，没有人会把他当作上海人的，即便是他自己，也明确地感觉到自己和上海人之间撕扯不掉的隔膜。

这个隔膜，是深浅和烟火的隔膜。

深圳的深浅和烟火感觉得到吗？深圳有改革开放的敢闯敢试，有外来妹的血汗青春，有科技新贵的创业神话，有智能手机和无人机……

深圳自然涌现了大量精英，自然有一代一代的英雄好汉，但是，他们更多被感觉是深圳的制造，而不是深圳人的制造。这是有区别的制造——对深圳的印象远远超过对深圳人的印象。除了外来妹带着深圳的印记，似

无论手里拿的是砖头块大哥大还是智能手机，
深圳人总是标志性地行色匆匆

乎深圳人并不存在，就像深圳话并不存在，深圳市井习俗并不存在一样。

深圳更像是一个集，赶集的集

上海和深圳同为中国最大的两座移民城市，但是有着明显的不同。

就从语言说起。

2022年末，网络上曾经有一场不大不小的争论。有人说，"上海人说上海话，是表明上海人的优越性"，当然这是极其幼稚的思维方式，是将上海城市文化的先进和优越，等同于上海话的优越。再偏僻再落后的地方，哪怕是很小的部落，也都是以讲母语为生活常态的。

往前追溯到2018年，有一次上海人集体式的吐槽，是当年上海小学语文课文引起纷争。小学二年级语文课本《打碗碗花》，原文中的"外婆"，一律被改成"姥姥"。上海乃至江南，母亲的母亲，从来就是叫做外婆，姥姥是完完全全的北方称呼。姥姥赶走外婆后，有一小段时间，各类自媒体以及坊间，充满了对修改者的口诛笔伐。当年6月23日，上海市教委发布对此事的处理意见，同意上海市教委教研室和上海教育出版社的纠正说明和致歉。事件平息，上海人的外婆被请回来了。

我们小时候都学过都德的《最后一课》。学的时候很感动。时隔数十年回想起来，当年的感动是局限在"爱国主义"的解读，并没有读懂这篇文章的精髓。语言对于一个城市来说意味着什么？除了神圣，更重要的是，一个人的母语，构成了思维、好恶，构成了这个地方的市井和习俗。语言，就是生活。

一个城市的市井，一个城市的习俗，也就是烟火气，蕴藏在这个城市的语言里，也或者说，一个城市的烟火气，常常是通过本地语言，才能准确表达出来。而这市井、这烟火、这语言，构成了这座城市的文化。

在本书第三章"外来妹搅了80年代中国的局"中，我们用上海吴淞口的"三夹水"形容各种文化的不同：黄浦江水、长江水、东海水，汇流在一起，三种水的颜色是不一样的；它们一起流，却流不到一起；反过来说，它们流不到一起，却一起流。

也是在 2022 年年末，冬至时分。有媒体记者报道，上海人冬至有吃饺子的习俗，圆圆满满的寄托。还真有大妈对着电视镜头这么说的。新闻还没有播完，微信朋友圈已经是翻江倒海。上海人冬至怎么会吃饺子？饺子本身属于黄河文化，上海人冬至是吃汤圆的，以前贫困时代，冬至更多是吃"汤馃"——水发糯米粉不包汤圆，一小块一小块地放在锅里煮，像馃子一样，名曰汤馃。接受采访的大妈说着一口北方话，怎么可以代表上海习俗？可以想象，媒体记者也不是上海籍人。

很难说是文化造就了人，还是人造就了文化。就好像有些人，你会觉得他只能出现在北京，而不会出现在上海；而有些人只会生在西安，而不会生在北京，就连对他们的称呼都不一样。

比如，北京是个叫"爷"的地方。"你大爷还是你大爷"，这话一说出来，哪怕在胡同里吵架，都显得河东狮吼一样气场十足。可能会觉得有些蛮横，其实这就是北京的文化。哪怕文质彬彬的人，也可以是"爷"。

可以把北京的地域文化理解为"树文化"。像北京把人尊称为"爷"的地方，它是一棵树，是有根基的。树大根深，枝繁叶茂。一棵几百年的古树，是让人肃然起敬的，古树本身，也定当有舍我其谁的豪迈。这不仅是北京人人有根基，更重要的是皇城根的根基。

西安是出"汉子"的地方。"米脂婆姨绥德汉"，源自于陕北名谚。吕布戏貂蝉，史书记载各异，说明的是米脂女子长得漂亮，绥德男子长得英俊。五尺为汉，不仅是身高和长相，也必有仁义勇武之意，就像西安古城的秦砖汉瓦。好像张嘉译在电视剧《白鹿原》里演的白嘉轩，在《装台》里演的刁大顺，西安话对白一说出口，透着西北汉子的耿直。西安人的性格，很硬、很直、很轴，像西安古城里古建筑的一块砖。

上海人不习惯称人称己为"爷"，更习惯叫做"爷叔"。"爷叔"跟"爷"不一样，气场小了点。如果说上海人的"爷叔"跟北京的"爷"有什么区别的话，北京"爷"以霸气取胜，上海"爷叔"以道理见长。上海，大概是全中国最讲道理的地方，是最讲究以理服人的地方。上海道理，是通过上海话讲出来的吴侬软语的道理。道理是路，路讲究的是道理。所以，上海的文化，是"路文化"。

"语言是存在的家园"，就是这个意思。

深圳聚集着全中国最多的 CEO，最多的老板，最多的帅哥靓妹，但是少了有深圳个性的"泛称"。

深圳没有北京树的豪迈，没有陕西砖的硬气，没有上海路的通达。深圳总是潮起潮落，熙熙攘攘，来来去去。

深圳是否像一片云？一片充满了不确定因素的云，它是浪漫的，它也是飘移的——浪漫，是它的气质，飘移，是它的无奈。

也不完全是云，因为深圳并没有飘走。

深圳也许更像是一个集，赶集的集。

集是很生动的人文现象和生活需要。大家从各自的家里来赶集，做买卖。你需要它，但是你不属于它，赶完集，是要回家的。

在深圳这个集里，人可以集中，可以分散，集却是留着的，集是有个性的。也可以进一步将集理解为是工厂、车间，是你需要这个工厂、车间的存在。

在深圳这个集里，都是"角马"。角马需要这个集，这个集也需要角马。

从家乡排除万难而来。在流水线上当工人也好，在公司做 CEO 也好，在写字楼"996"加班也好，做市场营销也好，你的身份是在不停流动的。作为打工者，如果你有能力、有机会，当然有不排除变成 CEO 的可能。反过来，即便作为公司老板，也有可能破产，回归为一个普通打工者。

深圳是城市，也像是一个由许多企业组合而成的超大型企业，或者说超大型工厂——一个大型工厂集市。在这个集市里，无论老板还是打工者，随时可能被这个集录用，随时可能被这个集市冷落，或者说被这个集市"丢弃"。

《舌尖上的中国》拍摄深圳人的日常饮食，选取最典型的场景是深圳富士康公司食堂。解说词提到主人公富士康女工杨媛媛时，说这样日复一日的工作和生活是"单调而乏味"的。深圳人听到这句话，会有"我竟无言以对"的感觉。

有一点恐怕很少人在意的是，富士康食堂的午餐，不知不觉地被引入了深圳本地的餐食文化。企业食堂的午餐可以替代本地的餐食，不得不说，这是深圳缺乏餐食文化的结果。而餐食文化，恰恰又是一个地方烟火气的象征。

在深圳，有改革的传奇，有创业的奇迹，有创富的神话，有打工者的辛

被《舌尖上的中国》选为深圳最具代表性餐馆的，是深圳富士康公司的大食堂

酸，唯独缺少的，是市井，是习俗，是烟火，还有市井背后的本地语言。

上海人，用上海闲话讲述着上海的闲情闲事，深圳人，只能用带着各自老家口音的普通话，讲述着在这座城市活着的欢乐与艰辛。

上海人挽救上海话，是在挽救上海人的俗常

没有人否认，上海话"失落"了很长时间，这几年才稍有好转。当有人用"挽救上海话"来推广上海话时，就可以明白上海话的生存危机了。20世纪90年代开始，上海越发展现了"全国人民的上海"的胸怀。全国各地的人才、建设者纷纷来到上海，"新上海人"成为城市的重要组成部分。当早晨买大饼油条也要说普通话，饭店点菜也要说普通话，当市政府会议室里摆着"请说普通话"铜牌时，工作场合说普通话也就被默认为很多上海人的日常。

不知不觉之中，普通话成了大多数上海常住居民的社交通用语言了。在上海的大街小巷，你听到上海话"对白"的几率越来越低了，在上海的孩子中也越来越少听到说上海话了。

终于，上海人意识到，说普通话固然有利于交流，但是，上海话才是上海文化的根本。何谓根本？每个人所生活的市井，只有通过语言才能表现出来。与其

说上海人害怕失去上海话，不如说是上海人害怕失去以上海话为载体的上海生活方式，尤其是上海人的做派。

上海的公序良俗，在于民众和管理者共同对守则的服从。对于普通的上海人，服从道德规范，是最重要的服从，这恰恰也是上海市井文化的要义。

上海的市井，是用上海的本地语言构建的，上海的秩序、做派与规则，是用上海的本地语言承载的。

并不是说，讲上海话就会有良好的道德境界，不讲上海话道德境界就会下降，而是要表达这种观念——有本地语言，也就有本地市井，市井本身会有良好的、不良好的、无所谓良好的市井现象。

比如上海有过的 10 万琴童，就是上海的市井文化；上海有过"毛脚女婿"第一次上门要备足"机关枪（火腿）""手榴弹（四瓶老酒）""400 发子弹（两条香烟）"和"炸药包（奶油蛋糕）"，这就是上海的市井；上海有过男人早晨买菜倒马桶，也是上海的市井。还有一个上海特有的市井，那就是家庭房产纠纷导致亲情分崩离析，十几年前开炸，至今还未平息。

从 20 世纪 90 年代以来，上海太高的房价，导致了许多房产家庭纠纷的井喷爆发。一方面固然有人心不古的痛心，另外一个角度证明，上海市井成分的浓厚——有烟火气的地方，也有家庭化的戾气。

最有意思的是，矛盾双方上电视时，几乎都是讲上海话的。决不要以为上海人集体道德沦丧，倒是应该看到，上海的市井烟火气是足够的。争斗者在道德上是被鄙夷的，但是他们对上海市井民俗的延续，尤其是对上海话的延续，是有他们没想到的意义的。他们争斗时的许多上海俗语糙话，完全不是普通话可以表达出来的。

许多结局都很遗憾，从此亲情分崩离析，但是从社会发展学和民俗学的角度看，这是个有亲情存在、有民俗事件存在、有市井利益纠纷存在的地方。

这就是上海的市井，一定会有它坑坑洼洼的地方。正因为这坑坑洼洼，才形成了上海市井的历史，成就了上海市井的厚重。

一个城市，也或者是一个地方，真正的个性化文化的深度，很有可能是只能用这个城市这个地方的母语才能准确表达。

一个城市的有趣生动与否，也在于是否有自己的语言，表达着自己最感性的生活思维。

比如说，每个地方都会有自己的俚语、俗语、粗话、糙话，甚至脏话……想过没有，这一切都只能是这个地方自己的语言才能表达。

上海人特别喜欢吃大闸蟹，这是全中国都知道的事情，就像北京人要吃冰糖葫芦一样。吃大闸蟹，属于上海的餐食文化。江苏昆山的巴城，开了上千家饭店，每年西北风一刮，上海人开着车去吃大闸蟹了。

围绕着大闸蟹，引发出来的是非常具有上海个性化的市井文化。

1976 年粉碎"四人帮"，有漫画家画了三公一母缚起来的四只大闸蟹，来形容"四人帮"，这是只有欢喜吃大闸蟹的漫画家才会有的艺术奇想。在那时候，欢喜吃大闸蟹，要么是上海人，要么是喜欢上海的人。著名画家戴敦邦先生说，他年轻时经常去福州路王宝和酒家，一壶酒，三两知己，蟹脚扳扳。粉碎"四人帮"，正好是 10 月大闸蟹上市的季节，"四人帮"恰是都与上海有渊源。大闸蟹又一直被讽喻是横行霸道的角儿。这么一幅漫画就这样家喻户晓。

这是一个集地方的语言、餐食、市井，乃至文化艺术于一体的巧妙汇合。

大闸蟹散发出来的市井文化，早就有之。比如"飞机上吊大闸蟹，悬空八只脚"；还比如形容字写不好，是"蟹爬"。蟹本身是佳肴，但是切入到上海的市井文化，都是反面角色。这是上海市井文化的反讽特点，不再展开。

2014 年，上海交响乐团新址落成，请市民给它取个昵称名字。应该是出乎主办者的意料，却又让主办者拍案叫绝，最后的名字是"馄饨皮"。因为上交新建筑的屋顶是长方形波浪，神似馄饨皮。神似点在于，馄饨是上海人的钟爱。"馄饨皮"其实也是对"上海人冬至吃饺子"的预言式否定。即使上交屋顶是圆顶，上海人也决计不会称之为饺子皮的。

"馄饨皮"的俯瞰　　　　　　　　　　　　　　　　　　"馄饨皮"外景

　　还有相当多的上海俗语，也都是由上海的市井生活细节"文创"而来，通过上海话，转换成上海的市井文化。"侬花露水老浓的"，是借着上海特有的花露水，来嘲讽花里胡哨的人。如果上海没有花露水，如果不是用上海话来表达，这句俗语就完全没有了"花露水老浓"的味道了。

　　近年来，富有上海个性化色彩，又具有全国性影响的一句上海话，当是金宇澄《繁花》中的"不响"了。在"不响"两个字中，可以捕捉到、也可以联想到上海人的很多做派，市井的做派，上海的做派。"不响"是上海的市井语言，"不响"的意蕴，只有在上海话情景中才会有真正的"不响"。

　　而且大多对"不响"的诠释是不表态、不做声响，其实"不响"还可以有另外一层上海人的做派，喉咙是不响的，声音是不高的，讲道理是不叫的。

　　可以这么说，一个地方语言的生存或者流失，是这个地方个性化文化的生存或者流失。语言是存在的家园。市井生活中的普通人，对自己的母语不会有深奥的认识，但是他们很本能地感受到，自己是离不开母语的。

　　很多沪语培训班在上海兴起。把孩子送去学上海话的，不光是原籍上海的人，也包括很多原籍外地的"新上海人"，他们希望自己的孩子既会说普通话，也会说上海话。

　　他们希望保留上海的市井，保留上海的烟火，保留上海的规矩、路数和规则，而保留上海话，与这一切都相关。

从广东话到普通话，深圳人不知道自己说的是什么话

在上海话日渐"失落"时，深圳却是在一时间成为新潮语言的小喇叭，向全中国传递着全新思维的语言。80 年代中期，全国很多省份突然发现，春节拜年用语，除了"新年快乐"之外，多了一句崭新的问候语："恭喜发财！"还有很多人用港台腔说出来。

"恭喜发财"是从深圳传向全国的。或者说，是从香港通过深圳传播到全国每个角落的。它作为粤语文化的象征，一下子潜入了中国内地的语言体系之中，经久不衰。

1990 年代，要用何方口音
与这座城市交流？

口彩文化是暌违太久的文化，一旦久别重逢，发生的能量不啻是活火山。

从 50 年代开始，"发财"在中国内地，一直是一个贬义词。突然间，从深圳感受到了"恭喜发财"！正像当年崔健歌里唱的那样，"不是我不明白，这世界变化快"。

深圳远非粤文化圈的中心，在广州面前，它是小弟弟中的小弟弟，但是，不能否认的是，从深圳经济特区发轫第一天起，粤语文化登陆中国内地的"跳板"，由深圳接管了。

原因也简单。特区早期，"三来一补"工厂的老板来自香港；鱼骨天线接收的电视节目来自香港；最新潮的商品同样来自香港。香港人说的粤语，理所当然地成了深圳的主流语言，并且通过深圳向中国内地"渗透"。

深圳宝安机场候机大厅，南腔北调的大熔炉

深圳，是当年中国的一扇窗，面朝香港，通向世界。中国人从窗口窥见了外面的发达、先进、新潮。而包

裹着这一切的是粤语文化。

西方文化、舶来品新名词，也就此涂抹上了粤语的色彩。比如好莱坞玉女明星 Brooke Shields，不按读音规则译成布鲁克·希尔兹，非要说成"波姬小丝"；主演《真实的谎言》的男影星阿诺德·施瓦辛格，叫"阿诺舒华辛力加"，摇滚歌星迈克尔·杰克逊叫"米高积逊"，Forrest Gump 被翻译成《阿甘正传》……这些都是港式的广东话音译。香港在经济上的绝对强势地位，港式翻译变成了约定俗成。也不得不承认，港式翻译也有其独到的精妙。

比如"打的"从粤语到普通话的全覆盖。"的士"本是香港对 TAXI 的口语音译，大陆则是叫出租车。因为香港文化的北上，"打的"就成了统一用语。

彼时的粤语，对于其他省份的中国人来说，是新潮、洋派的崭新文化载体，对于深圳人来说，是实实在在的生活语言。在经济特区建立之初的十多年，粤语是深圳的绝对强势语言。道理很简单，当你的工厂老板、车间经理、生意伙伴都是说粤语的香港人，当你看的电视是说粤语的香港节目，当你的同事和朋友都是来自深圳本地和珠三角的广东人的时候，听懂粤语、使用粤语是唯一的选择。

早期的深圳特区，自我认同就是一个说粤语的城市。马骥远清楚地记得，他的一个亲戚，也就是本书第二章中的阿岚，1991 年从浙江沿海一个小镇来到深圳打工，很快学会了广东话。凭借着语言优势，跳槽到了寻呼台当寻呼小姐。这说明，那时候的深圳学会广东话关乎一个人的命运改变。

直到 1998 年，马骥远的妹妹马骥晨大学毕业来到深圳电视台工作，还有好心的同事提醒她，想在深圳站住脚，不学会广东话会很吃力的。事实上，彼时深圳的普通话"生存空间"已经大大扩展了，但在文化生活层面，香港电视节目，特别是 TVB 剧集仍然占据着深圳人的业余时间。通过看电视听广播，马骥晨也很快学会了广东话。

2001 年，马骥远来到深圳工作时，他对粤语充满着敬畏，下决心在工作中尽快学会粤语。到深圳后却发现，身边的人几乎没有讲广东话的，"现实"是，文化生活也被普通话或者说北方话占据了。

时至今日，马骥远还时常开玩笑说：我 20 多年前来深圳时会说几句广东话，现在会说的还是那几句广东话。

事实上，即便是深圳出生的"深二代"，如果是在 2000 年之后进入学龄的，不会说广东话更是普遍现象。

深圳移民的速度实在是太快了，曾经"一统天下"的广东话如同潮水般退去，深圳于是就成了一个说普通话的城市，一个以普通话为公约数、却夹杂了各地方言的城市。

广东话在深圳真的消失了吗？并没有。一部分原籍广东的居民还在说广东话。更重要的，作为广东话精髓的口彩文化，深深地扎根在了深圳人的语言里。不仅如此，口彩文化也很快弥漫在全中国。讨个口彩，图个吉祥，无伤大雅，何乐而不为？实际上，这种图吉利的口彩文化影响到了全国层面。北京奥运会开幕时间是 2008 年 8 月 8 日晚上 8 点。

口彩文化不免流俗，又是不惜以生造话、生造字、错字、谐音字作为口彩文化的新式花样，这种流俗最早发生在南方，后来迅猛地遍地开花。如今内地的口彩文化，一点不输给香港的。比如画两个柿子，叫做柿柿如意；画一颗心，画一只蛏子，叫做心想事蛏。

还有很多将错就错，对反而是错了。比如"双喜临门"，被常用的是"双囍临门"，"囍"是图案文字，经由口彩文化的提炼，在红事中，囍替代了喜。在深圳，如此之类更是举不胜举。

四十多年，从一开始来深圳就要说广东话，到现在来深圳就要说普通话，从香港腔调的广东话，到全国各地腔调的普通话，深圳人的口音变化之快，"流派"之五花八门，在中国城市中可以说绝无仅有。

深圳人，你说的究竟是什么话？会不会有一天，深圳人口中的语言，被人称作"深圳话"？

或许会有一天，深圳人说的不再是夹杂了湖南、四川、安徽、东北口音的普通话，而是被别人称为"深圳话"的话吗？

看着同一系列动漫、打着同一个游戏、开着同一个玩笑、玩着具有相同地域特色的谐音梗长大的一代，他们的口音会一代比一代更加趋同。湖南话、东北话、河南话、陕西话……在深二代深三代的生活交流中，渐渐地各自折衷，弱化自己，接受对方，最终形成互相一致的语言体系，那就是深圳话了。今天青壮年深圳人是做不到的，等他们做了爷爷奶奶、外公外婆之后，"深圳话"的产生，也许不是天方夜谭。

在遥远且不可知的将来到来之前，深圳依旧是普通话的天下，依旧会有口彩文化的承袭，但是深圳本地语言是空缺的。也因为如此，属于深圳本身的市井文化也是勉强的。

虽然很多人在深圳安家，也乐业，但是在他们的生活、语言、市井体系里，还有另外一个家，家乡市井的家。这就是二元的深圳人。二元不是错误，可能也是深圳人特有的情结，但是二元是一组矛盾，构成了深圳的"集"现象。

让人想起了莎拉·布莱曼《斯卡布罗集市》里的两句歌词：你要去斯卡布罗集市吗？给我捎个口信给一位居住在那里的人；她曾经是我的真爱的恋人。仿佛是二元的深圳人，集里面和集外面的，是同一个人，是在唱给自己听。

在这个"集"里，照样有生活，有情调，有工作，有欢愉，有忧伤，但是很少有大家族合欢，很少有小学中学校友会的联谊，很少有几十年邻居的恩恩怨怨，更很少有深圳自己的俗语糙话。

上海可以围绕大闸蟹，生发出诸多市井文化的梗；深圳餐食很丰富，却少有深圳标记式的口味。

除了语言，每个地方的餐食文化，也是自己本土文化的重要构成。越有文化追溯的地方，越是有自己的餐食文化。北京的京菜、山东的鲁菜、四川的川菜、广东的粤菜，都是中国汉族餐食文化的大系。上海开埠历史短，又是移民城市，只是将各地菜系吸收进上海，也是海纳百川的沉浸式体验。上海自己的浓油赤酱的本帮菜，本不怎么入流，不过因为有上海市井文化的存在，本帮菜也一直流传着。并且，随着这些年上海本土文化的复苏，本帮菜天地也大了很多。

迄今为止，深圳菜，大约是不大有人知晓的。初到深圳的游客，都会去国贸大厦，不过谁也不会在意，国贸大厦旋转餐厅吃了些什么的。如果从深圳带回什么伴手礼，要么是香港要么是澳门，还比不过九十年代丝袜、香皂、康元饼干的吸引力。

当然，这对于只有四十多年历史的深圳来说，未免太苛刻了，但是，也恰是因为深圳发挥过标杆性、旗舰性的历史作用，对深圳再多点期待有什么不可以呢？从城市文化角度来说，缺少了自己的语言，缺少了自己的市井，总是不完整的。

套用《爱情神话》里的一句台词：一个没有自己语言的城市，是不完整的；一个没有自己粗话的城市，是不完整的；一个没有自己餐食文化的城市，是不完整的；一个没有自己地方戏剧的城市，是不完整的。

不过深圳人也可以这么说：恭喜发财、八八八八……是我带给全国，这是口彩文化的起始；"香皂呢，我只用力士"……力士香皂从沙头角抹到全中国的，称之为抹香鲸也不为过。

这也是市井文化，是涟漪、通吃全中国的市井文化。

荣辱

做派

第四单元

荣辱是各唱各，做派可以什么都不做

即便要饿死了，也吃不下一块牛排，这是

羊的做派，羊说和荣辱无关

大号茶瓶里，蓄满了蓝宝石、乳腐、齿轮

世俗的羡慕，胜过道德的嘉许，螺蛳壳

有一把保护伞

那里的街道很乱，夜场总是不散场

大观览车改名摩天轮，几年后又被拆卸，摩天接地

白石洲的天窗，可以看到男人的世界

香茅场的女歌手，回望明月几时有，却听到

海上世界，向小木屋致敬

年度榜单，一个角，一条街，丝袜、香烟

皇冠楼的明珠，镶嵌着魔都的戒律

亭子间美好的储蓄罐里，藏着

蒙娜丽莎的离歌

亲嘴楼诨号很性感，皮肤有点烧灼

浮华和沧桑贴在南门北窗，希尔顿夹在其间

脍炙人口，请慢用；时间就是金钱

10. 有关上海秩序的联想

上海之所以是上海的王牌之师……

上海的老百姓一直是有序社会生活的享受者，他们本身也是秩序的创造者和维护者，对秩序的有和无，上海人的心理感受反而特别的敏感甚至脆弱。"生命中不能承受之轻"，大概就是这个意思。

上海人的秩序，是从普通人家的家里开始谋篇布局的。个体空间的狭小，培养了上海人个人生活习惯的有序。

"螺蛳壳里做道场"这句话，是用来形容以往上海人居住状态的。一间房间，吃喝拉撒睡

螺蛳壳里做道场：由于棚户区空间狭小，做饭时只能把菜摆在楼梯上
（摄影：陈泰明）

并用。若到这种人家家里去，常常会惊叹女主人整理有序。拉开衣橱，每件衣服叠得齐整，绝不会胡乱地塞进去；当然也有人只要在外人面前穿得光鲜，不顾衣橱里乱七八糟。厨房间里，瓶瓶罐罐锅碗瓢盆，用后一定放在原来的位置。

一个人碰到急事大事慌乱不慌乱，就看他平日里是不是有条理，是不是有预案，预案是不是有操作性。每个人都有伞以备下雨，但是不是每个人雨天出门都

螺蛳壳里做道场：1983 年上海储蓄所的工作环境

找得到伞的。有序无序，是生活修养，也是生活的理念和能力。

从个体的上海秩序推向社会的上海秩序，也是如此。

秩序，向来是上海之所以为上海的王牌之师。

每个地方都有自己的秩序，上海

南京西路 738 公交车站排队上车

1984 年，上海光新路铁路
道口的自行车浪奔浪涌

每年 12 月 31 日，很多上海民众
在外滩庆祝跨年，井然有序

的秩序则是更具有上海自身的特点，是由世界文明和江南文明发酵而成的城市秩序。上海的秩序可以称之为"上海秩序"，是上海的文化标签，就像"上海制造"不仅仅是上海的基础制造一样，"上海秩序"也绝非仅仅是"七不规范"之类的基础秩序。

基础秩序是每一个地方社会公共关系最基本的文明守则。马路、人行道、红绿灯是城市基础秩序的开端，上海开埠之初也是就此建立起自己的秩序。

180 多年的城市化建设，上海在基础秩序之上，形成了有人文高度、有科学依据、有规则法度、有道德厚度、有生活况味的"上海秩序"。

上海秩序是非常宽泛的概念，有关城市管理规则的先进，公共关系制度的完善，市井人伦道德和利益的良性循环，人与人之间的诚信和体面，个体和社会的互相信任和依赖，城市人文审美的年代递进……

这些年有关上海的书籍文章很多，似乎还没有人谈论到上海秩序的作用。因为在风和日丽之时，"上海秩序"是隐藏而不容易被看见的，或者说只是一把备用的雨伞。社会风雨来临时，自有一把保护伞，会及时打开。

上海曾有过"失序"的痛苦记忆。

2023 年春节，全国旅游又一次井喷，上海的外滩夜游蔚为壮观。和外滩夜景近距离衬托的，是警方维持秩序的方式。延安东路外滩、南京东路外滩几个主要丁字路口，皆有几万人穿越经过，忽而水泄一般，忽而纹丝不动；频繁的一闪一合景观，全靠着警察富有想象力、却极其严谨的指挥和调度。

2014 年 12 月 31 日外滩踩踏事故

这就是有序。当然，外滩的有序，很多人都记忆犹新，是从失序悲剧中完善起来的。

2014 年 12 月 31 日跨年度之夜，因为当天不再举办迎新庆祝活动，警方降低了执勤的级别。也就是在当夜，由于警力减少，游客上下阶梯踩空，导致严重踩踏事故。几万人心心念念为跨年而来，却有 36 人没能跨到 2015 年。

这是上海不堪回首的失序一刻。这以后外滩假日夜游蜂拥而不失序，是警方从失序一刻中反省而来的。有过一部专题片报道外滩民警执勤的幕后，所有警员之间，是一部高速运转、高速反应、高速处置的机器。这部机器只有一个必选使命：不容有失。有位警官很是豪迈地说，我们的使命，就是外滩秩序的保护伞。

不管是上海城市的重大发展，还是细致末微的市井伦理，甚至可以联想到"领头羊"的使命，联想到上海的公序良俗，都可以把握到"上海秩序"井然有序的脉络。

多少年来，上海凭借着上海秩序，从上海滩到大上海，从上海制造到上海智造，从远东第一到跻身国际大都市序列。如果说，上海制造是上海之所以为上海最强大的生命力，那么，千万不要低估上海秩序的作用：上海秩序是上海制造的人文支柱。

更多涉及老百姓民生的上海秩序，是上海的公共社会秩序。

秩序是用来规范人的，秩序本身恰又是人来建设、践行，也是由人来体现价值的。

"上海秩序"中的公共社会秩序，是由每一个年代每一个上海人集合建立起来的，其中，又有三个层面三个群体的上海人，组成了最核心的部分。

这三个群体是：父母官、老法师、老实人。名称实在有欠严谨，更无法予之社会学意义上的定义，但是正是不严谨的名称，很严谨地确立了三个群体的外延轮廓，切中了三个群体的内核文化，道出了三个群体在上海秩序中的角色分工，点到了三种人物在上海制造中的来龙去脉。

如果你是上海人，如果你对上海制造有足够的了解，就会知道，父母官、老法师和老实人的举足轻重。

三个群体的名称带着明显的上海市井文化，所以，对他们的属性描述，也需要是上海的市井语言，而非词典式的抽象概念。

父母官是领导，领导未必是父母官；父母官善于辨全局，识人才。被叫做老法师的人，当是最讲路数，领导的大政方针需要他们提意见补漏洞的。老实人，不是老实巴交的人，是实实在在有本事做生活的人。

父母官需要老法师帮衬，老法师需要父母官赏识，也需要老实人跟从。父母官需要老实人埋头苦干，老实人若没有父母官对自己的了解，是没什么生路的，不拜老法师为师，则是没有出息的。

撰写本章节时，马尚龙曾和文化界几位朋友讨论"父母官"话题。有朋友说，或许可以叫做"老领导"。老领导是非常上海的印记，会引起很多读者共鸣。老领导和父母官，有重合之意，亦有不同的内涵。权衡一番，我们保留了"父母官"的叙述形式，同时让"老领导"也参与进来。

这三个层面形成了上海秩序中强大的循环生物链。他们层面不同，角色不同，作用也不同，但是他们互相依存，互相作用，缺一不可。三位合一，又形成更强大的生命力，体现在上海秩序中。

一个人有乡愁，一个城市也有乡愁，上海制造是上海的城市乡愁。上海制造最重要的制造，是制造了上海的公序良俗。公序良俗的概念，这十几年被渐渐接受，但是公序良俗的真实历史，在上海早就存在。经由公共社会秩序体现出来的是上海秩序：尽可能公正公平、有条理，有安宁的社会秩序和良好的市井民风民俗。

上海秩序是讲究人与人、个体与社会的秩序。父母官、老法师、老实人三位一体，则是上海秩序中的一根大梁。

一方水土养一方人，一方水土养一方父母官

2022 年春天，配音艺术家童自荣写了篇文章《老厂长，你知道我们在想你吗》，纪念上海电影译制厂老厂长陈叙一逝世 30 周年，刊登在《新民晚报》上。文章标题，估计是编辑改了的，原标题可能是《陈老头，你知道我们在想你吗》。因为在文章中，童自荣多次称呼老厂长为"陈老头"，文章最后画龙点睛之笔，

20 世纪 80 年代初，上海电影译制厂部分工作人员合影，
前排左四为厂长陈叙一

1987 年陈叙一向杨成纯了解生产情况

陈叙一和他的同事们

正是这一句：陈老头，你知道我们在想你吗？

对德高望重的老厂长，对自己的恩师，以"老头"相称，童自荣没有说明原委，可见他不是第一次这么称呼；按照童自荣的性格，他也肯定不是第一个如此称呼老厂长的。

之前就有所听闻，译制片厂当年上上下下对厂长陈叙一，就是这么不恭不敬的。

2023年1月9日，配音艺术家苏秀，没有扛过新冠感染而去世，享年96岁。苏秀生前在上译厂，资格最老，有足够的发言权。2007年，她在纪念陈叙一逝世15周年时这么写道："老头儿"，不知是谁给我们上译厂的老厂长陈叙一起的外号，后来就变成了我们大家对他的昵称，是为了表示对他的尊敬，更是为了表示对他的亲密才这么叫的。只有对他表示不满的时候，才叫他"陈厂长"。不知道他当时，是否能从不同的称呼里，体会到我们对他感情的变化。

陈叙一带队访问加拿大

陈叙一被叫做"老头"的时候，大约是六十多岁的年纪，一点也不老。欣然接受"老头"的绰号，也就明白其中的美意。不过陈叙一大约没有想到过，"老头"这样的绰号，是唯有像他这样的"父母官"，这样的老领导，才有资格获得的最高荣誉。

陈叙一是上海电影译制厂的开山人，也是译制片登峰造极时的掌门人，直至退休，像钉子户钉在厂长位子上没有动过（"文革"期间不计算在内）。让人想起了作家阿城的小说《棋王》，开杀之前，"棋王"将自己的老将钉死在棋盘上，任凭车马来，老将不移位。

父母官是怎么一种角色定义？最原始的父母官，应该是长于兹、官于兹，甚至终老于兹，有对家乡风土人情的通透了解，有对家乡是是非非的全面熟知，有对家乡的深刻情意。犹如《白鹿原》的白嘉轩，他是族长，是白鹿原的父母官。老领导则是在某个领域做领导做到老。

陈冲与朋友说起过她父亲一件小事，恰与父母官、老领导有关。陈冲父亲陈星荣，曾经是华山医院院长。陈星荣的学生李克教授很是动情地回忆道："有一年春节，上海暴冷，华山医院的水管都爆裂了。一清早，老院长就提着小酒赶到医院慰问，冰天雪地里，一直陪着工人们干活。"（引自吴南瑶《如何成为陈冲》）

陈冲父母结婚照

陈院长亲自去慰问，还"提着小酒……冰天雪地里，一直陪着工人们干活"。身为院长，不亲自到场，无可非议，要开会，要会诊，而且工人紧急施工，非院长主管范畴；即使到了现场，拱手作揖，"代表全院职工表示亲切慰问和感谢"，而后告辞，也在理。陈星荣提着酒，一定是从家里提去的，想好给工人驱驱寒，还一直陪着工人们干活。看似远远超出了院长的职责范围，却是父母官的做派，带着父母式的疼爱；是老领导的风格，带着人文高度的关怀。

需要有一个插入语的是，80 年代，上海译文出版社出版了大量的世界名著，名声赫然。出版社的编辑都是翻译家，社长骆兆添更是中译英的大家。当时夏天很热，降温措施又少，骆社长提议出版社买一个冰箱，改善编辑同仁的工作条件，财务部门却说制度不允许，冰箱属于"政府控制购买商品"，出版社不具备购买资格。就在众编辑不免怨言时，骆社长说，那么我骆兆添个人出钱买冰箱，放在出版社让大家用，不违反政策吧？当时冰箱还是奢侈品，不仅很贵，还需要侨汇券或兑换券。骆社长就这样私物公用了。

骆兆添社长和陈星荣院长是同一个做派的父母官，同一个风格的老领导。按照年份和社会阅历推算，或许他们还认识，甚至是朋友。

陈冲与父亲陈星荣、母亲张安中合影

再回到陈冲家里的故事。

一个可以把父母官做得很到位、甚至还做得常人之不能及的领导干部，在家里，一定是非常优秀的父母，是家庭文化建设的父母官，并且对孩子的教育也是朝向优秀的。"优秀"的意思，是人文意义上的优秀。

陈冲发表在《上海文学》"轮到我的时候我该说什么"专栏文章里，好几处写到了自家的家庭气氛——

1977年我主演了谢晋导演的《青春》，1979年又因电影《小花》得了百花奖最佳女主角，经常有男士上门想认识我。据姥姥说，他们都是"高干子弟"，我们既不能得罪他们，也不能让我出面。我总是躲在父母房间看书，而姥姥在隔壁倒茶递烟，冬天点上炭炉，夏天递把扇子，天南海北地跟人聊，颇有舍赫拉扎德《天方夜谭》的味道。来的人虽然不能满足初衷，走时也不觉太失望，有的干脆忘记了初衷，日后还带着礼物回来看她，成了忘年交。

1981年，我从上海飞去纽约是一种探险——单程票，没有人知道何时或者能否再回家。

离开上海那天，烈日炎炎，为了让家里阴凉一些，所有的窗帘都拉上了。昏暗的光线里，父亲说，你今天下午走吧？我睡午觉不去送你了。我说，哦，那我不吵醒你。我知道他是故意的，他不想在机场流露告别的忧伤——我们是一家羞于表达感情的人。

陈冲祖籍是重庆永川，这也是她家里叫姥姥不叫外婆的原因，但是这完全不妨碍他父亲陈星荣在上海做父母官，做老领导。

从城市角度来讲，尤其是移民城市上海，父母官不可能是纯粹的本地人，但是，有一个大体的通识：父母官，应该是长久地在某一个领域乃至某一个单位供职以至为官，对为官的领域和单位有无法忘却的感情；身为父母官，通晓管辖之地的专业，通晓管辖之地的人情世故，对下属有清晰的辨识度，对被自己管辖之人有父母式的亲和，对被自己管辖之地有统治力，更有保卫和扩大领地的战斗力。恰是在这个意义上，父母官就是老领导。

正是因为有本地、本领域的成长史，当了父母官，也就有了对本地本领域的透视式了解，也有了对本土的感情，有了全局观。一方水土养一方人，完全可以推演出，一方水土养一方父母官，也养一方老领导。缺少了长大成人的水土或者很多年的沉浸，或许可以当一个领导，但是父母官、老领导的先天气血，吃补药也补不进去的。

好几年前，上海某郊区向社会公开招聘旅游局长。经过严格的书面考试和面试，得分遥遥领先的新局长翻然上任。新局长果然有全新的旅游理念，施政发言说得台下一愣一愣。不过在一愣一愣中，还有另外一层意思。新局长来自大西北，上海郊区的土话一句听不懂，连郊区的旅游资源、风土人情都漠然无知，怎么当得好旅游局长？小巴辣子也没当过，就更不必说当好父母官了。父母官得心应手的，不仅是人和人的关系，也是人和环境、人和社会的关系。

两年后，这位为区旅游局描绘过 50 年远景美图的新局长要履新了。他在区旅游局供职的时间，不足前任老局长的十分之一。前任老局长说起话来满是本地口音，这个区的一庙一碑、一丘一林，老局长闭着眼睛也摸得到。老局长退休后，还被人称老领导。

从老厂长、老头、老局长，是否可以联想到更多的"老字号"父母官、老领导？老校长、老院长、老主任、老所长、老书记……他们和陈叙一、陈星荣、骆兆添一样，都是在某个专业领域某个单位供职几十年，退休后仍旧在这个城市生活安度晚年。

父母官、老领导是可以叫得出所有部下名字的人，是在食堂大厅里与同事同桌吃饭的人，可以一起聊聊家常开开玩笑。

这种和下属的相熟关系，是像酿酒一样酿造出来的，没有十年八年的亲和共处，只能是葡萄汁，而不可能是葡萄酒。

"中国半导体之母"、已故复旦大学校长谢希德，也是具有象征意义的父母官和老领导。

谢希德 1952 年在上海复旦大学物理系任教授之后；除了 1956 至 1958 年两年间被国务院调到北京大学联合筹建半导体专业组，一直在复旦大学供职，担任过复旦大学与中国科学院上海分院联合主办的技术物理研究所副所长；1980 年当选为中国科学院数理学部委员，1981 年获美国史密斯学院、美国纽约学院荣誉博士学位；1983 年 1 月出任复旦大学校长。

2021 年值谢希德百岁诞辰，上海电视台播出了纪录片《谢希德》。所幸，在谢希德担任复旦大学校长时，电视台也曾经有过专题报道，留下了珍贵的史料——

每次去复旦，谢希德是和教师一起坐校车的。谢希德说，坐校车既可以处理一些公事，又可以与大家交谈，听听教师们有关学校、社会和自己的所思所虑。

到了复旦，谢希德总是先到物理楼研究室，再步行到校长办公室。她走得不快不慢，用物理学的术语来说，路上的"平均自由程"太短，"碰撞频率"太高，就像高压容器中的分子运动了很短的距离后，就会与另一个分子碰撞。

有教师把她拦住，要和校长谈谈分房子、评职称的事。有新闻系进修生请校长配合一下，她要将谢校长当作摄影的对象。也多有学生向校长致意，谢希德会问问学生是哪个系，然后如数家珍般告诉学生，你们系里哪几位教授有哪些研究成果……

文化教育卫生系统评职称和晋升是件大事，关系到每个个人的发展空间，一次评定落空，就是贻误终身。这是员工个人的大事，也是父母官的心事。常有父母官，为了某个专业突出、却又资历欠缺的骨干，力排众议，并且向上级评审机

谢希德

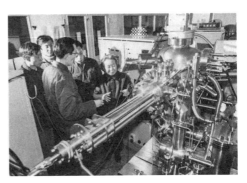

80 年代，谢希德在表面物理实验室

谢希德与学生在校园漫步

80 年代，谢希德（右二）和
同事们乘坐复旦"巨龙"校车

谢希德校长的两
张复旦乘车证

构力挺破格：这个人职称评不到他就走了，他个人损失，也是单位损失。

"老九不能走啊！"这是京剧《智取威虎山》的一句台词，后来常常被父母官当作为部下说情的口头语。有个父母官常为部下说情，领导批评他本位主义；父母官则强词夺理：身为单位领导，没有一点本位主义，怎么做得好领导！父母官护雏起来，正理歪理都是理。

陈叙一在退休前，上级组织部门向他征求有关继任者的意见，实际上是告知他组织部门的已定人选，是一位外派干部。作为上译厂的老领导，陈叙一当然不会直接反对上级领导的征求意见，但是提出了他对继任者的要求：一定要懂译制片专业。他推出了他考量已久的接班人，是译制厂的中坚。最后组织部门采纳了陈叙一的意见。这就是父母官、老领导"本位主义"的胜利。

其实这些部下非父母官、老领导的心腹，更没有沾亲带故的关系。只是对这些部下的人品和能力，父母官、老领导都了然于心，他们是自己最需要依赖的工作骨干：靠老法师出主意，靠老实人做生活。

陈叙一是父母官，但是对于他的领导来说，他也是老法师，是领导要依靠他出主意的人，比如陈叙一推出继任者人选建议，就是老法师和父母官的互相信赖。

也是和部下共处长久，父母官、老领导看人的"辨识度"就高一点。高喊口号、花里胡哨、低头哈腰之人，在父母官、老领导面前比较难有市场，因为父母官、老领导早就领教过他们是善于给领导"吃药"的人，也就不大去看那些人年度小结复制粘贴了什么；对那些刺儿头、撬客，父母官、老领导有的是"镇压"的手段，让他们服服帖帖。关键在于这个江湖有多少深浅，父母官、老领导心里都明白。

在论说上海人的人文品质时，上海人具有领头羊的气质，但是从一个团队一个单位的角度来看父母官、老领导的角色，他们更像是狮群中的狮王。领头羊指的是上海人的群体人文品质，狮王则是团队中领导的力量和担责，在这个意义上，领头羊和狮王并不矛盾。

2023 年 1 月，上海评弹团的首任团长吴宗锡先生，以九八高龄去世。一看吴老面相，气质儒雅，天庭饱满，便想象得出他是一个有家庭文化背景、有学识、有涵养的文化人官员。果然。吴宗锡毕业于圣约翰大学经济系。吴老去世后，上海市文联理论研究室主任胡晓军撰文，引用了吴老生前的一句话："做一个文人，外表可以温慎如羊，但心底总要拥有一只雄狮。"这就是羊和狮的合一。上海评弹团开创时期的诸多建树，都是和吴宗锡有关的。

并不见得狮王式的父母官、老领导都是大学校长、文化界的权威，即使是一个普通的居委会党支部书记，照样也可以是父母官，照样也可以是狮王。

2022 年的春天里，黄浦区五里桥街道海悦居委会党支部书记、"奔六的小伙"马胜烨两次"网红"。

第一次网红是马胜烨在小区发出了"致海悦居民"的辞职信。起因是居委会里有个居民群发泄不满，把马胜烨"踢"出了群。于是，体力和情绪都濒临崩溃的马胜烨，一字一字敲下了辞职信，信中述说他作为居委会书记，遭遇到的种种"不知道"和"难办到"，作为个人和所有的志愿者，连续多天满负荷工作，却连连被误解甚至谩骂。身心俱疲之下，马胜烨决意辞职。

完全没有想到，这封信当夜在网上疯转。事后马胜烨回忆说，"我心想，我给街道惹了个大麻烦。"令他仍旧没想到的是，居民看到信后，几乎一边倒地支持他。一个业主专门做了一个小程序，居民可以在小程序里写下给马胜烨的留言。仅仅两个多小时，两百多条留言，1.5 万多字，都是对他的挽留和支持，请他"挺住"。第二天街道领导特地来安慰他，和居民是同样的话："老马，你一定要顶住。"

一个月不到，马胜烨再次成为焦点人物。海悦小区一带居民的核酸测试，是由一家上市公司负责。周边居民对测试结果有怀疑，在完全"洁身自好"的居家环境里，怎么突然就阳性了？居民不相信，要求复检，但是得到的皆是程式化的答复，只能被当作阳性来对待。

海悦小区也发生了同样的质疑。还是马胜烨，他心里很明白，向他反映情况的居民，都是厚道安分之人，不可能有意为难，马胜烨是他们唯一可以反映的渠道。马胜烨没有程式化地上传下达，而是向领导部门明确建议，由其他权威医疗机构复检。事实证明，马胜烨的判断可谓"英明"。复检结果，小区里有 13 例"阳性"均是错判。如果马胜烨没有带着"亲情"情绪去申请，那么 13 个"阳性"将去隔离，还会带出更多的密接者、次密接者。

海悦小区就此更换了核酸检测机构，周边一带居民也跟着沾光了。

这就是父母官的担当，也是狮王的担当。是对领地的保护，也是对老实人的保护。这种担当，是亲情式的担当，为什么会有亲情？因为这个担当的官，是父母官，"父母"散发出来的亲情，是最有担当的亲情。

马胜烨是居委会书记，称得上父母官吗？称得上。作为海悦小区的业主，他与其他业主相邻 20 年了。因为这个官已经当了好几年，也是老领导了。

当街道领导来安慰马胜烨，请他一定要"挺住"时，在领导心目中，马胜烨何尝不是一个老法师或者老实人呢？

老法师代表了独到的绝技、毒辣的眼光和不可替代的价值

一个篱笆三个桩，一个好汉三个帮。父母官、老领导是不可能做光杆司令的。他们第一要依靠的是老法师。他们自然知道，谁是老法师，什么事情什么时候必须请老法师出场。

在上海，只要说到老法师，是只需意会而不必言传的。

对于父母官、老领导来说，老法师代表了独到的绝技，代表了毒辣的眼光，代表了十万火急时的舍我其谁，代表了山重水复时的指点迷津，代表了谋篇布局时的羽扇纶巾，代表了踌躇满志时的一介凉亭，代表了疾风暗涌时的一座石桥。

有位已故陆老先生，圣约翰大学毕业，父亲开了珠宝店，他也就学会了珠宝鉴定。20 世纪 50 年代公私合营，珠宝店没了，陆老先生在公司做了和珠宝无关的工作。直至改革开放后，珠宝重新回归上海，却是少了珠宝鉴定师。公司领导恰是懂业务的父母官，想起了退休多年的陆老先生：他是老法师！

陆老先生重出江湖，有时去公司做珠宝鉴定，更多时候是在家里为青年开课。怎么鉴定猫眼、蓝宝石、红宝石，印度的还是斯里兰卡的……老先生容光焕发，精神十足，是后半生最有成就感的时光。

老法师的最高荣誉，还不是在小环境里被认同，而是被社会承认，被社会上完全不相识的人群尊称为"老法师"，这才是社会意义的老法师了。

上海的大医院，是老法师云集的地方，而且老法师名气在外的是他们的雅号。有位绰号"一摸准"的乳腺专家医生，据说她的手感比 B 超和钼靶都准，她对病人说没问题就是没问题，不开 B 超钼靶检验单；若有病人想做个检验双保险，"一摸准"马上扳面孔：去找别的医生开吧。作为医生，其态度很难被患者接受，但是能够抢到她的专家门诊号，都觉得是幸运。"一摸准"是这位专家医生的具象化称谓。

上海有一位动迁公司总经理张国樑，被公认为老法师。公认的意思是，动迁户服帖他，政府信任他。

动迁波及上海上百万人的一生命运，觉得自己动迁吃亏了，动辄上访、打架、行凶、自杀，最普遍是做钉子户。同时动迁组有难以治愈的职业病：一头贪国家、一头坑动迁户，油水十足；动迁组长，踏进去是红人，押出来是犯人，锒铛入狱不在少数。在动迁户眼里，动迁就是黑幕，就是欺负老百姓，是最得不到老百姓信任的民生事业。

不过张国樑是个例外。做了三十几年的动迁，从动迁组长直至动迁安置公司老总，政府表彰他，他是全国劳动模范，老百姓认可他：张总的话我相信的。若是去网络上搜索，张国樑的雅号就是老法师。

张国樑与动迁基地民众交流

张国樑有几句名言坊间流传很广：不管你是黑道白道，还是有什么背景，我都见识过，我都有办法。我动迁全透明，动迁户利益一定要到位。有意思的是，政府部门地块动迁筹备会，老法师张国樑一定也到场，他会对动迁蛋糕怎么切提意见的。因为是老法师，张国樑的建议，往往会被政府部门采纳的。

张国樑是上级领导默认的老法师，也是老百姓相信的老法师。两老共同认可的老法师不多的。当动迁户乐意被张国樑摆平时，张国樑就是动迁老百姓的父母官。

已故评弹艺术家陈希安则是另一个风格的老法师。他是上海评弹团的18位开创者之一，也是其中最长寿者，根基深，人脉广，影响大，办法多。20世纪90年代开始，辅佐了好几代评弹团团长，现任评弹团团长高博文也是他的得意门生。

说起这位"老老"（苏州话，老先生之意），高博文满含敬重：陈希安虽然资格很老，而且也是给许多后辈很多支持，不过极其和善，是老太师了，却从来不摆老太师的架子。偶有后辈说话有差池，老先生不会在公众场合纠正，必定是事后打个电话给后辈，以"探讨"的名义，春风化雨，润物无声。

十几年前，评弹团举办过一场老艺术家专场演出，万事俱备，只剩下老先生一起来讨论出场顺序。会议主持抛出了话题：谁第一个出场。瞬间，老艺术家们"静默"了。按照评弹演出的惯例，"头档书"（第一个出场）像是开场锣鼓，最没有分量的，参加演出的都是德高望重的级别，谁也不想开档的。只是瞬间过后，

陈希安

陈希安与高博文

陈希安说，我来头档，第一个上，也就第一个休息。说这番话时，陈希安笑嘻嘻的，毫无赧然，也化解了很微妙的尴尬。

这就是老法师，有分量，有分寸，有谦恭，有慈眉善目，有云淡风轻。

当然也有别样风格的老法师，可能还更多一点。

复旦大学哲学系教授王德峰，在复旦师生间，有着大致统一的外号"哲学怪才""哲学王子"等等，足以见得他在其他师生心中地位有多高。他在复旦开设的《哲学导论》和《艺术哲学》两门课程可谓人尽皆知，无论哪个学院的学生都会慕名去蹭课。

王德峰的课一座难求，学生去听课，也是接受二手烟氛围的。是的，王德峰几十年的习惯是上课抽烟。

上课抽烟，一定是不符合校纪校规的，但是复旦大学做出过专门批示，特许王德峰教授上课时适度抽一支烟。

王德峰上课抽烟

这就是老法师的特殊地位了。王德峰教授曾在讲台上回应过自己吸烟一事："复旦之所以是复旦，那就是因为它允许我抽烟。"

曾经有人在网上批评王德峰上课抽烟是品行差，有失师德。王德峰有过回应："非常惭愧，克服不了抽烟的依赖心理，这是一个习惯问题，不抽烟思维就会不顺畅，在思考的时候如果抽上一支，自己的思维就会变得更开阔。"

关键不在于尼古丁，在于学生的态度。学生们对王教授上课抽烟完全接受，即便有时课堂上烟雾缭绕也丝毫不影响学生们上课的专注度，为王德峰教授鼓掌致敬此起彼伏。

如果王德峰不是哲学怪才、哲学王子，没有学生们的掌声，不具有老法师的地位，抽烟也就无从特准。当然，如果不是复旦大学，恐怕也很难为王德峰开先例。复旦大学的领导就是父母官、就是老领导——复旦之所以是复旦。

还有这么一位，有本事，心气就高，凶巴巴，目中无人，用上海话说起来，就是"老卵"。他不是上司的心腹，和上司走得不近，但是他的领导，知道他脾气，更知道他的价值。遇到突发事情，七嘴八舌却一筹莫展之时，领导关照手下人，去把老法师叫来！

老法师有名字的，但是平日里大家就叫他老法师。基本形象是一支香烟，一只大号茶瓶，一瓶茶里大半瓶茶叶。老法师一坐下，领导亲自给他续茶水，请老法师发声音。偶有人不知深浅，和老法师讨论，老法师眼皮也不抬：那就听你的；茶瓶一拎，拍拍屁股走人。害得领导追出去，把老法师请回来，后来的结果证明，老法师的老卵是有资本的。

老法师有句名言：常识问题不讨论。他解释说，一加一等于几，侬不晓得，我告诉侬，等于二；假使侬讲也可以等于三，那侬就去等于三，等于十三我也没意见，因为侬就是十三。

只有父母官、老领导吃得消老法师的脾气，也只有父母官、老领导请得动老法师。他们和老法师的关系，常常就是萧何月下追韩信的现实版，老法师对他们，则是士为知己者死，倒过来，非知己，士不足为其死也。

后来领导退休了，来了一个新领导。按照老法师的讲法，新领导是"阿乌卵"，路数不清，他不想听我说，我还不想和他说，常识问题不讨论。

不管是儒雅微笑，还是瞪眼冷笑，老法师都会在父母官、老领导那里获得尊重，获得成就感。因之，老法师更加"老卵"了。

老法师的价值，不仅仅是父母官、老领导认同的，也是老法师手底下一拨小赤佬佩服的，直到被老法师带出道，小赤佬也被更小的小赤佬叫做老法师。即使如此，见到自己师傅，还是要恭恭敬敬地叫一声老法师的。

老法师和小赤佬的关系，是上海的师徒关系。师徒关系并非上海独有，但是上海曾经是中国最大的工业城市，在全市人口七八百万时，产业工人有200万。

有产业工人便有师徒关系，师徒关系之众，是任何一个城市都无法比拟。加之上海的城市化建设中，文化教育卫生等等行业，以往都有老带新的传统，也是实际上的师徒关系。这个阵容之庞大，之名师无数、桃李天下，在中国更是一骑绝尘。

师徒关系中，师傅向徒弟传授的是本事、经验和阅历。师徒关系在上海制造中，产生了很大的影响，它是师徒的教与学，是长幼的尊与护，也是秩序的承与思。所以，上海的师徒关系是一种文化，名曰"师徒文化"。在马尚龙的《上海路数》一书中，已经备述。

"师徒文化"中的师大多是老法师。

老法师也往往是从小徒弟小赤佬一步步走过来的。

随着开埠后城市化的高速发展，上海有了越来越多的工厂、洋行、商店、医院、学校。开创之后，经验、科学、条理、秩序、眼光……成为他们在上海的立身之本和发展之钥。不管是大老板还是小业主，会将最有经验的人最有本事的人、当然也是不奸不刁的人汇聚起来，渐渐地，这些人就被叫做老法师。直至 21 世纪的上海，仍旧如此。医院的专家，学校的特级教师，企业的工匠，还有所有的专业技术职称……都可以归属于"老法师"。

老法师会参与自己领域的谋篇布局。当一项方案要出台时，看似万全，一旦实施，可能纰漏连连。大政方针且不易，细枝末叶更难全，需要细化，需要万无一失。一个大方案推出去，任何可能发生的情况，都必须有预案，有对策；不允许有试验田，不可以有牺牲品。

谁有本事担当？那就是老法师的价值了。老法师不如领导有大局观，但是领导不如老法师有经验，有操作性。做预案时，常常就是因为有老法师踩了一脚刹车，掰了一把方向盘，避免了一场事故。老马识途，就是这个意思。而父母官、老领导是深谙"老马识途"之道的人，也更加是识马爱马之人。

父母官、老领导和老法师是上下级关系，也可以说是拍档关系。两者的精神关系是信任，只有互相信任，才有互相的成功。互相信任的前提是，互相了解，长时间的了解。

老法师是上海制造得以传承的一个链环。所谓链环，是中间环节。老法师链环的一头链接着父母官、老领导，另一头则是老实人。

世俗的羡慕，比领导的表扬更体现老实人的价值

老实人，不是老实巴交的人，而是实实在在、靠本事吃饭的人。做出了极大贡献、有极大声誉的人，也可能是老实人。

从这个意义上来说，上海是老实人的盛产之地。因为在老实人头顶之上，有父母官、老领导，有老法师。父母官、老领导和老法师，本能地践行着城市人文、文明的规则，他们是上海秩序的隐形护卫者。老实人则是上海秩序三者合一的最大基础方阵，他们在自己的生存环境中和所作所为因果关系中，得到了真实的提示和答案——做老实人不仅是环境的口号，也是有环境的红利。

"老实人不吃亏"，是上海制造的内在机制，是上海秩序中"父母官·老法师·老实人"三角关系之一，三角关系注定了任何一点的不可或缺。上海制造上海秩序，给老实人提供了生长发育的充分必要条件，是上海秩序机制性的文化精髓。

在上海，老实人有被尊重的真实性，有被重用的广泛性，有被羡慕的世俗性，有被嘉许的体制性。老实人是上海公序良俗的底胚。

说一声"尊重"很容易，却不免轻浮，没有实际意义；只有在现实中老实人广泛被重用、得红利，才能获得世俗的羡慕，才是真正的尊重。世俗是俗的，却是市井风俗的导向，世俗的羡慕，比领导的表扬更体现老实人的价值。一句"不让老实人吃亏"的呼吁，暗含了老实人太容易吃亏的残酷，于是建立起老实人被嘉许的体制，是上海很成功的一招。这一招的操盘手，是父母官和老法师。

虽然，小市民、小滑头、小刁模子……在五光十色的上海也频频得手自鸣得意，但是只要老实人的基本红利得到保障，市井风气也就顺了，正了。

上海城市人文的高度和相对完整的城市规则，培育了老实人，而老实人中不

乏各路精英，不乏德高望重之人。

老实人，可能是籍籍无名的小赤佬，可能是一生只盯着机床的八级钳工，可能是声名遐迩的艺术家，也可能是高高在上的大教授。

比如华东师范大学地理学教授孙大文，也即 2022 年疫情期间给华师大党委写信求助的孙教授，就是一个上海秩序意义上的老实人。

身为地理学著名教授，孙大文桃李满天下。就是这位大教授，在向华师大领导求助时这么写道：我是入党快 60 年的老党员，我懂得遵守党的纪律，配合街道居委会，共同抗疫。我退休前努力工作，曾为高考命题工作，因而我有连续 15 年每年都被封闭两个月，不许和家人、外界有任何联系，我都是严格遵守纪律的……

孙教授这么写，并不是要自我标榜老党员的资历和为高考命题的荣耀，而是强调自己一生遵守纪律；他相信领导，也请领导相信他。

这就是上海秩序中的老实人。诚然，孙教授是学术权威，是地理教学的老法师，但是在上海，父母官、老法师、老实人三者中，会有角色改变，也会有角色兼容。父母官可能是从老法师晋升而来，老实人有朝一日也是老法师，还可能在两个不同的切面，发出了不同的光芒。在孙教授身上，看得到老法师和老实人的两道光芒。

好几年来，上海的物价指数居高不下，房价之高处不胜寒就免谈了，竞争压力也一直是第一方阵领跑者，生活节奏之快，更加像是里姆斯基·科萨科夫的《野蜂飞舞》。一直有媒体报道，诸多白领离开上海，去了二三线城市，但是来上海追梦、并且留下来圆梦的年轻白领有增无减。

有一条理由，几乎是所有非上海籍年轻人所共有：比起很多地方，上海显得公平公正，游戏规则最明确，黑幕猫腻不是完全没有，但是比较克制比较有分寸，只要有本事只要努力，总是可以做出一番事业的。

张文宏医生祖籍温州瑞安，某次演讲，说到自己大学毕业也包括后来工作以后，有许多机会可以向其他地方发展，但是张文宏决意留在了上海，关键理由是

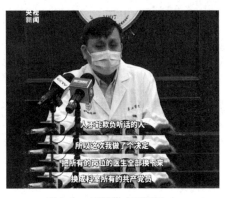

张文宏：不能欺负听话的人

这一条："上海不欺负老实人。"

直言不讳的张文宏，是老实人。

上海评弹团团长高博文，也是老实人。

1987 年，高博文考入上海戏曲学校评弹班，一共有 10 个学员。有一张他们当年的"全家福"，个个是踌躇满志的表情。彼时评弹还处于盛极一时。几年过后，评弹坠崖式的不景气，10 个学员变成了"101"个——上海人喜欢将只剩下来 1 个戏言为"101"个，走掉了 9 个"活络"的，只剩下了高博文这一个"评弹少年""独养儿子"。如今，高博文是名满天下的评弹艺术家，谁都可以说坚守的信念是多么重要，但是回到三十多年前那一条孤寂的道路上，听客越来越老，书场越来越少，效益越来越差，十分之九的伙伴纷纷撤离，你去守守看，你去跑跑看。

没有太活的心思，笃心评弹，就是老实人了。因为老实，也就深得陈希安等前辈艺术家的欢喜。其实对评弹的创新，高博文一点也不老实。这几年他策动了好几回评弹活动，上春晚，上亚信峰会，《高博文说繁花》更是风靡，聚拢了很多年轻听客，他是从最早的老实人，走到了父母官的位置。

高博文不是老法师吗？按照高博文对评弹的烂熟于心，完全是老法师的地位了，但是高博文不会承认的，因为还有赵开生等好几位高龄老艺术家，他们才是高博文引以为尊的老法师——高博文拿捏的是师徒的关系、长幼的辈分。这就是老实人的秉性。如今他是以父母官的身份，培养着老实人。

上海秩序意义上的老实人，是信任社会任何承诺的人；是服从社会任何安排的人；是不质疑社会口号的人；是接受任何环境生存的人；是律己高于律人的人；是追求生命意义、追求人生格局、追求人文修养的人；是习惯于有社会规则社会秩序的人，是将诚信定格为血型、将体谅当作责任的人。

上海制造和上海秩序的本身，是制造有人文高度和人文秩序的社会环境，会向老实人兑现承诺，会对老实人作出公正公平的评价和对待，会给老实人创造健康的生存环境，会将老实人的高度自律当作社会的主流道德，会确立起社会机制嘉许老实人的贡献，使之成为对社会贡献最大也收益最大的人。

老实人和老实人所在城市的人文高度，是完全的正比例。城市人文高度，既是老实人的精神子宫，也是老实人生存的保护伞。

即使是在2022年上海最冗长的春天里，上海老实人的精神依然延续。

还记得那位一个星期只靠一棵卷心菜过日子的九旬老太太吧？她不想麻烦居委会，因为知道国家有困难……当《新民晚报》"战疫·帮侬忙"热线接线员答应老太太为她送去生活物资，老太太听后，说了六个"谢谢"和"感谢"，声音里带着哽咽。

这就是一个上海老实人处乱不惊的修养。

个体的老实人推向社会，那就是群体的领头羊。对老实人排比式的描述，和领头羊的定义几乎一致。

老实人的"规模效应"，不仅和他们的生存环境有关，也和他们的居住环境有关。

在上海的城市文化建立中，老式公寓在淮海中路一带和南京西路一带，有足够的立足之地。最早入住老式公寓的，是教师、艺术家、医生、职员等社会知识精英。世界文明和江南文明，在他们身上发酵。他们有学识、有人文、有修养、有尊严、有纪律，他们的言行举止直接衍生了上海的公寓文化，公寓文化又演化为上海的主流道德文化。如果从老实人的属性作细细梳理推演，上海的老实人和上海的公寓文化是一脉相承的，或者说，只是不同年代的不同表述而已。

像孙大文教授和那位九旬老太这样的老人，蛰居在家，或许是会多一点体谅，多一点安然，但是体谅和安然不会是突然间萌发的，而是来自一生接受的教育。即使是风生水起的正当年华，也会很自然流露出老实人的老实相的。

比如樊敏伟博士，国家中药制药工程技术研究中心副主任和上海中药制药技

中药制药专家樊敏伟

术有限公司总经理。

　　将樊敏伟列入老实人范畴不很准确，不是说她不属于老实人，而是说，她是老实人，她也是老法师，也是父母官。三个身份集于樊敏伟一身，毫不违和，只是在于从什么视角和什么年代去看她。她是老实人的做派，老法师的行业江湖地位，父母官的一方诸侯。

　　樊敏伟于 20 世纪 80 年代末大学毕业，开始做中药研发，已经三十多年，在中药研发领域，是名副其实的领军人物。申请了 14 项国内外发明专利，蛇胆川贝枇杷膏和西洋参泡腾片，都有着樊敏伟主持研发的印记。

　　马尚龙曾经拜访樊敏伟，请她谈谈一生从事中药研发的感想。樊敏伟一再推脱：我没什么好说的：不是我一个人的研发，是一个团队的研发。

　　樊敏伟还说：中药的研发是一代又一代研发者的接力跑；在一生的职业生涯中有一两次重大的研发成果和发明，已经是幸运了，同样有可能，10 年 20 年乃至一生职业生涯，没有任何重大的发现和发明。樊敏伟举了屠呦呦的例子，如果屠呦呦没有获得诺贝尔医学奖，局外人谁都不知道她一生中药研发的心血。

　　凡是老实人，说自己的业绩时总是没什么好说的，只期待自己的业绩会被社会认可。社会的认可，说明了社会秩序的健康。而作为父母官、老领导，樊敏伟将更多的个人业绩融入到团队合作中，她手下的老实人也有了发展空间。樊敏伟可谓"两级"父母官、老领导。樊敏伟是上海秩序的受益者，也是上海秩序的践行者。这一切，并不要说很多的。

　　只是，任何秩序，有人遵守时，也一定会有人破坏，至少是有人不遵守。

　　社会秩序被破坏时，老实人也忍不住要站出来说几句的。

　　某些中药成药的作用被过分夸大，作为业内精英专家，樊敏伟太明白其中名堂了。她对马尚龙说：上海人从来就是看破不说破，不说破并不是不明白，别以为我们好弄弄。樊敏伟的愤愤然，是一个父母官的愤愤然，是在为自己的团队抱不平；樊敏伟的愤愤然，是老法师的愤愤然，药理药效，骗得了外行骗不了内行；樊敏伟的愤愤然，是老实人的愤愤然，最起码的评判标准为什么缺席？

老实人自有发脾气的时候。这一个"时候"，往往是老实人心中默认并且遵守的秩序被破坏的时候。

所有的老实人，最忌惮、最不能接受的，是社会的失信、失德、失常、失尊。

老实人对应的社会，可能不是最广大的社会，可能仅仅是上司，可能仅仅是生存环境、职业环境……这就是他的社会了。

公序良俗遭遇破坏，最大的受害者是老实人。老实人即使尽力改变自己去适应，最终也是最不具有竞争能力的———一头羊饿死了，也是吃不下一块牛排的。

在恶劣的人文环境中，受益者是不老实的人，老实人别无选择地掉进了受害者的泥淖。

在上海秩序中，以机制式的文化来维护公序良俗的，恰是父母官、老法师、老实人的互相依赖，以不同的角色完成三位一体的共同使命。

常有这样的事例。有一位专业中坚力量，是个老实人的角色，深受领导的器重。春风得意之时，调离或者跳槽，没想到一蹶不振，他的才学都被怀疑。也有相反的案例，老实人一直得不到赏识，到了新岗位，豁然开朗。这种事例，也会发生在父母官、老领导的调离后，来了一个外派领导，新思路，新人马……原先的秩序，改弦易辙推倒重来；也有父母官、老领导履新后，面对着一个完全无序的环境，强龙难斗地头蛇而败走麦城。

其中固然会有气场不合、水土不服等诸多可能，但是很多时候，是公序良俗的人文环境，决定了父母官、老法师和老实人的成败；是守信还是失信、守德还是失德、守常还是失常、守尊还是失尊的环境秩序，决定了老实人的众寡。

父母官或者老领导、老法师、老实人，是上海制造上海秩序的玄妙组合。

三者之间是上下级关系，但不是简单的上下级关系。

可以有多种比喻来形容三者之间的关系。

三者之间是一个生命链，每一个链接点，都需要另外两者的共同加持，每一个链接点，也被另外两者共同需要。

三者之间是一个三角形，或许每一条边不是一样的长，但是只要是组成了三角形，它就具有必然的稳定性。

三者之间可能最接近于是三个互相咬合的齿轮组合。三个齿轮有各自的大小、各自的转速、各自的转向，当三个齿轮互相咬合时，它们是互相作用、互相依存的关系，也唯有如此，才可以有更大更有效更持久的合力。更加奇妙的是，在不同的社会关系中，三者常常还是多项和兼容的身份，于是又生发出了其他的齿轮组合，以至扩展至上海的城市社会关系，三者的齿轮效应无处不在，他们所形成的合力，就是上海公共关系秩序，是上海秩序中的重要板块。

从第一代民族实业家风起云涌以来，"父母官·老法师·老实人"的三者合一，是上海秩序的最大驱动力。

小提琴协奏曲《梁祝》，在其旋律感人至深的背后，也是一份父母官、老法师、老实人三者合一齿轮组合的说明书。如果不是陈钢、何占豪作曲，如果不是当时音乐学院党委书记孟波担当式的推荐，如果不是上层领导的认可，1959年就不会有这部献礼作品，后来的历史证明，1959年，也只有《梁祝》经典式地流传下来。

这组三者合一的上海秩序齿轮，属于上海制造的一部分。上海制造极其庞大、精细、科学，它就是上海的代名词。

上海秩序隐藏在上海制造的深处，从不显山露水，但是上海所有的显山露水，都感觉得到上海秩序的脉络。就好像是外滩的大自鸣钟，仰头看到的是它的华表和体面，到了钟楼里面，则是一个齿轮的大组合系统，正像是上海秩序所建立起来的秩序，不仅仅是公共关系秩序，也是道德秩序、人文秩序和社会秩序。

上海秩序是精神化、内质化的社会秩序。在个体和社会关系社会环境之间，

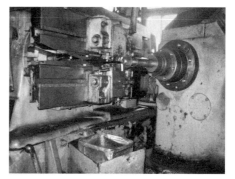

齿轮组合

遵守和尊享互为条件，这是上海秩序最伟大的生命力——不是道德鼓励的肾上腺素，而是自我造血的生物链机制。

这种社会生物链机制，个体和环境乃至社会的融洽，或许可以用两个字概括，那就是：信赖。

信赖是上海人默认的社会精神契约，它没有纸面的文本，却是固化在上海这座城市的每一条马路、每一条弄堂、每一幢房子、每一家人家的烟火气里。

11. 40 年深圳天地人的流转

"香蜜湖"，一个多么熟悉却又遥远的名字。

曾经的香蜜湖，有中国内地第一个现代化游乐场；曾经的香蜜湖，有中国内地第一家夜总会；曾经的香蜜湖，有中国内地第一个赛马场；曾经的香蜜湖，有深圳最大规模的美食街……

深圳人，无论是哪个"辈分"的，生活中总会有"香蜜湖"的情结。

香蜜湖一汪湖水是不变的，但形形色色的"香蜜湖"有如跑马灯，你方唱罢我登场。游乐场盛极而衰，赛马场无疾而终，火极一时的美食街，也敌不过城市规划的"如椽巨笔"，在挖掘机的轰鸣中变成了一堆建筑垃圾。

2022 年防疫吃紧，香蜜湖边又建起了移动核酸检测方舱实验室。随着疫情过去，它不过是为那些远去的"香蜜湖"记忆中，增加一个片段。

"香蜜湖"，不停地在告别。

香蜜湖正如深圳；深圳也正如香蜜湖。

深圳，永远都是新的。新的面孔，源源不断：外来妹、打工仔、建设者、创业者……新的口号，闻所未闻："时间就是金钱，效率就是生命"，来了就是深圳人……新的概念，层出不穷：三资企业、三来一补、打工、发财……新的娱乐，火爆登场：游乐场、度假村、歌舞厅、卡拉 OK、夜总会……

深圳，也不停地在告别。边防证、绿色中巴、"大家乐舞台"、产业转移迁走的工厂，以及那些甚至没有熟悉这座城市就已离开的、曾经的"深圳人"。

大浪淘沙，终究会有所沉淀。只是，我们难以描述最终沉淀下来的深圳，是一个怎样的深圳。正如现在还难以预计，香蜜湖正在建设的国际金融中心，会不会是最终定格下来的那个"香蜜湖"。

流逝的风景

深圳每天都在消逝着什么？哪怕曾经以为会根深蒂固、永恒不变的东西。

阿南，5 岁就跟着父母亲来到深圳，是"深二代"。阿南曾经以为自己长大以后，还会经常带着自己的孩子来香蜜湖坐摩天轮；甚至到老了，还会带着自己的孙子来坐摩天轮。

2021 年，37 岁的阿南又一次来到香蜜湖畔时，面对的是一片废墟——摩天轮拆除之后留下的凄凉。

香蜜湖，曾经见证很多欢乐时光的摩天轮

"当年，这可是亚洲最高的摩天轮啊！"听说香蜜湖摩天轮拆了，阿南专门抽出半天时间过来看看，寻找一些儿时的回忆。

阿南回忆的，不仅仅是香蜜湖的摩天轮、过山车，儿时深圳的一个时代。确切地说，是深圳最初的样貌。

这种样貌，并不限于香蜜湖的摩天轮、过山车，国贸大厦的旋转餐厅，西丽

香蜜湖的过山车

湖度假村的花园别墅，蛇口的"海上世界"游轮，沙头角中英街的"购物天堂"，以及在那里才能买到的力士香皂、金利来领带、梦特娇 T 恤……

这样的深圳，何止是阿南这一代深圳人的童年回忆，它宛如一道闪电般出现在刚刚进入改革开放的中国大舞台上，让中国人眩晕、向往、羡慕，甚至有些嫉妒。

深圳，是嗅得到香港气味的。深圳也就被内地当作是有香港气味的。很少人知道外面的世界究竟是什么样子，那就到深圳看看吧。深圳，是国人最疯狂追逐的参照和寄托。

深圳作为城市的历史不过四十多年，刚刚面世，就是被国人看高一线、厚

爱三分，而那个年代的深圳，也确实极大地符合了中国人对深圳的构建与想象。哦，外面世界的物质繁华、五光十色乃至于光怪陆离，大概就是深圳这样吧！

深圳从一开始就是给人"看"的。吸引的目标并不是内地其他城市游客，而是港澳台同胞。1980年，中央设立深圳经济特区时，对深圳的定位除了建成具有相当水平的出口加工基地，其次就是建设吸引港澳同胞前来旅游消费的旅游区。

1981年，深圳市政府把香茅场水库周边4平方公里的地块划拨给深圳特发集团，与香港企业合作建设度假村。

港方老板冯九来到深圳考察一番之后，觉得地方倒是不错，只是名字"香茅场"不登大雅之堂。老板冥思苦想一番，灵机一动："香蜜湖！"

香蜜湖度假村1983年春节开业，真正的辉煌还要等到游乐场建成之后。刚刚进入改革开放年代的中国人，没有几个搞得清楚"游乐"为何物。听说过的唯一游乐场，是美国的迪士尼乐园。

1984年2月25日，《深圳特区报》报道说："香蜜湖度假村正着手兴建一个'迪士尼'式的大型游乐园，这将是特区目前设备最先进、项目最多的大型游

1984年的香蜜湖度假村

乐园，计划引进日本、意大利各种先进游乐设施共 62 项。"在历史资料图片上，香蜜湖度假村的外墙上，确实画着大幅的米老鼠、唐老鸭，憨态可掬地向游客招手，并且白纸黑字地写着：欢迎光临"东方迪士尼"！幸好那个年代没有什么"知识产权"问题，否则，打起官司来是会很麻烦的。

香蜜湖游乐场直接看齐迪士尼，是有些底气的。它某些方面的水准确实接近了世界级。1985 年 7 月 10 日，游乐场正式开业。虽然没有使用"迪士尼"的称呼，但名字也足够响亮——中国娱乐城。落差 35 米的水上双环过山车为当时世界之最，46 米高的摩天轮为当时亚洲最高。

不出意料，港澳游客蜂拥而至。作为附带效应，内地游客也纷至沓来。当"旅游"这个词刚刚进入中国人议事日程的时候，还有比这更加"高大上"的目的地吗？

在阿南这一代深圳人记忆中，那个摩天轮，开动起来总是听到"哇！太棒了"的喊声此起彼伏。"我的恐高症就是坐摩天轮的时候落下的，对于一个 5 岁的孩子来说，它实在是太高了，太晃了。"阿南经常自我解嘲地说。

有老家亲戚到深圳，带他们到香蜜湖，坐一坐摩天轮，乘一乘过山车，是少不了的礼数。没有玩香蜜湖，相当于没有来过深圳，这个道理，跟"没逛过外滩，相当于没去上海"是匹配得上的。

当然阿南忘了，几乎所有人都忘了，他们在香蜜湖并没有坐过"摩天轮"，准确地说，他们坐上去的那个器物，当时不叫摩天轮，它的名字是"大观览车"，摩天轮是后一代人给它取的名字。很有可能，阿南坐过大观览车，却没有坐过摩天轮。阿南忘记了。都忘记了。

1987 年 1 月 31 日，农历大年初三，香蜜湖度假村游乐场涌入游客

20 世纪 80 年代香蜜湖夜总会

1.5 万人。事实上，甚至在进入 21 世纪之后，国内大型主题公园在节假日的游客数量，也不过这个水平。

深圳，是超前的。

除了香蜜湖之外，深圳还有众多去处，让人心驰神往，都是那个年代中国绝无仅有的去处。

与香蜜湖度假村齐名的，还有西丽湖度假村。关于它有一个流传已久的梗。很多人到了深圳，说不清它的名字，就叫它"稀里糊涂村"。

西丽湖度假村的出身，比香蜜湖更"高贵"。原本是 1950 年代"大跃进"时期修建的西沥水库，1979 年，深圳市旅游局与港商达成补偿贸易协议，引进港资 20 万港币，开辟为旅游点。起初只是山坡上的 3 幢铁皮房，2 幢用于度假房，1 幢充当餐厅。还有一些帐篷、单车、小船吊床品等，一个度假村就建立起来。不出 3 年，西沥水库度假村也小有名气了。

1983 年初，西沥水库度假村迎来了贵客：时任中央军委副主席杨尚昆、全国人大常委会副委员长廖承志来视察。

相传，两位领导参观游览一番之后，对度假村风景称赞有加，但是觉得西沥水库度假村这个名字太土气。杨尚昆取谐音，提议改名为"西丽湖"，众人一听拍手称好。廖承志即兴题字，"西丽湖度假村"就此而来。

1983 年的西丽湖度假村

西丽湖没有过山车和摩天轮，自然不像香蜜湖那样每天人潮汹涌，但是西丽湖有山有瀑布，有水上乐园、白鸽广场、马术中心、网球场、游泳池、高尔夫球俱乐部等。相比香蜜湖，西丽湖更像"度假"的地方。不过，在改革开放初期，这些场所对于中国内地人来说，过于高档。真正来度假的，大多还是香港人。内地游客来，大多只能走马观花地浏览一下湖光山色，"稀里糊涂"也就在所难免了。

除了度假村，深圳还有一条特别的船。

1983 年，蛇口工业区从广东远洋运输公司买入一条退役游轮"明华轮"。这条船可谓系出名门。1962 年在法国下水，原名 ANCEEVILLA 号，是当时法国总统戴高乐的私人游艇，接待过数百位国家领导人和富商名流。1973 年，中国交通部买下此船，改名为"明华轮"，用于国际运输。1983 年，明华轮退役，来到蛇口，成了中国内地第一个水上游乐场。

高光时刻是 1984 年 1 月 26 日，邓小平登临明华轮，欣然提笔写下"海上世界" 4 个大字。"海上世界"对于来自大江南北的游客来说，又是一个神奇且向往之所在。事实上，登上明华轮，里面的西餐、酒吧、茶座，一般的游客还是消费不起的。即便是在小吃部吃清汤面条，考虑到当时大多数地方机关干部月工资只有五十多元，6 元钱一碗的价格足以让大多数人望而却步。但这又何妨？那时候的中国人，有几个见过豪华游轮呢？何况还是法国总统的豪华游轮！

更不必说国贸大厦。顶层 49 楼的粤式早茶，每人最低消费 15 元，相当于内地机关干部工资的近三分之一。它是中国内地第一个旋转餐厅，彼时的中国人都熟读"坐地日行八万里"，只可意会，而坐在国贸旋转餐厅，45 分钟转一圈，不但能饱览深圳全貌，还能眺望一河之隔的香港，却是活生生的现实。无论是北京的建国饭店（1982 年开业，北京第一家五星级宾馆）、上海的国际饭店，还是广州的白天鹅宾馆（1983 年开业，广州第一家中外合资五星级宾馆），在这一刻都被比了下去。15 块钱贵吗？确实贵。值吗？咬一咬牙，还是值的。

游乐场、度假村、过山车、摩天轮、海上世界、旋转餐厅；后来还有锦绣中华、野生动物园……让普通中国人有机会触摸这些"国际化"的地方，只有一个城市——深圳。

比具象化的地标更加重要的，是截然不同的理念与文化的冲击。

改革开放初期大部分地方的文化生活，有"白天听老邓（邓小平），晚上听小邓（邓丽君）"之说，在深圳，是不用分白天和晚上的。也不用偷偷摸摸，屋顶上架起一根鱼骨天线，就可以直接收看一河之隔的香港电视节目。

深圳，文化生活是被港式娱乐和港式粤语覆盖式占领的。多年以后成为经典的80版《上海滩》、83版《射雕英雄传》，深圳人是与香港观众同步观看的，而不像内地大多数地方要等到1985年。

当央视春晚还通过奚秀兰这样有些过气的香港歌手撑场面时，深圳人第一时间欣赏的是炙手可热的许冠杰、谭咏麟、罗文，以及崭露头角的张国荣、刘德华的最新金曲。

香港电视节目全覆盖的附带效应是，来到深圳落脚的人，只要有条件看电视，不出半年，大多能说一口流利的广东话。那是粤语在中国最辉煌的年代。

另一个附带效应，英语文化也在深圳民间传播着。主要载体，是香港无线电视英语频道明珠台每天晚上9点半的"明珠930"。每晚一部好莱坞大片，原版对白，中文字幕。在中国内地还没有以票房分账模式与国际院线同步上映大片的年代，明珠930无疑是首屈一指的电影艺术殿堂。

要抵制资本主义的"生活方式"，要抵制外部世界的"香风臭气"，在深圳经济特区诞生之前的漫长岁月，几乎每个中国人都受到过深刻的教育，但是，资本主义生活方式是什么样子？"香风臭气"有多么香多么臭？是没有感性认识的。上海，倒是有一些可以"忆旧"的痕迹，但那是1950年之前的"生活方式"和"香风臭气"，早已与国际潮流脱节了。

所以，当夜总会、歌舞厅出现在深圳时，对人们的震撼和冲击，是丝毫不在过山车和摩天轮之下的。

1984年，深圳第一家夜总会在香蜜湖度假村开业。大厅面积3000平方米，中间没有一根柱子，视野开阔，可供1000多人同时吃喝玩乐，伸缩舞台号称当时全亚洲最大。

说是"夜"总会，其实是全天营业的，相当于音乐茶座、音乐茶餐厅。早上喝早茶，中午到晚上是餐厅。生意极度火爆，到了饭点，一张桌子接待五六拨客人是一点问题也没有的。到了晚上9点左右，最后一桌晚餐也吃完了。灯光转换，音乐响起，舞台上流光溢彩。歌舞时间到了。

如果是抱着感受"资本主义生活方式"的目的来这里，是完全失望的。夜总会开业后不久，1984 年 5 月 23 日，时任中共中央总书记胡耀邦，送别外宾后视察了香蜜湖度假村。香蜜湖的夜总会不可能搞什么腐朽没落的东西。

不过，狂歌劲舞是少不了的，而且档次不低。撑场面的歌手，都是从香港请来的。演唱《上海滩》主题歌的叶丽仪，演唱《大侠霍元甲》的叶振棠，以及盛极一时的 TVB 综艺节目《欢乐今宵》（后来央视《综艺大观》的模拟蓝本）的班底艺员，都是香蜜湖的常客。

80 年代末，香蜜湖夜总会来了一个香港歌手，名叫王靖雯，在夜总会驻唱。几年后，夜总会员工阿萍看了一眼电视，发现这位"王靖雯"已经凭借一首《容易受伤的女人》，荣登香港年度"十大劲歌金曲"榜单。再过了几年，她成了红遍两岸三地的"歌后"了。那时候，王靖雯已经叫作"王菲"。

在西丽湖度假村的夜总会，女歌手王虹 1983 年到音乐茶座驻唱，一连数年默默无闻。直到 1987 年央视春节晚会，她与残疾军人英雄徐良合唱一曲《血染的风采》，才一炮走红。

高档的场所，消费自然也是高档的。100 元港币一张的门票就足以让大多数内地客人倒吸一口凉气。夜总会、歌舞厅的主要消费群体是香港人。

深圳的超前、洋派、开放、先进，是需要用一定的物质来作为载体的。那就是只有深圳才能买到的洋货、港货、国际品牌。"国际名牌"的概念，始于深圳，后来才知道，有许多国际名牌，只不过是三线四线的品牌。比如金利来领带、皮尔卡丹、梦特娇……但是国际名牌的冲击力是强大的。

因此，彼时深圳最具有吸引力的去处，不是游乐场、度假村、夜总会之类，而是一个角、一条街：沙头角、中英街。

沙头角，梧桐山下一个小镇。1898 年，中英签署《展拓香港界址专条》时，被一分为二，一边仍归中国，一边划归港英。分界线从镇上一条街上穿过，成了"中英街"。

1981 年，在中英街两侧的
内地边防战士和港英警察

1987 年，进入沙头角中英街购物的人潮

1988 年，沙头角中英街的购物者

回想特区初年的深圳，沙头角是多么神秘而高大上的存在啊？不要说深圳，哪怕走遍全中国内地，也难以找到比沙头角中英街更加"与国际接轨"的地方，也没有比沙头角能买到更多洋货的地方。即便那里对香港而言只是穷乡僻壤。那时候，来深圳固然要办边防证，但深圳的边防证去不了沙头角。还需要托人办一张专门证件，才能到沙头角，到传说中的中英街上，在香港一侧的商店买回大包小包的港货、洋货。

想想这些，遥远的路途、香港那边某些店员对内地人不怎么热情的服务态度，甚至有些人言语中还不乏"表叔""阿灿"之类含有地域偏见的调侃，也都不算什么了。

沙头角的购物成果包括并不限于香港一侧金店的足金首饰，以及万宝路香烟、雀巢咖啡、力士香皂、金利来领带、梦特娇 T 恤、Zippo 打火机……

胆子大一点的，还会从香港一侧买上一台松下或者日立牌录像机，带回老家绝对是引领消费潮流的高档物件。

改革开放初期，除了极少数有机会公派出国者，绝大多数中国人对"国际名牌""国际化"的认识概念，是来自于亲人朋友从沙头角中英街带回去的洋货、港货。

今天年轻的深圳人，会对 1980 年之后横空出世的深圳感到有些陌生，但是，它确实存在过，虽然它的一些载体在岁月沧桑之中已经变了模样。

留下过邓小平足迹和题字的国贸大厦旋转餐厅、蛇口海上世界，仍然保留着本来的样貌，作为深圳的橱窗，在可预见的将来，是不会改变的。

香蜜湖就没有那么幸运，换种说法也可以说，香蜜湖十分幸运。它用自己的不断变化见证了深圳的不断变化。游乐场的辉煌持续到 90 年代中期，就走下坡路了。这里面自然有企业经营不善资金不足，设施更新不及时的问题，但更直接的因素是华侨城锦绣中华、民俗村、世界之窗、欢乐谷这些主题公园的兴起，其他大城市也先后有了类似的游乐场，把游客人潮吸引了过去。1992 年邓小平再次视察深圳，在锦绣中华"布达拉宫"前面拍了一张全家福之后，"风水轮流转"的趋势已经呼之欲出。

1994 年，香蜜湖"中国娱乐城"游乐场客流量降到巅峰时期的三分之一。之后越发萧条，过山车、摩天轮如同虚设，孤独地矗立在香蜜湖畔。2011 年 6 月，香蜜湖度假村中国娱乐城游乐场宣告停业。

香蜜湖是不缺乏喧嚣的，美食乘虚而入，香蜜湖迅速变身为深圳最大的美食街。2006 年，在香蜜湖度假村的地面上，餐饮业聚集，成为深圳市中心主要食街。从海南鸡饭到新疆大盘鸡、东北大拉皮，无所不有。"来了就是深圳人"，不论你来自何方，绝大多数深圳人在香蜜湖美食街是不难找到自己家乡口味的。

按照深圳新的发展规划，香蜜湖定位为国际金融中心，美食街的热闹也走到了头。2021年摩天轮被拆除时，香蜜湖美食街的餐馆食肆也在挖掘机的轰鸣中被推为平地。相隔不远的两片建筑垃圾，诉说着香蜜湖的各自的繁华旧梦。

西丽湖度假村在 2019 年也正式停业了。事

2019 年，西丽湖度假村
别墅在改造中被拆除

实上在此之前多年，这里就已经门前冷落车马稀了。80年代水准的度假村，满足不了21世纪游客的需求，实属正常。当然西丽湖同样也不甘沉寂。这里已经云集了深圳大学、南方科技大学、哈尔滨工业大学（深圳）、深圳职业技术学院、清华大学深圳国际研究生院、北京大学深圳研究生院6所大学校园，是深圳高校最密集的区域。在深圳新的城市规划当中，西丽湖将是"国际科教城"的所在。

如果说香蜜湖、西丽湖的变迁，凸显的是深圳自己的发展变化，那么沙头角中英街的兴衰，却是反映了深圳与香港的此消彼长。

改革开放初始阶段，香港是深圳的一扇天窗，深圳人就此仰望星空，沙头角无疑是打开这扇天窗的窗把手。深圳人在这里触摸香港，并通过香港感知世界。

到了2003年，深圳人可以去香港"自由行"了，整个香港都在深圳人视线之内、脚步之内，沙头角人头攒动汹涌的场景，自然也就成了历史。它的功能转化，是"爱国主义教育基地"，算是恢复了中英街的本来面目。

此一时彼一时也，四十多年，已是沧海桑田。深圳，变得太快，快得连自己都难以相信过去自己的模样。

四十多年，深圳唯一不变的，就是她的多变。

今天的西丽湖大学城

匆匆的过客，本来不想匆匆过

"天地悠悠过客匆匆，潮起又潮落……"

一转眼，这首歌流行了30年。2022年夏天，当原唱者叶蒨文在一档以港乐为主题的综艺节目里再次唱起《潇洒走一回》时，在深圳引起的共鸣，恐怕是最多的。

当年，哼着这首歌来深圳闯荡的人，如今大多也和叶蒨文一样白发苍苍了。背井离乡来到陌生的城市，谁都想闯出一点名堂。但是谁都明白，自己大概率会成为这座城市的过客。

过客匆匆，潮起潮落。四十多年从未停歇。这就是深圳，这就是深圳人。

深圳的过客当中，不乏"如雷贯耳"的名字。本书是写上海和深圳的多重关联，谨选择一位上海文化名人在深圳的往事。

1984年2月2日，农历甲子年正月初一，《深圳特区报》上刊登了一篇文章，题为《恭喜发财》。

这是一句广东话，在彼时的深圳，大年初一正是街头巷尾"恭喜发财"处处相闻的日子。报纸上发这样一篇文章，似乎不足为怪。但是，一看文章的作者，是著名电影艺术家、作家黄宗英。

黄宗英2020年在上海去世，享年95岁。作为文化人，黄宗英的一生是很传奇的。她最早为人熟知的是她的电影生涯，在《乌鸦与麻雀》《丽人行》《小城之春》中都展现了出色的演技。60年代后，黄宗英更多的投入是写作，尤其是她的报告文学，堪称中国一流，《小丫扛大旗》《大雁情》《桔》……都获得了很高的评价。黄宗英还是社会活动家，热情有活力，数度去西藏，走过山山水水。

发表《恭喜发财》专栏文章时，黄宗英已是在深圳。

毫无疑问，黄宗英是早年"闯"深圳最著名的文化人。时至今日，说起黄宗英，深圳媒体总是不乏溢美之词。诸如，深圳文化事业的探路先锋，深圳第一家独立书店的创办者……

黄宗英的深圳创业之旅，却是一言难尽。

1983 年 11 月，58 岁的黄宗英来到深圳蛇口工业区。蛇口工业区管委会主任、深圳改革开放奠基人之一袁庚亲自接待，两位风云人物一见如故。那时候，深圳改革如火如荼，文化领域还没有大动作，黄宗英希望尝试以企业方式办文化，靠企业赚钱来支持有理想有才华的艺术家。黄宗英"以商养文"想法，立即得到袁庚的赞同。袁庚本人也爱好文学，对黄宗英敬仰有加。两人一拍即合，希望能在文化改革上闯出一条路。

1984 年 7 月，蛇口都乐文化娱乐有限公司挂牌成立，身兼董事长、总经理职务的黄宗英绝对是深圳的风云人物。不久，又在香港成立天下影视制作公司。公司的名字，正好应和了丈夫赵丹的遗言："愿天下都乐。"黄宗英说："我要在生命的底片上第三次曝光。"踌躇满志，溢于言表。

黄宗英来到蛇口，成为最早到达深圳的文化名家。创业是有风险的。黄宗英却说："风险是企业舞台上迷人的追光，我当乐而舞之。"

经营企业，终究不像拍电影和写文章那样，可以以自己的意志为转移。都乐公司运营一年，一直处于亏损状态。黄宗英还是一派乐观。通过袁庚牵线，请来"海上世界"前总经理王潮梁担任都乐公司总经理。黄宗英在《蛇口通讯》（《蛇口消息报》前身）上开的专栏里写道："终于请来了海上世界总经理王潮梁先生，王总是一位飞机设计师，从此我小小的公司要飞了，飞了！"

1984 年，黄宗英筹办的蛇口都乐书屋开业

有了都乐公司，黄宗英还想开一家都乐书屋。1984 年底去北京，她发现北京居然也有一家小书店叫做都乐书屋。倍感亲切之余，黄宗英欣然邀请北京都乐书屋的店主到深圳，担任蛇口都乐书屋的经理。

不久，售书款 2 万多元，以及各地出版社送来委托销售的一些名人字画，去向不明。公司解聘了北京来的经理，但无头账终究成了无头账。

都乐公司财务吃紧，黄宗英动用各种关系，前往北京找到中信公司，想方设法贷到了 55 万美元。

但是，首批 37.8 万美元通过香港南洋商业银行汇入了香港的影视公司的账户之后，去向不明。总经理王潮梁立即向交通部、文化部、公安部汇报。万幸的是，还没有汇出的 17.2 万美元被拦住了。但是已经汇出的 37.8 万美元再无踪影。

时光流逝，当年满城风雨的那 37.8 万美元，渐渐地被淡忘了。人们只是记住了黄宗英在深圳意气风发的模样。"出师未捷身先死"，大约就是黄宗英深圳的悲壮吧。

"风险是企业舞台上迷人的追光，我当乐而舞之。"毫无疑问，这是一个勇敢的女人才能说出的话。虽然最后创业失败，但她给深圳留下了宝贵的经验，还有她的才华、她的勇气。2018 年，深圳海天出版社出版了《黄宗英文集》，2 月 3 日，在深圳书城举办了"追忆世纪的目光·黄宗英"专题活动，可以被理解为深圳对黄宗英的致敬。

著名评论家李辉，是《黄宗英文集》的整理者。他在专题活动中发言说："1985 年，宗英老师'下海'了，可以说是在文人中'第一个吃螃蟹的人'。可是，宗英老师哪里懂生意经呢？书店没开多久就结束了，她又回到了上海。她就是这样的性格，兴致来了就去做，什么都敢试，哪怕未必都做得好。"

黄宗英成了深圳的过客，我们记住了她。还有更多更多的过客，那些外来妹、打工仔，以及失败的创业者，我们不认识，也没有办法记住。

几乎与黄宗英前后脚，另一位上海人来到了深圳。她也是文艺界人士——祝希娟，电影《红色娘子军》女主人公吴琼花的扮演者，时任上海青年话剧团演员。1983 年 12 月，祝希娟受聘来到深圳，担任成立不久的深圳电视台副台长。那一年，祝希娟 45 岁。

与黄宗英体制外的个体下海经商不同，祝希娟是体制内的人才流动。祝希娟不需要直面经济压力，所以黄宗英和祝希娟，虽然同样来自上海文化界，都是女性，虽然在几乎相同的时间点到深圳，开启新征程，两人并不具有特别的可比性。

当然，在比邻香港的深圳，祝希娟要担任电视台的副台长，也是重任在肩。

祝希娟到达深圳的时间是 1983 年 12 月 9 日。在火车站接受《深圳特区报》采访时，她说了这么一段话："深圳特区，经济建设突飞猛进，物质文明提高了，精神文明建设必须紧紧跟上。我要为深圳的精神文明建设贡献一份力量。"

这是一句场面话，但是时隔四十年回头看，祝希娟当时似乎隐隐约约感觉到了深圳缺少点什么，她又能做点什么。

1984 年元旦，深圳电视台试播。除了市长的新年贺词以外，当天最引人注目的节目，莫过于祝希娟主播的开台播报。祝希娟成了深圳历史上第一位电视新闻主播。同年，深圳市第二届文代会召开，祝希娟当选深圳市文联主席。

电视台副台长和文联主席只是社会身份。祝希娟在深圳更多地还是以演员和节目制作人身份出现的。

1984 年，深圳电视台拍摄了深圳历史上第一部电视剧《爱在酒家》，祝希娟是策划和制片人。

1989 年，深圳电视成立深圳艺术中心，祝希娟担任主任。最突出业绩莫过于由冯小宁导演，陈宝国、陈道明主演的《北洋水师》，堪称彼时中国历史题材电视剧中的代表作。获得当年中国电视剧"飞天奖"。

到底是"红色娘子军"出身，主旋律电视剧可以拍得如此入脑入心。

祝希娟在深圳

1998 年，祝希娟从深圳电视台退休，与丈夫一道前往美国与孩子团聚。

与黄宗英相比，祝希娟与深圳的"黏度"无疑要高出很多。祝希娟在深圳开始拍电视剧的时候，香港粤语文化在深圳处于绝对统治地位，深圳人的文化生活，是被 TVB 粤语剧牢牢占领的。可以想象，深圳台最初的原创电视剧，在深圳很少有人问津，但是当《北洋水师》诞生时，没有人可以小觑影视剧的"深圳制造"了。

初生的深圳在证明，深圳不全然是香港粤语文化圈的附属物，深圳是说普通话的城市，深圳是有自己文化的城市。祝希娟与深圳的契合点，也许就在这里。

像角马一样的深圳人，有的"牺牲"在马拉河，有的历尽艰难到达了目的地。深圳，就是这样一个马赛马拉大草原，吸引着成群的角马，前仆后继。这里面有黄宗英、祝希娟这样，无论成功和失败在聚光灯下引来无数关注与评说的人。

更多的人，只有自己知道，来了；只有自己知道，走了。他们和黄宗英、祝希娟一样，都是角马一般的深圳人。

贾燕就是其中一位。2022 年，当她在深圳龙华时尚小镇"古焉贾燕设计师工作室"构思着新的服饰作品时，她的思绪不时回到 1989 年秋天。恍惚中，看到一个懵懂的小姑娘，怀揣着刚刚拿到的中央工艺美术学院（现在的清华大学美术学院）毕业证书，下了火车，转了几辆公交，拎着

1993 年，在深圳已站稳脚跟的贾燕

行李走在深圳大学附近的大马路上。迎面开过来香港货柜车扬起的滚滚尘土，几乎把她纤弱的身体淹没了。

小姑娘就是当年的贾燕自己。作为家乡河北张家口第一个考上中央工艺美术学院的高材生，毕业没有能够留在北京工作，是一个不小的打击。深圳有什么样的机会，又有什么样的未知在等待着她？多年之后，贾燕回忆说，在她看来，当时的深圳就像开发中的"美国西部"。

辗转几家公司之后，贾燕身上积攒了 3000 元钱，在深圳一个叫做"白石洲"的村子里租下了一间"农民房"。村庄是十分偏僻的，距离国贸大厦直线距离大约 18 公里。距离蛇口工业区 12 公里，完全是孤悬在繁华之外的一个乡村。唯一

能够证明此处地处特区的，是隔着深南大道斜对面的山坡上，中国第一个微缩景观"锦绣中华"已经开业，旁边的"世界之窗"正在建设，"埃菲尔铁塔"已经看得到了。

贾燕当时并不清楚，她租住的村子白石洲，是深圳最大的城中村，但是她确切地知道，很多和她一样拿着边防证、背着行囊闯深圳的人，都在这里落脚。几百个像白石洲一样的村子，储集了深圳大约70%的常住人口。

找到安身之所，贾燕要考虑如何养活自己。深圳不是北京，拿出一张名校毕业证书，根本不能证明什么。当时的深圳没有高端服饰产业，让这位服装设计专业毕业生一展拳脚。

但是，深圳有夜场，北京、上海、广州都还没有。深圳依托香港而诞生，文化生活也深受香港影响。

香港娱乐文化影响到的第一个中国内地城市，是深圳。经济特区建立之初，深圳就有了香蜜湖、西丽湖的夜总会和音乐茶座。随之，形形色色的夜总会、歌舞厅、酒吧流行于深圳。

有夜场演出，就需要有夜场演出服装。住在白石洲，贾燕每天晚上坐公交车辗转于深圳各大夜场。格兰云天、三九酒店、水上巴黎……夜深没车了，坐"摩的"赶场，串流于夜场歌手、乐手、舞者之间，为他们量体裁衣。

号称深圳最大城中村的白石洲，
是众多深圳人在深圳的第一个落脚点

日复一日，白石洲周边热闹了起来。"世界之窗"开放了。深夜贾燕"下班"回来时，总是能看到"埃菲尔铁塔"狂欢晚会盛放的焰火。

久而久之，贾燕打出了一点名气。一所中学参加合唱比赛演出服的单子找上了门。中学合唱团进京演出，大获成功，在深圳演出服装市场上，设计师贾燕的名头，也就打响了。

中央电视台"香港早晨"大型演出服装；

深圳音协合唱团赴马来西亚、新加坡演出服装；香港纪念邓丽君演唱会演出服装；深圳艺术学校赴法国演出服装……

陈萨、李云迪两位钢琴家的演出服装，也出自贾燕之手。

贾燕积攒了一点家底，她买下了商品房，离开了白石洲出租屋。

虽然完全不相识，但是几乎与贾燕"前后脚"，一个来自海南岛的小伙子来到深圳，在白石洲一间出租屋栖身。

小伙子起初在餐厅打杂，后来凭着音乐的天赋和爱好，在深圳的酒吧跑场、驻唱。

蛰伏酒吧 5 年之后，小伙子凭着一首《有没有人告诉你》，在 2007 年"快乐男声"大赛上一举夺冠。是的，他是陈楚生。成名之后的陈楚生，也很快离开了白石洲，在流行歌坛混得风生水起。

从深圳城中村走出的歌手陈楚生

来了贾燕，走了贾燕，来了陈楚生，走了陈楚生。谁来了谁走了，在白石洲都不会惊起什么波澜。白石洲有 2527 栋"农民房"，有 20 万流动人口、人声嘈杂、方言混杂、油烟弥漫、脚步匆匆，日复一日。

直到 2018 年，一条"惊天"消息爆出：白石洲的"农民房"将要被拆迁，取而代之的，将是整洁的商品房小区。深圳最大的城中村，将不复存在。

陈楚生听说了这件事，心中很有些感慨。他为白石洲写了一首歌，歌名便是《白石洲》：

　　　　那时的日子很难　梦很多　行李简单

　　　　楼下的房东太太　常常催单

　　　　那里的街道很乱　夜晚却总不散场

　　　　那里的人很亲近

楼与楼的距离只是缝隙

我住在塘头一坊12栋的308房

和她在一起的日子不短也不算太长

如果你路过308的时候

也许会听到

我在唱

2016年白石洲村打台球
的打工者（秦军校摄）

这首歌是陈楚生唱给自己的，也是唱给他曾经居住的白石洲的，更是唱给无数在城中村落脚的深圳人的。

一个城中村的"旧改"和消失，对深圳来说实在算不上什么。这座城市每天都在告别一些东西、一些人。但是，对于在城中村里安身立命的深圳人来说，是关系到他们能不能继续成为"深圳人"，能不能继续在这座城市谋生。

有一条关于华为和城中村关系的评论说："如果当时的粤海街道以及周边，没有便宜的城中村住宅，又没有深圳大学，任正非恐怕无法招募到能够一起创业的年轻人，也就无法在这片滩涂中淘到创业之金。"

住在城中村，几乎是成为深圳人的第一步。没有城中村就没有今天的深圳。但是，深圳城市发展对空间的需求，又吞噬着城中村。每一次"旧改"，总有一些深圳人被剔除出"深圳人"的行列。这里面固然未必有未来的任正非、马化腾，但一定有很多还没有成为"贾燕"的贾燕、还没有成为"陈楚生"的陈楚生，"天空没有留下痕迹但鸟儿已经飞过"……

工厂的开办和倒闭，行业的兴盛和衰落，产业的兴起和转移……四十多年，相似的场景无数次在深圳循环着。

每一个深圳人，都是角马。每一个深圳人，也都有可能成为过客。这里面关乎本领，关乎时势，关乎机会，也关乎运气。

熟悉的陌生人，会有一天不陌生吗

让我们再次把目光聚焦一个重要的地标：沙头角。

2022 年 6 月 3 日，一条不大不小的新闻是关于沙头角的：香港正式向居民开放沙头角旅游；沙头角将纳入香港北部都会区发展计划，成为后疫情时代香港经济复兴大计的一部分。

2024 年初的中英街

深圳这边闻弦歌而知雅意，立即宣布与香港携手发展沙头角跨境旅游消费区。

此一时彼一时也。有多久没有看到沙头角"上头条"了？这条新闻对于深圳人来说，不免有恍如隔世之感。

许多人只知道沙头角有许多香港货，并不知道沙头角本身。除中英街一侧之外，沙头角原来是深圳的一个镇，现在是深圳的一个街道。

请看一条旧闻：

深圳经济特区内（2010 年 8 月之前，特区范围限于"二线关"之内）最后一个镇——沙头角镇，在经历 12 年风雨后完成历史使命，于 2002 年 6 月 18 日被撤镇建街道办事处。与此同时，新设立的沙头角和海山两个街道办事处挂牌成立。这标志着沙头角地区将全面推进城市管理。

沙头角地处深圳东部的盐田区，与香港山水相连，因"日出沙头，月悬海角"而得名，镇内的中英街更是远近闻名的"购物天堂"。沙头角于 1990 年设镇，目前已成为深圳特区东部重要的出口加工基地、商贸中心和盐田区政治经济文化中心。2001 年，该镇实现国民生产总值 22 亿元，工业总产值 188 亿余元，出口总值 23 亿余美元，并完全实现了城市化。

曾经担任过沙头角公社书记的张润添，有一段回忆很有意思——1974 年的一天，我被任命为沙头角公社书记，当时沙头角连一条像样的公路都没有，也没有自来水，公社一直是租用民房办公，条件非常差。

今天的沙头角中英街

除了穷，沙头角还面临一个严峻的问题。沙头角有一条 250 米长、不到 4 米宽的小街，名叫中英街，街上有 8 处界碑，以界碑连线为界，一侧是深圳，一侧是香港。当时，我们这边不论居住条件，还是生活水平，都跟对面的香港相差巨大。由于两地收入悬殊，沙头角很多人都逃去香港了。20 世纪 80 年代，中英街以物美价廉的商品，吸引了来自全国各地的游客，一时间小街店铺林立，游客摩肩接踵，成为闻名遐迩的"购物天堂"。最鼎盛的时候，每天都有近 10 万人到中英街购物。沙头角群众的生活逐渐好了起来，镇里成立了股份公司，每年都有分红，跑出去的人又纷纷跑了回来。

这就是沙头角的变迁。

如今，不再有人刻意去沙头角了。沙头角曾经有过的香港气息，深圳尝试了很多。这就是深圳的特质。

80 年代，中央政府对香港"50 年不变"的承诺，被高度概括为三句话"马照跑，舞照跳，股照炒"。深圳都尝试过。

"舞照跳"——深圳夜总会歌舞厅是领全国风气之先的。陈汝佳、戴军、陈明、黄格选、陈楚生……中国内地歌坛第一次出现"酒吧歌手"群体。

"股照炒"——深圳证券交易所与上海证券交易所前后脚开张，深市沪市成

1992年竖立在深圳深南路红岭路口的邓小平画像

为中国内地两大证券市场。

"马照跑"——深圳也仿效过。1991年4月18日，深圳赛马俱乐部成立。1992年，深圳赛马场推出"猜头马"的游戏，兑奖率定为"一赔三"。也就是说一旦猜中头马，可以获得门票面值（后来改为投注额）三倍奖金。这种初步具有一些"赌马"味道的玩法，一时引起轰动，应者云集，但是很快在社会上引起强烈的争议。虽然一度得到主管部门的默许，但是受到社会舆论的批评。深圳毕竟不是香港，更不是澳门，"马照跑"是不适合深圳的。1997年2月，深圳赛马活动宣告结束。

香港，深圳；深圳，香港。总是在深圳看得到隐隐烁烁的香港。

仿佛突然之间，占据统治地位的港式粤语文化退场了。深圳，更像是广东的"北方"城市。大致上，2000年前后来到深圳定居的非广东籍人，不太会说粤语了。

究其原因，是深圳与香港之间的关系变了。深圳的"幼年"时期，深圳人是透过香港的眼睛看世界，并用香港的语言来感知世界的，所以才会学习香港口音的粤语，模仿香港人的言行举止，用粤语词汇表述生活中的事物，甚至用粤语称谓国际上的人名、片名和地名——就像把英格兰球星贝克汉姆叫成"碧咸"。

有一天，香港不再是高高的天窗，而是前庭或者后园，可以闲庭阔步了。2003年深圳开通香港自由行，深圳市民可以每个周末去香港购物。香港不再神秘，不再遥远，也就不再那么高高在上了。小小沙头角、中英街，更是早已退出大多数深圳人的视线。久而久之，香港成了深圳人的购物中心，搭机飞往国外旅游的转机机场。可以走着去的香港，不需要仰视。

深圳的自我意识，似乎也是在与香港一定程度的疏离中萌发的。

深圳向香港证明了深圳不是山寨版的香港。

深圳还需要证明的是，深圳是怎样的深圳。

这需要证明吗？

深圳是中国最重要的经济特区，中国特色社会主义先行示范区，粤港澳大湾区核心引擎，中国高新技术产业中心城市……华为手机、大疆无人机、比亚迪电动汽车，微信、QQ……都是深圳制造。

除此之外，深圳人的方言，深圳人的餐食习惯和口味，深圳人的糙话口头禅，深圳的作家艺术家……

我们很了解深圳，但是我们很不了解深圳人。很不了解属于深圳的市井文化，属于深圳的民俗习惯。深圳很像是一个"熟悉的陌生人"。

迄今为止，在中国的方言体系中，并没有"深圳话"的记录。

餐食和食品，是地域文化最基本的特征。北京有烤鸭、炒肝、豆汁、茯苓夹饼；上海有浓油赤酱、生煎馒头、鲜肉月饼；西安有羊肉泡馍、肉夹馍、臊子面；成都有辣子鸡、麻辣烫、串串。还有以往的苏州豆腐干，无锡肉馒头，小小

对于很多深圳人来说，连吃饭的时间也是金钱

30年前在宿舍阳台吃饭的外来妹们，今天是在深圳跳广场舞，还是在老家含饴弄孙？

的南翔还有非遗的小笼馒头……

餐食文化与一个城市的关系，应该是脱口而出的，条件反射的，不假思索的。

深圳呢？

对不起，目前还找不到众望所归的"形象大使"。姑且以《舌尖上的中国》为参考。《舌尖》来到深圳，拍摄的"客家大盆菜"更像一种非物质文化遗产，而不是民间美食。况且，城中村原住民的餐食习性，与一般意义上的"深圳人"是有相当距离的。

《舌尖》在深圳拍摄的最重要的饮食场所，是富士康公司的大食堂。工业园中央厨房，用工业化模式制造一日三餐。大食堂每天耗费2吨鱼、3吨猪肉、15吨蔬菜、15吨大米。满足8万员工的日常消耗。这场大戏，申请吉尼斯纪录更加合适，作为深圳的美食，是太勉强的事情。

《舌尖》关注的另一个深圳人是工厂技术人员徐磊。徐磊晚上在家里和妻子一起制作家乡口味蒸腊鱼。徐磊夫妇是湖南人，蒸腊鱼是他们从小吃到大的家乡菜。"一碗蒸腊鱼，就可以暂时把他们带回遥远的故乡。"片中这句解说词，让更广泛更五湖四海的深圳人"扎心"了，

深圳人的"吃"，就是这样。工作日，以工业化的方式填饱肚子；闲暇时，用老家的口味犒劳自己的味蕾。这种犒劳可以在家，也可以在家乡口味的餐馆食肆。这就直接导致了深圳餐饮市场百花齐放，湘菜一枝独秀的局面。只是，堂堂深圳特区、一线城市，甘居"第二湘菜之都"，总是有些不太相宜的。

正餐如此，早餐就更不必说。上海有"四

1984年的深圳，人民北路上的一家蛇餐馆。吃蛇是广东人的最爱，深圳可以吃蛇的饭店也非常多

自由食街

大金刚"，天津有煎饼馃子，武汉有热干面，广州有早茶，俨然是城市的又一张餐饮名片。深圳呢？无论是面包店、洋快餐，路边早餐车出售的那并非新鲜出炉、带有显著工业化特征的豆浆和包子，都是不足以成为一座城市的早餐代表。

说过了吃，再来说说"说"。大城市或某个地域，都有标志性的糙话和口头禅，虽然有欠文明，却也是个性分明的市井语言。北京人的"傻X"，东北人的"你瞅啥"，上海人的"册那"，四川人的"龟儿子"，广州人的"丢……"。深圳人是太文明了吗？没有一句糙话口头禅，来自深圳"制造"。深圳街头发生骂战，听到的口音和用词一定是五花八门的。

俗文化不俗，雅文化也就难雅——具有地域文化之雅。大城市和某种文化圈，都有代表性的作家，北京，前有老舍，后有王朔，局气脾气不一而足。上海，从张爱玲到王安忆，半个世纪的美丽与哀愁尽在其中。西安就更不遑多让了，陈忠实、路遥、贾平凹，一听到这些名字就让你有"八百里秦川尘土飞扬"的身临其境之感……

深圳当然是有作家的。深圳市作家协会副主席杨争光，是全国著名的作家。但是，杨争光最主要的作品，如《老旦是一棵树》《黑风景》等，大多是以他的家乡陕西为背景的。

至于标志性的影视剧，北京有京味的《渴望》《我爱我家》《编辑部的故事》，还有冯小刚的"冯氏喜剧"；上海有沪语的《孽债》《爱情神话》；就连广州，也有一部将近4000集的粤语《外来媳妇本地郎》短剧，至今播了二十多年。

深圳从90年代的《北洋水师》到2000年代的《钢铁是怎样炼成的》，直到2020年代的《扫黑风暴》，收视率很不错，稍稍尴尬的是，它们讲的都不是深圳的故事，人们并不能从中感知深圳。

深圳，无处不在。深圳，又难以找寻。如果一定要在深圳找出某些让人条件反射、不假思索、脱口而出就能想到的东西，"996"也许可以算吧？然而，这是一种什么样的"土特产"呢？

深圳啊深圳，四十多年前，因"打工"而广为人知。四十多年之后的今天，广为人知，仍然是因为"打工"。

四十多年，从30多万人到2000多万人，深圳本质上仍然是一座打工的城市，而不是生活的城市。纵然经济实力雄厚，纵然产品行销世界，深圳仍然没有形成自己鲜明的文化特征，尤其是自己的市井文化，仍然是一个"熟悉的陌生人"。

深圳，需要人们在这里打工。深圳，更需要人们在这里生活。生活，才能让"深圳"这两个字在人们心中有更多的温度和质感。

深圳历史不长，但是第一代在深圳经济特区工作的人，也到了退休的年纪。虽然很多人的儿女在国外，或在外地，但是他们自己，已经习惯在深圳生活，不愿离开。

当一代又一代人终老深圳，而不是成为深圳的过客时，深圳也应当会沉淀下来一些什么，展示出现在还未能展现的个性文化：关于语言，关于餐食，关于文学，关于市井，以及关于生活的一切。

2023年，以深圳为背景地的
电视剧《青春之城》

12. 城市沧桑感，也可以抚今追昔很性感

荣辱和做派，有什么关系？

每个人都有自己对荣辱的理解。以什么为荣誉，以什么为羞辱，决定了一个人为人处世的做派。城市，像有个性的人。岁月沉淀，不同的做派，也就有了不同的沧桑。

上海的荣辱观体现在如何做人："认认真真演戏，清清白白做人。"

虽然这只是电影《舞台姐妹》中的台词，很朴素很平实，但是内涵丰富，体现的是上海人价值观的传统和上海城市文化的先进。

深圳的荣辱观是从如何做事开始："时间就是金钱，效率就是生命。"以抓住时间为荣，以浪费时间为辱；以有效率为荣，以没效率为辱。

这里面多少有一点"社会达尔文主义"，但是如果没有这种荣辱观，很难想象会有"三天一层楼"，会有深圳速度，会有今天的深圳。

如何做人和如何做事，是上海和深圳两个移民城市价值观的起始站。

上海为什么盛产领域精英

在论说上海的城市文明公序良俗的建立和维护时，很少有人关注到，上海有一个领域以及这个领域的精英，所起到的作用是被低估的，甚至就没有意识到他们是有作用的。

这就是上海律师界。

2022 年 12 月 9 日，上海外滩中心。上海联合律师事务所从原来的 17 楼迁至48 楼，律师所自称是"乔迁"，但是出席乔迁仪式的嘉宾说，从 17 楼搬到 48 楼，不是乔迁，是升迁，说明事务所事业鼎盛；更上一层楼已是不易，联合所却是直达顶楼。举办仪式的这一天，恰是联合律师事务所成立 38 周年纪念日。

有人问起为什么会取名"联合"？回答说，当年注册时，已经有 8 个律师事务所，从第一律师事务所开始排序，"联合"应该是排名第九。几位合伙人觉得

"老九"不好听，没特点，于是取名"联合"——联合的价值，价值的联合。

40 年前，也就是 1984 年，上海已经有了 9 个律师事务所。到了 2022 年，根据上海律协的官方统计，上海共有律师事务所 1660 家，律师 35065 名。

不仅如此，从 20 世纪 80 年代开始，上海的律师界是中国律师界名副其实的旗舰。从郑传本、李国机一代在老百姓中树立起了律师形象，上海就是名律师的舞台。朱洪超、江宪、陶武平、鲍培伦、翟健……他们代理过轰动全国的民事刑事案件，还多有因为他们代理而峰回路转的名案——

1987 年，于双戈抢劫银行案，已故律师郑传本担任于双戈女友蒋佩玲的律师；

1993 年，陶武平受理了影星刘嘉玲肖像权案；

1997 年，朱洪超受理了弹词名家杨振雄遗稿和文物案；

1998 年，翟健受理了屈臣氏搜身案；

1999 年，江宪受理了大韩航空货机坠落莘庄索赔案；

2003 年，鲍培伦受理了余秋雨诉古远清名誉权纠纷案。

……

需要特别放大指出的是，上海这一代律师的声名遐迩，是与中国大陆法制建设同步的。

还必须稍加说明的是，上海律师界的群星璀璨是有历史底蕴的。中国最早的律师组织，原上海律师公会，成立于 1912 年 12 月 8 日。那天联合律师事务所的"升迁"，也是翻过"黄道吉日"的。

律师是各项律的卫道士。一个城市的律，包含了自律、他律和公律，文明程度越是高的地方，自律、他律和公律越是完备的地方，律师越是聚集。上海的秩序，是有自律、他律和公律的秩序。

上海律师界对上海的作用，也包括全国律师界对中国的作用，被低估的缘由，大约是和律师业的收入太高过于社会平均水平有关。

上海律师界精英辈出，还可以更深地论证另外一个事实，相比较于捆绑式的冲锋陷阵，人浪出击，上海人更富有一夫把关的灵性和独立作战的能力。做一个比喻，上海人拔河是低水平，一对一的对弈却是高手。果然，上海的象棋、围棋、国际象棋，高手辈出。

上海总是在某些领域里群英荟萃。恰是在联合律师事务所乔迁仪式上，有年轻律师，私底下既是崇敬，也是无奈地表示，上海这一代律师太辉煌了，以至几十年把中国律师界压得出不了头了。

上海一直是领域精英的用武之地，而且这些领域往往是重要领域。

上海有 68 家三甲医院，从来不是上海人独享的社会福利，数量上似乎不敌北京的 84 家，但是北京 84 家，包括了国家级和部队的三甲医院；属于北京卫健委管辖的三甲医院不会比上海多，而北京的地域面积要比上海多 1 万平方公里。

再作事实的推理，上海的医学专家从来就是顶流的。经常会听到，不少病人是舍北京而来上海的。上海医生的社会知晓度和领域内的权威性，是在疑难杂症甚至起死回生的抢救中建立起来的。

很有可能，某个专家年轻时是从小地方考入上海医科大学的，就像平时去三甲医院就诊遇到的，往往是被私底下叫做"外地人小医生"；几十年后，他就是大上海被信赖的专家。张文宏医生当年就是众多"外地人小医生"中的一个，当然张文宏是佼佼者。

马尚龙某次去新华医院做讲座。新华医院的医生，大约有一半以上来自全国各地；新华医院本身以医治儿童白血病著称。

在和年轻医生交流时，马尚龙问了他们一个问题：各位都是医科大学毕业的，各位的省城也都有三甲医院，医院的硬件设备和上海没有落差，你们为什么没有留在自己省城的三甲医院，而要背井离乡到上海来工作？同时你们家乡的亲戚若是患了重病，一定会托你们在上海找一家医院找一个好的医生，为什么他们要舍近求远，不在省城医院就医，而要到上海来？

有年轻医生回答说，是上海医院经验丰富。马尚龙不完全同意这个说法：为什么上海医生经验比别地方的医生丰富？内在的原因，在于上海医疗事业底蕴深厚，上海为医生领域建立起来的天地更加宽敞，也可以说上海为医生领域建立了更有尊严感、成功感，更有公平公正培养机制的保护围栏。这就是上海秩序发生的作用。

同样的现象，中国航天、航空、航海制造的精英集中在上海。出于国家机密的原因，很多人的名字不能被公开，我们也就无法像熟知专家门诊的医生一样熟知他们。这些上海精英，并非都是上海籍人，但是就像张文宏一样，他们属于上海。

再往前推，上海的技术革新能手层出不穷，像抓斗大王包起帆，像"小太阳灯"发明者蔡祖权……都是上海人。

即便是走到最基层最普通的车间、学校、机关、文化团体，还是会很容易发现那些满是精兵强将的部门小组，他们发挥的作用就是精英的作用。

上海人善于个体努力，不习惯团伙作战，但是上海人又善于建立起一个领域的优势，在优势领域里，他们依旧享受着自己个体努力个体成名的传统。每个个体，都是在独善其身，但是他们所努力的领域，足以兼济天下。

上海的精英，是领域精英，在某个领域里，上海精英形成强大气场；以领域的名义"称霸"中国；也或者说，上海精英，往往诞生在重要领域、精英领域，上海是重要领域、精英领域的培养基地。

在精英领域里涌现了一代代的上海精英，其中有很宏大、很立体的原因，但是一定离不开人文的原因。上海制造归根结底是人文制造，而在人文制造中，上海秩序是最根本的秩序制造。

本书第 10 章，着重讨论了上海公序良俗的由来。

上海公序良俗的座右铭"认认真真演戏，清清白白做人"，是跨越了几个年代的荣辱观。非常直白的一句话，深深影响了一代又一代上海人。探究进去，一定有深层次的原因。为什么要认认真真演戏？为什么要清清白白做人？因为这样做是可以得到社会良性回报的。当上海的个体和社会呈现良性互动时，体现出的是属于上海的社会秩序——"上海秩序"。

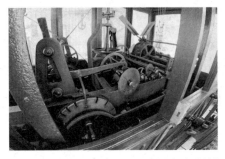

外滩大自鸣钟机芯齿轮组合

上海大约是中国最容易聚集父母官（老领导）、老法师、老实人三类人于一体的城市了。三类人分属三个层面，在一个领域、一个单位甚至一个车间里和谐共生的时候，会形成齿轮组合效应。

回忆起上海的辉煌和成功，不难发现，都是这三个齿轮咬合得特别默契、特别润滑的时候，所产生的能，叫做上海秩序。

世界上不存在只有公序没有良俗的社会，也不存在没有公序只有良俗的社会；公序和良俗，也是齿轮组合，共优共劣。上海秩序，是创造了上海公序和良俗的良性互动。

近半个多世纪中国各大城市，都有各自的"制造"品牌，时至今日，有的云淡风轻地消失了，有的在"转型升级"中不见踪影。唯有"上海制造"，依旧是上海的骄傲。骄傲就骄傲在它来自上海秩序所带来的人文力量。

一座城市，有什么样的荣辱观，就有什么样的做派。有什么样的做派，就有什么样的人文秩序。

"深圳速度"奔跑 40 年，有了"快"，还要有"脸"

深圳的秩序又是什么？

和上海"同曲同工"，甚至比上海早走一步的是，1950 年代之后中国内地第一家律师事务所——深圳市蛇口律师事务所，成立于 1983 年 7 月 15 日。它是引入外资、开门作揖之前必须摆出来的身段。深圳发展四十多年的历史证明，自律、他律、公律是何等的重要。

从社会发展角度来说，深圳犹如孙悟空从石头缝里蹦出来，是一个被构建出来的城市。建立经济特区四十多年来，她产生了如此之多的"观念"，不断冲击着中国人的神经。即便一个没有到过深圳的人，通过这些话语，对这座城市的逻辑也会略知一二。

"时间就是金钱，效率就是生命"，"深圳的经验就是敢闯"，"空谈误国，实干兴邦"……石破天惊的口号体现了石破天惊的价值观。

或许可以用一个字来概括深圳的价值观：快。

"快"这个字是写入深圳历史的。1992年1月22日，邓小平结束在深圳的视察，在蛇口码头登船前往珠海时，对前来送行的深圳市领导说了这么一句话："你们要搞得快一点！"

深圳的秩序，或许就蕴藏在这一句话里。

四十多年，这座城市的样貌就像走马灯一样，让人目不暇接。区区数年，恍如隔世。深圳几乎每一块地方都能给人以这种感觉。

建设是快的，变化也是快的。

八九十年代去过深圳的人，几乎都去过"香蜜湖度假村"，这在当年是一个非常重要的旅游环节，里面有"中国娱乐城"，号称中国内地第一游乐场，那里的过山车、摩天轮的高度都是在世界上位居三甲，在亚洲排名第一的。有多少中国人第一次乘坐过山车发出的尖叫，第一次乘坐摩天轮发出的感慨，留给了香蜜湖？当年香蜜湖逢年过节涌入游客的人数，即使放在后来的"黄金周"国内景点客流量排行榜，也是可以名列前茅的。

没过几年，主题公园兴起，香蜜湖游乐场衰落了。香蜜湖摇身一变深圳最大的美食城。深圳几乎任何菜系的"名店"，在香蜜湖都能找到。

美食城维持了十多年，香蜜湖又要变了。这一次要建设国际金融中心。于是，每天晚上觥筹交错的香蜜湖美食城，在挖掘机的轰鸣声中消失了。香蜜湖的每一次改变，都会伴随着深圳人某种生活方式的永久改变，也会让深圳人感到不适和不舍。游乐场倒了，美食城拆了，很多人的青春、欢乐以及许多人间烟火还没有来得及好好回味，就永远地埋藏在了那里。然而，即将崛起的国际金融中心，能领风骚多少年？它会不会是香蜜湖今后日子里永久的样貌？

也许再过几十年，香蜜湖还会有更加"高大上"的发展。但毫无疑问的是，香蜜湖是深圳四十多年的一个缩影。它体现了这座城市的秩序：快，快到来不及仔细品味上一个瞬间的自己。

小到香蜜湖，大到整个深圳特区，概莫能外。

一切都变化太快，以至于记忆往往来不及形成和积淀，就消失不见了。

第 11 章中提到的服装设计师贾燕，她在深圳最初的落脚点是城中村，闯出了一点名气，有了一点订单之后，她买了自己的房子，走出了城中村。后来，她有了自己的工作室，成了深圳有相当影响力的服装设计师。

服装设计师贾燕

如果今天贾燕想去看一看当年曾经住过的城中村，缅怀一下自己闯深圳的"峥嵘岁月"，不可能了。她当年居住的白石洲村，已经成了最大的旧城改造工地。随着村子的拆迁，很多像当年的贾燕一样在村子里居住，编织着"深圳梦"的人，可能就失去了在深圳的落脚之地。村子拆迁之后的商品房，无疑是买不起的。随着越来越多的城中村旧改，同样廉价的房子也很难租到，作为深圳人的历史也许就这样结束了。

一方面，深圳城市的样貌正在不断地切换、变化。一方面，深圳人自己也在不断地"大浪淘沙"。

这样的城市必然是日新月异的，同时在某种程度是残酷的。这些年也有很多社会人文工作者呼吁：深圳，是不是应该稍稍放慢你的脚步，让城市多一点记忆，多一点积淀？

这种呼声当然是合理的，但是，不能脱离深圳的本质属性。这是一座以珍惜

深圳城中村·湖贝村的俯瞰和深入

时间为荣，以浪费时间为辱，以敢闯为荣，以畏缩为辱，以成功为荣，以失败为辱的城市。

但，这会是永恒吗？

快是深圳的价值，变是快的结果，但是在拥有了"快"和"变"之余，可能深圳还需要"脍"。

"脍"的本义是"细切的肉、鱼"。在《论语·乡党》中，有进一步的诠释——食不厌精，脍不厌细。口渴时需要牛饮，云淡风轻时需要品茗。

"脍炙人口"是美食，享用美食是需要坐下来细嚼慢咽的，如果行色匆匆，三口两口，那是快餐。快餐当然需要，如饥似渴时，必须是快餐点饥，赏心悦目时，则需要美食辅佐。

来了就是深圳人，体现的是快：来得很快，求职很快，转变身份也很快。做了深圳人之后，还是要保持快，不快就做不了深圳人，同时也要追求"脍"了，一个终日快餐之人，是漂着的人，是不精细的人，是沉不下心的人。

深圳人如此。深圳也如此。

无论将来怎样变化，深圳终究是一座属于角马的城市。在可以预见的将来，"快"仍然将是深圳基本的秩序。只是，会伴随着更多的规则、更多的温度、更多的人文关怀，让角马不会有太多的孤单与疲惫，让角马的马赛马拉草原，还留有郁郁葱葱。

上海石库门和深圳城中村的离歌

城市就像一个人，是有肌理和五官的。肌理和五官同时存在，是历史，是沧桑，是性感。

修建前的张园

更原生态的步高里

上海既有像外滩"万国建筑群"代表着一个时代的西式建筑，也有代表着上海人最基层生活的石库门建筑，还有像陆家嘴这样的代表着20世纪90年代上海"一年一个样，三年大变样"的新兴建筑，也有许多的老马路、老洋房等等。

就说像石库门这样的房子，虽然住在里面的时候可能觉得生活非常不方便，但是，站在历史的高度，去看这些房子的形成，以及曾经有多少平凡的人和不平凡的人，在这里面居住过。石库门当然是有生命的，是上海很性感的存在。尤其是上海市井气息的积聚和散发，石库门是一个美妙的储存罐。它并不只是属于上海的历史，也属于上海的现在。

现在很多石库门正在被拆除。即便不拆的话，很多情况下也是把石库门里面的居民清空，利用被清空的石库门，建了不少所谓的民俗博物馆，且不说大多民俗博物馆只有俗，最要紧的是，原先的石库门真实烟火气荡然无存。

上海和深圳，当然各有各的沧桑，各有各的性感。如果说，上海的性感之处在于石库门，那么深圳呢？榜上有名的当然包括曾经引领时代潮流的国贸大厦，以及今天构成深圳天际线的那些摩天大楼，还有沙头角中英街之类构成深圳人文历史的地方。

城中村 9 图,深圳人"都市里的村庄",深圳的 B 面

除此之外，还有一个地方是不可忽视的。那就是城中村。中国大城市都有城中村，但是，如果要评选中国十大城中村，深圳城中村一定名列前茅，而且，不得不看到，城中村也是一种对深圳具有特殊意义的城市文化。

从城市发展的角度来说，城中村是应该拆掉的，但是城中村里面有许许多多动人的故事、动人的传说；哪怕是村里一个很老旧的路标、门牌号码，一个象征性的历史遗迹，都是这座城市性感的一部分。

2022 年 10 月，马尚龙到深圳，和马骥远继续讨论本书的话题。马尚龙入住希尔顿酒店。酒店的北面是深圳最宽阔的马路深南大道，属于景观之面，南面则是深圳中心区最大的城中村岗厦村。马尚龙形象地将这两面称为深圳的 A 面和 B 面。因为深南大道正在修地铁，噪音不断，马尚龙选择了直面城中村的客房，因此，意外地与深圳城中村有了一次俯视式的"亲密接触"。

从深圳希尔顿酒店看下去的城中村

城中村，是深圳一个客观存在却往往被人们忽视的切面。被人们熟知的深圳，是她的另外几层切面。经济特区，改革开放的窗口，中国内地度假村、主题公园的发源地，香港自由行、出国旅游的中转站，中英街、华强北、腾讯、华为、大疆……

这些都代表着中国人眼中的深圳，这是高端大气上档次的深圳。

眼前的城中村呢？人声嘈杂，油烟弥漫，鸡飞狗跳；楼房破旧拥挤，隐患连连，甚至藏污纳垢，"亲嘴楼""握手楼"随处可见。

这也是深圳。或者说，这个切面的深圳，同样是不可忽视的存在。第 11 章已经写到了贾燕等很多人在城中村的起起伏伏。城中村是大多数打工人在深圳的第一个落脚点。有的人从城中村走出来了，更多一直待在城中村里，还有很多人

深圳城中村的"握手楼",两楼之间真的是可以握手的　　　　深圳城中村,握手楼之间的天际线

甚至从城中村退回了老家。

城中村就一直存在着,成了深圳特有的文化载体。

作为深圳重要文化名片的大芬油画村,本身就是一个城中村。

说到大芬村,马骥远想起 2010 年采访上海世博会的往事。深圳馆的外立面是一幅巨大油画"蒙娜丽莎",是由大芬油画村的画匠集体绘制的。在深圳馆不远处,是意大利博洛尼亚馆。意大利人看到这幅"蒙娜丽莎"画,或许会想不明白,中国人为什么会画这样一幅"蒙娜丽莎"?意大利人更加不会想到的是,这幅画并不是艺术作品,而是工业化产品,它是大芬油画村 507 名画师用手工业化的方式集体制作的。

大芬村的画师,就像富士康生产线上组装苹果手机的工人,是"生产"名画的工人。他们的"产量",左右着欧美仿制艺术品市场的行情。一幅大芬村出品的梵高油画,在阿姆斯特丹可以卖到 400 欧元。而绘制它的大芬画师,能赚到的还不到 400 元人民币。

大芬,不仅仅是一个村,是深圳人的寓言。这样的地方,在上海是不可能出现的。上海也曾经有过油画村,但是没多久就自生自灭了。在上海做画家,要有自己的画室,有自己的做派,这是成为一个画家最起码的条件。上海是个光鲜的城市,要融入到光鲜当中去,才可以做有光鲜的事情。

大芬油画村

深圳则不同。在这里，不用把自己当成"人"。确切地说，是可以放下一切矜持和自尊。在城中村租一间简陋、廉价的房子，过着艰苦的生活，赚取低廉的收入。没人在乎你是谁，也没人在乎你明天还在不在这里，除了房东以外。城中村对于深圳人的意义，就在这里。

如果有一天没有了城中村，深圳还是深圳吗？当深圳的切面在不断切换时，不能让很多人的共同记忆最终成为空壳。当然，这不仅仅是一个历史记忆的问题。城中村像是马拉河对岸的马赛马拉草原，初涉深圳，似一匹角马，是将它当作生存栖息之地，如果城中村没有了，角马还会冒死来吗？

大芬有个很有名的画师，应该说画匠，叫赵小勇，15岁初中毕业来到大芬。赵小勇20年临摹油画不下10万幅，最擅长模仿梵高的画，人称大芬村的"梵高"。他凭借肌肉记忆就可以在几小时内把《向日葵》等名画画下来。"大芬村梵高"的名气越来越响，赵小勇对梵高就越是好奇，下决心要去梵高的故乡看一看梵高的真迹。

2014年，赵小勇到了荷兰阿姆斯特丹博物馆，看到了梵高的真迹，赵小勇发自内心地被震撼了。他发现了自己作为"梵高"，与梵高之间有着天壤之别。回到深圳，赵小勇开了一间画室，做原创油画。一开始生意惨淡，作品即便只要几十元一幅也无人问津。后来，赵小勇渐渐打开了局面，有的作品也可以卖出12000元的高价了。不管前景如何，在赵小勇心中，自己至少已经是画家，而不是画匠了。

这就是深圳城中村里无时无刻都在发生的故事。它给一无所有身无长物的角马以容身之地，让他们有可能成为山寨版的"大师"，又给他们机会，告别山寨去成为真正的艺术家。这也是由"快"而"脍"的过程。

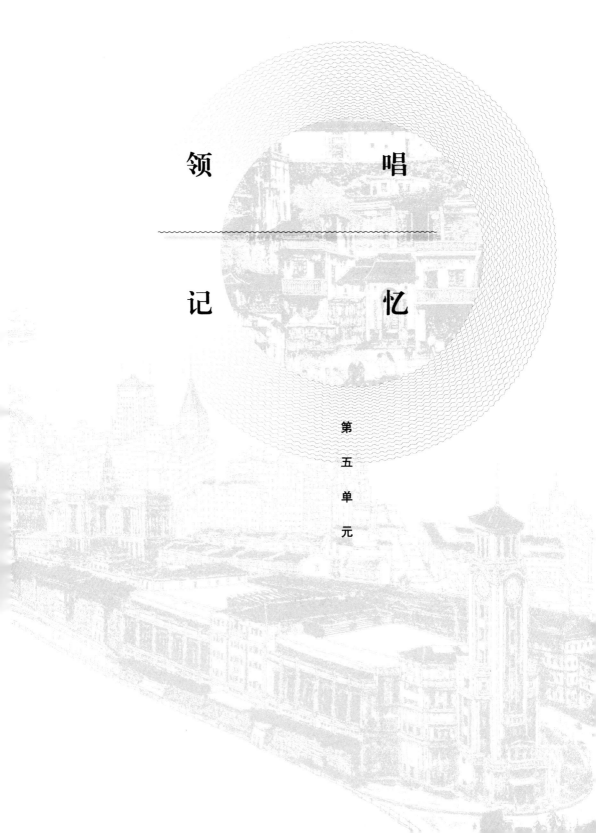

领　唱

记　　忆

第
五
单
元

目标隐藏在原初记忆里

跑了三年的马拉松，撞了终点线，透过余晖

莲花北窗外的背影，传来领唱的歌

开机仪式，两个桨手在分镜头剧本里，铺垫

28 年前的伏笔，誓师大会皆醉意，可惜

你却在莲花北窗外，余晖里出席

黑色公文包有魔法，装着公主童话国际风云

高压锅蒸汽管道，温暖了冬雪的浴室

漫长的告别，在决堤的火车站台，要用一生去消化

电烙铁烫出了名校的硕士学历，靠左行驶

买好了伦敦德比的球票，还去了花店

送你一朵小红花，新长了枝桠

船长摇了第一把橹，衣袋上插了支派克钢笔

三重身份，有绝妙的化学反应，天降大任

敏而厚，颖不骄，尚贤坊像是冠名

拍了挥手告别照片，自己告别未曾挥手

往事碎片，是纷乱而一脉相承的注解，听到了

港口钟声响起

13. 莲华山北的背影

已经是十多年前了。马尚龙到深圳，和大嫂全家小聚，一片祥和与欢乐。瞬间，王维的诗句穿心而过：遍插茱萸少一人。少了大哥。如果不是大哥先到深圳，大哥一家不会有举家南迁；全家在深圳安家了，大哥却不在了。

2022年10月，马尚龙又到深圳，去大嫂顾百燕家。其实到深圳后和大嫂已经见过两次了。第一天晚上是马骥远夫妇为叔叔接风，第二天晚上是马骥远夫妇家宴款待，大嫂都参加了。这天下午去大嫂家，主要不是看望，倒是和这本书的预设内容有关。

要做一个三人聊天。

顾百燕、马尚龙、马骥远，三个人不同的身份，却同系一位至亲。

又到莲花北大嫂家里，马尚龙自然有王维名句的伤感，而三人聊天的话题，恰恰就是"少了的一人"——马尚贤。顾百燕的丈夫，马骥远的父亲，马尚龙的大哥。

马尚龙：这本书最后一个单元是"领唱/记忆"。"记忆"是个人化的，是有关大哥的记忆；至于领唱，原来并不是为大哥设置，这本书最初设想的书名是《上海领唱深圳舞》。今天我突然想到，大哥何尝不是我们的领唱！冥冥之中，这本书起因，是和大哥有关的。

2019年，我想到了可以写一本有关上海和深圳的书，一定是要有深圳的合作者，最理想的合作者，是马骥远。不过我有点担心，马骥远可能会有顾虑，"做这事情我

《上海航空》杂志从2022年第一期开始连续刊登至今，最初的书名设想是《上海领唱深圳舞》

行不行"。于是我决定迂回一下。过元旦，我借着给大嫂发贺年短信的机会，提起了写书的事情。

我还保留着当时的短信："我写过很多上海的文章，而骥远是一个'资深'的深圳人。我看过他的深圳文章，很有意思，而且前几年他还担任报社驻台北的记者。我是想和骥远合作写点文章，可以出一本有关上海和深圳书，还蛮有意思的，这个想法还没有跟骥远沟通过，要请大嫂征求骥远的意见。"

大嫂很快回信，给了我一个充分肯定的回答。

顾百燕：当时我就给你回信："你的这个建议让我惊喜。"对你们叔侄的合作，我是期盼已久的。我想，叔叔是个老上海，侄子是个老深圳。上海和深圳，也像是一个长辈一个小辈的关系。然后我马上把你的信息原文转给了马骥远。我还写了一段话："南北双城，叔侄两代；相得益彰，定能成功。"

马骥远：收到妈妈的信息之后，我一方面觉得这对我是一个挑战，另一方面也感到这是幸运和责任。我马上给小叔发了一条微信，表达了自己的态度："能与您一起完成一件事情，会是很有意义的。"

这里说到的这段短信交流，是本书最早的缘起。写一本关于上海和深圳的书，马尚龙心中早已萦绕多时。

深圳和上海，两个移民城市，有各自足够的谈资，还因为深圳是他的大哥马尚贤下海经商却又早逝的伤心地。

马骥远是马家他这一代人中唯一的文字工作者，和马尚龙不但是侄叔，也是同行。对著作颇丰的叔叔，马骥远敬仰有加并引为楷模。再者，对父亲的故乡上海，对自己安身立命的深圳，他也觉得应该有所思、有所想、有所述。

一拍即合，大幕却是没有拉开。2020年，先是新冠，而后马骥远被报社派往汕尾挂职，合作没有具体的进展。马尚龙则在当年8月开始了案头的文本策划。他有一本A4纸大小的记事本，有100页，专门用作这本书的策划记录。翻开第一页，有日期记载：2020年8月12日。

2021年元旦，是《上海秩序·深圳气质》重要的日子。马尚龙到了深圳。

事实上，马尚龙、马骥远合作写书，远远不只是叔侄两人的事情，更成了马家的一桩盛事。专程从上海到深圳，除了马尚龙夫妇，还有马家一众亲人，包括马骥远的大姑和大姑父、小姑和小姑父以及表弟一家。他们来看望久未见面的大嫂，也一起见证马尚龙、马骥远共同写书的"开机仪式"。

在众多亲人面前，马骥远打开一瓶珍藏已久的金门高粱酒，斟满酒杯，与小叔马尚龙碰杯，一饮而尽。一场亲情洋溢的家族聚会，同时也成了本书撰写开弓没有回头箭的"誓师大会"。

2021年1月1日，深圳，《上海秩序·深圳气质》"开机仪式"

2021年1月1日，深圳，喝了这杯酒

2021年1月2日，深圳国贸大厦的俯瞰

2021 年 3 月，从上海到无锡，列出大纲

2022 年 10 月，深圳，继续

在深圳，马尚龙和马骥远花了足足两个夜里时间，讨论了整本书的走向、内容、体例。马尚龙带来了那本记事本："原乡""领头羊""角马""酿酒式""爆米花式"……这些浸润着本书特别视角的词汇，以及全书的架构，已经若隐若现。马尚龙将记事本比作"分镜头剧本"，他对马骥远说，我们俩是这本书的双主角，至于总导演，我就当仁不让了。

清明时节。叔侄二人到无锡，为马尚贤扫墓。马尚龙写了四句，表达他和马骥远共同的缅怀：侄儿思父亲，我则念兄长。而来多细雨，无言亦有言——"有言"就是写书之事了。晚上，叔侄再次漏夜切磋，整理思路。如果说，1988 年马尚贤作为一个上海人到深圳"下海"，是本书的序章，那么，2022 年 10 月 7 日，在深圳莲花北关于缅怀的谈话，则成了本书终章的核心主题。

对于缅怀者来说，缅怀本身也是一种享受。

马尚龙：2021 年元旦，我和大嫂是在莲花山会合的，就在邓小平塑像下。那天下山时，我和大嫂边走边聊，说到了大哥。好几次来深圳，我们是第一次说到大哥，之前都是回避这个太沉重的话题。那天我们很自然说到了大哥。大嫂有一句话给我留下了极深的印象。您说：阿龙，马尚贤走了那么多年，不是说我不为他难过；但是现在孩子也带大了，我们都已经走出来了；我主要是为马尚贤可惜。

顾百燕：我对很多人都这样说。有一个我们的大学同学，跟我们关系都比较好的一个同学，我就是这样说的。为什么说可惜呢？因为他没有能够陪伴我们。这不是我们可惜，而是他可惜。这些年他没有能够陪伴我们，没有能够看到孩子的成长，陪伴我们整个家庭一路走来。特别是这些年，我们国家还有整个世界变化有多大啊！他是一个如此热爱生活的人。没有看到这些，对于他来说是多么可惜！

这个家庭本来是很幸福的，突然这样一个变故，对我打击是很大的，但是我熬过来了，孩子们也成长得很好，我现在晚年还是很幸福的。回想起来，最可惜就是马尚贤那么早走了。

马骥远：我也经常会有为爸爸可惜的感觉。他是一个责任心极强的人，在去世之前对很多事情都放心不下，他对我更是放心不下。我很清楚自己是一个相对木讷、晚熟的人，爸爸对我总是不太满意，批评、敲打比较多。

几十年过去，我发生了很大的变化，像他期望的那样，成了一个新闻工作者，拥有了一个广阔的生活舞台，但是，这一切已经不能跟爸爸分享了。这是我的遗憾，也是爸爸走得太早的可惜。

回首自己走过的路，我有时候会想，比起父亲在世的少年时光，自己确实是成长了、成熟了。但是，这种成长与成熟，难道只有以失去父亲为代价，才能换来吗？这是个没有答案的问题。

顾百燕：刚刚上大学的时候，马尚贤只有18岁，我19岁。班里8个女生，我的高考成绩是最好的。我为什么会对你大哥有很好的印象呢？因为他什么事情都冲在前面。教室电灯坏了，站在桌子上修理的肯定是他。上体育

南京工学院毕业照，拍摄于1970年7月；第一排左五为顾百燕，末排左一为马尚贤

课有同学突然犯病了，背着他去医务室的也肯定是他。看到这样的人，当然会觉得是可以相信并可以喜欢的。

马尚龙：大哥的优秀是综合性的。学业好，对人也好。往往能力很强的人是不朴实的，朴实的人是能力不强的。而大哥恰恰是能力强又很朴实的人。这种人值得你依靠，值得你信任。甚至在你还没有来得及信任他的时候，他已经开始帮助你了。大哥是很容易得到别人的信任和厚爱的。

大哥在各种人际关系中，都是一个不可替代、不可复制的人。他是一个既有距离又没有距离的人。说有距离，就像骥远说的那样，他能做到的，你做不到；说没有距离，你会觉得他就在你身边，触手可及。

可惜，生活就是如此，美好的事物总是很短暂……

在县城里，这是一个体面的家庭。夫妻二人都是大学生，在各自单位都是业务骨干。顾百燕在水利系统从技术员做到工程师、高级工程师。马尚贤先是在县建筑公司，从技术员到副经理、经理；后来调到县计划委员

马尚贤、顾百燕的结婚照（1972年初）

会担任副主任，并被任命为新集煤矿筹备处副主任。年龄刚过四十，就官至副县。在一个小县城，这已经是十分成功的人生履历。

深圳的风起云涌，改变了马尚贤人生走向。1988 年，他辞去众人羡慕的官职，南下深圳。闯深圳的困难，还是超乎了他的想象。有

在安徽凤台的家里

创业本身的困难，还有创业队伍人际关系的困难。他总是对别人展现着宽厚和包容，隐忍了很多不愉快的事情。

马尚龙那本"分镜头剧本"记事本，有 100 页厚，现在只剩下十几页的空白了，其中又粘贴了很多页临时笔记，有黑色红色的墨水笔，还有铅笔，各种符号标签，即时贴，在记事本里飞舞。

马尚龙说，这是"总导演"的使命。一本近 20 万字的书，又是两人合作，从最原始的创意，到建立框架，直至显现雏形，笔记大约就做了三五万字了。写作是愉悦的，也是艰辛的。

顾百燕：其实你大哥的文笔也是不错的，如果他还在，看到他的小弟能有今天的成就，一定会感到非常骄傲的。

马尚龙：大哥在的时候，我刚刚开始"冒"出来。那时候开始写一点杂文，小有名气。当然和今天是不能比的。大哥和大嫂都对我鼓励有加。过了这些年，我和骥远合作写这本书，也是一件水到渠成的事情。写了很多年了，可以和侄子合作一把，也可以成为我们马家的一个美谈吧！

马骥远：我走上文字工作这条路，是跟小叔有着很大关系的。1994 年

我大学毕业之前，是小叔的介绍，我去《上海电视》周刊实习。那时候《上海电视》非常红火畅销。实习时，采访了一些赛事和活动，第一次把自己写的文字变成印在出版物上的铅字，真的是对自己一大突破。虽然现在回想起来那些文字实在是太稚嫩了，但是那种"原来做记者是这样的"感觉，是终身难忘的。我至今还记得有一天晚上要电话采访上海足球队前主教练王后军，出于对名人的敬畏，在电话机前坐立不安、面红耳赤的情景。这种职业"初体验"是难以忘怀的。

顾百燕：你爸爸那时候已经是生命接近尾声了，一直在念叨，这一篇不知出来了没有？后来杂志出来了，他看了也比较满意，也挺欣慰的。

马尚龙：骥远当年去《上海电视》实习，我都有点印象不深了。一说才想起来了。

马骥远：那时候不会想到将近30年之后，我会在写作上和小叔合作。也许当时就是为今天埋下了伏笔。

顾百燕：马骥远是特别幸运的，有小叔一路提携。

马尚龙：我们叔侄成了一条船上的桨手。这是我们两人共同的幸运。

马骥远：能和小叔合作写这本书，对于我来说是幸运，更是责任。另一方面，也是一个巨大的挑战。写书虽然也是文章，但是和我所熟悉的记者写稿，实在是太不一样了。我按照自己熟悉的套路写出来的，并不符合写书的要求。

马尚龙：书的写法和报纸的写法是很不一样。我就会跟骥远说，我们应该怎样逻辑贯通，还有前后一致，还有我们两个人之间的呼应。一通电话就是一个半小时到两个小时。打完电话，骥远去修改，实际上往往就是重写。

不得不说，思维定势是强大的。马骥远虽然在深圳工作生活 20 多年，写过关于深圳的报道难以计数，但是他习惯于从记者的角度去观察城市和生活，写着写着，就写成了一篇深度报道。这与本书的风格，显然并不完全合拍。

于是，就经常会出现这样的一幕。收到马骥远的稿件之后，马尚龙打印出来细读，将修改意见写在笔记本上。到了周末，约好时间，马骥远拨通小叔的电话。马尚龙会告诉侄子，有的细节看上去很生动，但是对主题未必有帮助；有些点到为止的内容，反倒应该更详细地描写；上海部分里"抛绣球"的话题，在深圳部分里没有接应……说得最多的是：你的表达过于理性，应该换一种语言，去感性地描述……

这样的谈话结束之后，马骥远会说：好的，我把稿子修改一下。

名曰"修改"，实际上在很多情况下，几乎相当于把稿子推倒重来。这样的场景，在每一单元初稿完成之后，都要上演一遍。

在本书即将完成时，马尚龙对大嫂顾百燕说：有时候觉得也挺"委屈"骥远的，他已经是采访部门主任，是可以毙掉下属稿子的，但是在写书过程中，他自己的稿子屡次推倒重来。

对于马骥远来说，此时的身份并不是记者，更不是采访部门主任。作为创作者，他似乎又一次回到了 28 年前，仍然是一名实习生。

付出总有回报。2022 年初开始，本书的主要内容在《上海航空》杂志连载，引起好评。

写书相当于跑一场马拉松。写到最后一个环节，这场马拉松比赛已经跑到了体育场内场的跑道上，即将向终点冲刺了。

马尚龙：又要说到大哥了。如果大哥还在，得知我和骥远要合作写一本关于上海和深圳的书，他一定是非常非常高兴的。或许，他会点上一支香烟，饶有兴致地阅读刚刚写成的初稿；他会说很多肯定和鼓励的话，但是对骥远，可能会更严厉地说，"这个细节不对"，"这一段文字还可以再写细一点"……

如果大哥还在，这本书的序言一定是要请他来写的。当然，这个愿望已经无法实现了。

今天早上，我和骥远说，在这本书里，你是不是可以单独写一篇文章？如果你写，我请你回答我一个问题，你如果用一两个词汇来形容、解释你的父亲，你会用什么词汇？他一生所做的事情。我说，你今天不必回答我，你可以好好地想一想。

马骥远：我会单独写一篇文章的，要好好想一想。

聊天时间总是很快。话题从大哥起始，兜了一圈，又回到了大哥。马尚龙想要点大哥的照片，要用在书里。大嫂起身去翻30年前的旧照片，几个大信封里装着。从安徽带到了深圳，再也没有打开过，没有梳理过。因为这是戛然而止的美好。不忍回忆。

之前聊天的随意，倏忽间像是进入了默片时代。

马尚龙借着窗外莲花山的余晖，翻拍了很多张大哥的照片。仿佛大哥就在窗外不远处，就在莲花山下，是一个背影。幻觉一般等待着他蓦然回首，莲花山却是余晖已尽。

马尚贤生前照片一组：有生活照、工作照，也有修无线电的"达人照"

14. 送你一朵小红花

2023 年初，一通越洋电话从深圳打向伦敦。电话这头是马骥远，电话那头是他的妹妹马骥晨。

"为爸爸写一段文字吧。"哥哥建议。

"……"妹妹的第一反应是，沉默。

父亲离世将近 30 年了。马骥远和马骥晨兄妹，也都从青春岁月走到了中年时光。这些年，他们沿着父亲的脚步，到了父亲创业过奋斗过的深圳工作生活。他们也有了自己的事业、家庭和孩子。

此时的马骥远，是深圳《晶报》采访部门的主任，写稿是他多年一贯的本职工作。他面临的是一项颇为"艰巨"的约稿任务——请远在英伦的妹妹，也写一段关于父亲的文字。

实际上，将近 30 年，关于父亲的话题，兄妹俩和母亲平时都很少深谈。不是不怀念，而是太沉重。父亲英年早逝的伤痛已经结痂，就让它完整地深埋在心底，不想再去触碰，以免引起伤感的回忆。

《上海秩序·深圳气质》即将杀青，兄妹二人的年龄已经赶上甚至超过当年父亲在世时年龄。是时候打开心防，说一说关于自己和父亲的话题了。难道不是当年父亲辞官南下的脚步，引导着他们排除万难来到深圳？难道不是父亲充满热情的生活态度和善良厚道的为人，让他们在深圳这座无亲无故的城市为自己争得一方天地？……

哥哥说服了妹妹。两天之后，一篇文字传来。"这是流着泪写的吧？"哥哥看罢问道，因为他看到了字里行间的泪花四溅。果不其然，妹妹是边写边哭，擦眼泪的面巾纸堆满了字纸篓。父女情深，情感的闸口一旦打开，就容易决堤。

"先整理一下情绪，再改一改"，哥哥建议。"我们需要的，是隐藏在眼泪背后的东西。"

于是，就有了马骥远、马骥晨兄妹如下的讲述：

马骥远：身为"马尚贤的儿子"

在中国文化语境下谈论父子关系，从来就不是个轻松的话题。于我而言更是如此，因为我有一个如此优秀的父亲。人们在谈到我的时候，不可避免地会用父亲作为参照。这当然是一种荣光，但更是一种与生俱来的压力。

在我的记忆中，凤台县城里几乎每一个人都认识父亲。跟他一起出门是颇为麻烦的事情。走出几十米就要遇到一个熟人，聊上一会。

父亲是县城名人，作为儿子，我自然也是受到多方关注的。未必很多人认识"马骥远"，但是几乎全县人民都知道"马尚贤的儿子"。

无数次，当有人指着我对别人介绍"这是马尚贤的儿子"时，听者大多会"哦"的一下，随即朝我投来某种眼神，有赞许、有欢迎、有鼓励。我知道，这一切并不因为我是马骥远，而因为我是"马尚贤的儿子"。

但是，真正让我记住的，是另外一层意思。

读初二时，用今天的话来说，我进入了"叛逆期"，上课注意力不集中，经常与同学发生口角甚至打斗，学习成绩明显下滑。

一天，班主任老师把我叫到办公室，开展新一轮的批评教育。恰好，有位老师走进来。班主任叹了一口气，随口对他说："这是马尚贤的儿子。"

那位老师听罢，与别人一样，也是"哦"的一下，随之向我投来一种我很少见到的诧异的眼神，是责备，关切的责备："你怎么可以这样呢？要努力啊！你是马主任马尚贤的儿子！"

这样的场景当然不多，但是足以让人刻骨铭心。在人们眼里，"马尚贤的儿子"，就应该像马尚贤一样的优

2023 年 11 月 8 日，马骥远获得第七届
深圳新闻英才奖，这是在颁奖仪式上

秀，像马尚贤一样的勤奋努力、聪明能干、多才多艺、广交朋友……

父亲的朋友这样认为，老师们这样认为，更重要的是，我想，父亲也是这么认为的。

在父亲眼里，儿子应该像自己一样，品学兼优，好学上进。父亲1964年和母亲同时考上南京工学院（今天的东南大学），这是足以骄傲也有理由传承的。

而我，也许是因为不够用功，也许是因为开窍太晚，成绩总是起起落落，与父亲的期望有着不小的落差。父亲辞官南下深圳时，心中自有许多的牵挂和羁绊。我很清楚，其中放心不下的，是我的学业。我高考落榜、复读，牵扯了他巨大的心力，难免会生出"恨铁不成钢"的感慨。

在父亲眼里，儿子应该像他一样，心灵手巧，勤于家务。父亲是一个"无所不能"的人，修理水电、管道、家具、家电都不在话下，甚至会修手表和照相机。

我那时经常看到父亲摆弄电烙铁、螺丝刀和各种电路板。我也有过"上手"的记录，不过实在不光彩。有一次看了打仗的电影，把通了电的电烙铁当作了解放军叔叔的手榴弹，抓过来，没有扔出去，手掌已经烫伤。以后再也没有上手过。

在父亲眼里，儿子应该像他一样，热爱运动，身手敏捷。父亲是一个运动达人，乒乓球、短跑、长跑都很出色。他经常跟我们谈起大学时代作为系乒乓球队主力，并且在各种运动会上屡屡披金夺银的"威猛"历史。

而我除了从父亲那里学到了看足球赛的爱好，并沉迷其中（甚至还在一定程度上影响了学习）之外，在体育运动方面显得比较笨拙。

在父亲眼里，儿子应该像他一样，热情如火，广交朋友。父亲是个社交能力极强的人，不是一般意义上的"八面风光"，而是跟人掏心掏肺。从县几大班子领导，到普普通通的工人师傅，都有他的知心朋友。

而我小时候性格比较内向，不擅交际，甚至有些木讷。

……

因此，父亲对我，鲜有像他与妹妹之间溢于言表的热络互动，更多的是批评和鞭策。当时的我，说心里没有一点委屈，那是假话，但我心里很清楚，自己确实与父亲的期望存在着落差。谁让你是"马尚贤的儿子"呢？你就要肩负超乎同龄人的期望，并承担为此受到批评和鞭策的义务。

但是另一方面，身为"马尚贤的儿子"，也享受着超乎当地同龄人的资源。随着年龄的增长，我愈发意识到这点对我的重要意义。这绝不是父亲利用职权和关系为我谋求什么，而是他最宝贵的特质给我的潜移默化——超乎自己生活环境的眼界和格局。

父亲有着高度的生活热情，于是，我们的家一度成为县城新鲜事物的风向标和晴雨表。我刚上小学时，父亲"不惜血本"买了一台9英寸黑白电视机，是全县城第一台家用电视机。额外的"虚荣"是，我成了班级上第一个能用普通话朗读课文的学生。

多年之后，很多同事还惊诧于在安徽的一个县城长大的我，说话竟没有安徽口音。我总是不无得意地回答："从小我家里就是有普通话环境的。"这有玩笑的成分，所谓"环境"，就是同龄的孩子闻所未闻的电视机。

父亲下班回家，他的公文包，是我和妹妹的"百宝箱"。妹妹期待父亲从包里变出糖果的"魔法"；我则向往包里的书报杂志，本是父亲带回家细细看的，无意中却成了我的课外读物。我的同学还钟情于小人书和儿童杂志时，我已经在《参考消息》的世界里，和"路透社""法新社""美国总统里根""马岛战争"等名词亲密接触了。后来我成为新闻记者，也许从那时已经有了职业的胚胎吧？

家里的客厅是常年"门庭若市"的。来访的客人有县里的党政干部，也有最朴实的群众。在父亲眼里没有高低贵贱之分。从父母亲的谈话中我了解到，父亲很多次帮人家解决了很大的困难，不求任何回报。实际上对方也没有回报能力，只有发自内心的感谢。

一个人文工作者不可或缺的同情心和同理心，从小就在心里萌芽。不用说，作为"马尚贤的儿子"，得益于父亲的言传身教。

大多数情况下，父亲在我面前都保持着"中国式父亲"的威严，但是我非常清楚，自己点点滴滴的进步，最高兴的人正是他。想方设法在背后推动我往前走的人，也是他。

1994 年，大学毕业前夕，父亲托付小叔马尚龙，把我介绍到《上海电视》周刊实习。正是这次采访和发稿的"初体验"，为毕业之后走上新闻记者的职业生涯起到了"临门一脚"的作用。这时候，距离父亲去世，只有半年时间。回想起来，这是一个父亲对儿子最后的托举。

在父亲生命的最后半年，我发表在报刊上的文字，给病痛中的他意外的欣慰。甚至在他去世前几天，还在念叨着我的一篇人物专访稿发出来了没有。

何谓"父爱如山"？这就是"父爱如山"。

1994 年，是我人生的分水岭。这一年，父亲去世了。我不得不和母亲、妹妹一起面对茫然的生活。这一年，我大学毕业走上了社会。失去了父亲的鞭策和支撑，独自面对充满未知的职业生涯。难，前所未有的难。

但是我扪心自问，比父亲当年寒窗苦读考取名牌大学更难吗？并没有。比父亲当年在县城从建筑公司小技术员开始努力奋斗更难吗？并没有。比父亲辞官南下深圳创业更难吗？并没有。

我渐渐明白，过去的自己之所以有让父亲不满和批评的种种表现，并不是因为天资如何愚笨，更多的是因为"不识愁滋味"而缺少主观能动性。

作为"马尚贤的儿子"，我必须承担起自己的责任，拿出与这个身份相称的表现，与少不更事的自己作别。从《淮南日报》到《晶报》，从初出茅庐的"小记"，到首席记者、采访部门主任，像父亲那样，用勤勉努力正直经营自己。

渐渐地，我发现自己原来也是个吃得了苦的人。承担各种急难险重的报道任务，深入地震灾区采访，翻山越岭长途跋涉，我是乐在其中的。

渐渐地，我发现自己并不是一个惧怕社交的人。身为记者，时而居庙堂之高，时而处江湖之远，与各色人等打交道，都能从容自如。有时候我都怀疑自己是不是从小内向木讷的那个"我"。

渐渐地，我发现自己原来继承了父亲的很多特质。比如对世界的热情和好奇。我喜欢走出去感受世界，到俄罗斯观看世界杯，到巴尔干半岛观赏亚得里亚海的落日。

我很想与父亲分享自己的一切，工作的酸甜苦辣，采访中的各种经历与奇遇，旅行中的奇闻逸事，我走过看过的广阔世界……很遗憾，这已经是一个永远的梦想了。

不过，今天的我，在父亲离去将近30年之后，很想向父亲和所有认识、不认识父亲的人说一句话："我是马尚贤的儿子。我以这个身份为荣。"

马骥晨：漫长的离别

前几年看过一部电影《飞屋环游记》，里面有一句话我一直记在心里：真正的死亡是世界上再没有一个人记得你。

听到这句话，我心里就会有一丝安慰：父亲并没有真正离开。因为，他还如此清晰地生活在亲人们的记忆里。特别是我，这个他最宠爱的闺女。

关于父亲的一切，30年来一直被封存在我的记忆深处。

回忆的闸门一旦打开，很多画面就扑面而来。对于我来说，爸爸是小时候抱起我"举高高"的大手，是能从黑色公文包里变出糖果的"魔法"，是我上学后从自行车后座上仰望的高大背影，更是他去深圳之后长途电话那头的思念和牵挂。

关于爸爸的记忆是如此完整，时

这是马骥晨和她爸爸的最后一张合影

隔将近30年，那一幕幕、一帧帧都没有忘。只是我很少去触碰。因为那里不只有爸爸，还有我自己。那个在爸爸的宠爱下天真无邪、无忧无虑的我。

这天真无邪、无忧无虑，却戛然而止于1994年7月的那一天，我和爸爸的那一次离别。

那年夏天，天气热得出奇。我刚读完高二，马上就要上高三。暑假里最开心的事情，莫过于爸爸要开着车从深圳回来。自从1988年爸爸离开凤台县城，放弃众人羡慕的职位南下深圳创业，他每次从深圳回来都是我最盛大的节日。不仅是因为我思念的翘首以盼的爸爸回来了，更因为爸爸那装着满满好吃的零食和漂亮的衣服的两个巨大行李箱。我穿着漂亮的衣服，吃着来自香港的零食，那时的我可是全县城最漂亮最幸福的女孩了。

前一年的9月份，爸爸被查出胃癌，在上海做了手术。那时候我还是太小，对生老病死的话题，总觉得有些遥远。从大人们言谈和电话往来中得到的信息是，爸爸的手术很成功，恢复良好。

术后两个月，爸爸从上海回到了凤台家里。果然，爸爸看上去面色红润，精神健朗，似乎病痛就像一阵风一样，已经过去了。我想，到底是我的爸爸，没有什么困难能难得倒他，哪怕是听起来很严重的疾病。

是啊，自从有记忆以来，爸爸在我的眼里就是一个无所不能的人。世界上没有他想不到的办法，也没有他解决不了的问题。家里什么东西坏了他都能修，收音机、手表、照相机、下水道都不在话下。

爸爸常常有些奇思妙想的"发明创造"，比如"高压锅蒸汽浴室"。当时还没有淋浴器和取暖器，凤台冬天洗澡很冷很冷。我们家的厨房和浴室一墙之隔，爸爸把高压锅排气口接软管穿过墙连接到浴室，洗澡前高压锅烧水产生蒸汽加热浴室，这样我们就拥有了一间温暖的"桑拿浴室"。他和妈妈一起，专门为我发明了便于上厕所的儿童棉裤。爸爸甚至还会用缝纫机，小时候家里的那个严丝合缝的沙发套就是爸爸的杰作。

爸爸还写得一手好字。小时候新学期开始，包完书皮，我会让爸爸帮我在书上用各种字体写上科目的名称，足以让我显摆一个学期。

......

这样的爸爸，又怎么可能被病魔打倒呢？爸爸的表现似乎印证了我"乐观"的估计。他的身体看上去一天比一天硬朗，一点都不像病人。过完 1994 年春节。爸爸就急不可耐地回到深圳重新开始工作了。

妈妈和上海的亲人们曾经劝过爸爸，大病初愈（其实并没有"愈"），要多休息一阵才好，不用那么急着上班，但是，谁劝得动呢？我有时候想，如果时光可以倒流，当时的我可以长大一点、成熟一点，能给爸爸更多的关心和帮助该多好！爸爸 1988 年离开凤台去深圳创业时，我小学都还没毕业。我不曾问过爸爸为什么离开凤台去深圳，爸爸也没有和我解释过，懵懂的

马尚贤合家在深圳公司里看春晚

我很自然地接受这件事，默默地认定深圳是值得奋斗和冒险的远方，这也许是马家家族的"冒险家"基因给我的暗示吧。

在深圳创业的辛苦甚至困窘，爸爸从来没有对我和哥哥提起过。只是回忆当中那些年爸爸每一次回来，都比上一次更显消瘦。繁重的工作和沉重的压力，想必是早已透支了他的健康，被少年无知的我忽视了。这一次，照例没有人阻止得了要强的爸爸。

转眼过去半年，到了 1994 年暑假，爸爸开着车从深圳回来了。在家里休息几天之后，他要开车去上海，为公司联系一些业务，并且到医院做术后复查。我跟爸爸说："我也想去。"他欣然同意了。一路上有宝贝女儿作伴，他高兴还来不及呢。

这一路也许是我学生时代最开心的出行了。我坐在副驾驶的位子上，跟着车载音响的音乐哼唱着歌，跟爸爸谈天说地，在无锡还游览了开业不久的"欧洲

城"，一路欢声笑语地到了上海。

然而，变故就在这时候发生了。爸爸去医院复查，结果是晴天霹雳：癌细胞已经大面积扩散。检查的结果，爸爸只知道一部分，最严重的的病情是隐瞒着爸爸的，但是聪明如他，又怎么不会有所察觉呢？

我在当时是不明就里的，但是从上海的叔叔姑姑们凝重的神情中，从弥漫在家族里的沉重气氛中，似乎也知道了些什么。我那强大的、不惧怕任何困难的爸爸，他的病情已经不可逆转地恶化，到了难以逾越的生死关头。

分别的时刻来到了。爸爸不可能按计划开车带我回家，他要留在上海接受化疗。我则要回到凤台，准备高三提前开学。

那是 1994 年 7 月的一天。爸爸开着车，送我到上海火车站，一起送行的还有小叔。盛夏的上海，烈日当头，酷暑难耐，但是我们三个人心里却冷如冰窖。我们心里都知道些什么，但是什么都不能提。

离别后空落落的站台

我强忍着眼泪，在站台上跟爸爸告别。火车开动了，我从车窗向外挥手，看着爸爸故作镇静的脸庞和坚强支撑着的身躯，慢慢地消失在视野中，那一刻，我的情绪终于崩溃了，眼泪如决堤的江河奔涌而出。我隐约已经知道，等待着 48 岁的爸爸的命运将会是什么。

另外一些细节，是多年以后小叔告诉我的。那天，爸爸送我上车，一路上也是在强装笑颜。即使知道自己病情不可逆转的极其严重，他在女儿面前还是极力保持着无所畏惧、云淡风轻的样子。在我乘坐的火车开走之后，他再也撑不住了。爸爸进了火车站的洗手间，掩面而泣。小叔也不知如何劝慰。我终于知道，那一刻，父女二人的眼泪，在不同的空间流在了一起。

3 个月之后，1994 年 10 月 10 日，爸爸去世了。

时隔将近 30 年，回想起那一天在上海火车站，我不是在和病重的爸爸离别，而是在和我人生的一部分离别。我不再是那个在爸爸宠爱下天真无邪、无忧无虑成长的女孩。我要和妈妈、哥哥一起支撑起今后的生活。我要独立面对今后的人生。

过了几年，我大学毕业，来到了深圳。

深圳，对我有着特别的意义。自从 1988 年爸爸辞官南下深圳，我一直都在期盼着终有一天和爸爸在这里团聚，在这个新的家园定居。爸爸去世，这个梦破碎了。我对深圳的情感又变得复杂起来，这是一个什么地方啊，竟然让我失去了我曾经以为坚不可摧的爸爸。

那时，我刚刚离开校园，背井离乡，既新奇又紧张。深圳的节奏、竞争、理念，让我惶恐和不安。我常想，如果爸爸还在，我应该不会这么辛苦了，转念一想，10 年前爸爸离开凤台独自来到这里，创业的环境必定比我辛苦得多，于是又逼迫着自己坚强起来。

后来，我平淡无奇地成了家生了子。我多么希望那些人生大事可以得到爸爸见证。我记得小时候和爸爸吹牛说过 "长大我要给妈妈买房子，给爸爸买车子"。当我终于可以做到这一切的时候，却已经无法和爸爸分享。

写下这段文字的第二天，我开车从家里出发，跟儿子一起在伦敦周边作个短途旅行。也许是从小受到被爸爸带着自驾出游的影响，我对开车也有特别的喜好。带着两个儿子来到英国不久，就买了车。我时常想起，如果爸爸还在多好。让他来开车，我坐在副驾，像小时候一样听着音乐唱着歌，行走在英伦三岛上，去苏格兰高地旅游，去看英超比赛，那将是怎样一幅幸福的图景！

将近 30 年过去，我很少像这次一样，完整地回忆与爸爸有关的事情。

并不是遗忘，更不是不想念，而是——不敢缅怀。我甚至一度不敢翻看爸爸的照片。有时候我会觉得爸爸不但自己走了，而且带走了一部分我，总觉得没有爸爸的我，也变得不完整了。

1994 年 7 月那天，在上海火车站挥别病重的爸爸，也挥别了天真无邪、无忧无虑的自己。这是一场漫长的离别，需要用一生去消化。

随着年龄慢慢增长，特别是有了孩子之后，我渐渐明白，我只是把关于爸爸的回忆连同那个属于爸爸的小女孩一起放进记忆，很完整地保存起来。爸爸从来没有离开，一直住在我心里，让我拥有一种力量——让我和他一样对生活充满热爱、不怕困难的力量。

马骥远和马骥晨，自小兄妹感情笃厚，失去父亲的伤痛，同样不忍回忆。原来是准备合写一篇文章的，但是两个人的侧重点不同，也就各自成文。

马骥远为本节文章写了句结束语：谨以此文献给我们的父亲马尚贤，也献给我们度过青春岁月的凤台县城。

前几年有首歌很风靡：《送你一朵小红花》，很适合用来缅怀，但愿被缅怀的人可以看到这朵小红花——

送你一朵小红花 / 在你昨天新长的枝桠 / 奖励你有勇气 / 主动来和我说话 / 不共戴天的冰水啊 / 义无反顾的烈酒啊 / 多么苦难的日子里 / 你都已战胜了它

送你一朵小红花 / 开在你心底最深的泥沙 / 奖励你能感受 / 每个命运的挣扎 / 是谁挥霍的时光啊 / 是谁苦苦的奢望啊 / 这不是一个问题 / 也不需要你的回答 / 送你一朵小红花

送你一朵小红花

送你一朵小红花……

2024 年 3 月，马尚龙与大嫂顾百燕和侄女马骥晨同去无锡扫墓

15. 我们的船长

一件事情，如果会得到呼应，就是值得做的事情。既然有了呼应，也应该善待呼应。

马尚龙和马骧远要合作出书，得到了亲人们很热烈的呼应。

马尚龙趁势提议，这一单元是在缅怀，不妨大家都写一段。马尚龙是作家，也是本书作者，理当多写点，其他人几十年不写文章了，少写点，写一件往事就行。连写文章的事情，都会得到呼应，看来是真想写的。那就依次而来。

《我们的船长》，原来是马尚龙文章的标题，用作本节的大标题更合适，马尚龙的文章，用了他曾经写大哥时用过的标题。

马尚龙：大哥，你好吗？

一个人从小而大，寻趣找乐，做人做事，有太多茫然无知，亦有太多的选择。如果这个过程是一条船的航行，最好的起始，是先做一个乘船的人，由船长带你出航。船长是否有阅历、是否有热情、是否有人文修养，很有可能决定了乘船人一生的走向。

大海与小船（李世雯画）

船长的角色通常不是父母，父母总是管保暖立规矩的，也不是老师，老师是传业授道的。

最佳的船长，应该是"领趣"者——我无法很精准地描述这个人的角色意义，可能更接近于小学里的课外辅导员，是带领你去初识课外世界、领略生活趣味的人，是在生理上和心智上都高你一头的人。第一次轧道，就此开始。

每一次，站立在大哥墓前，我总是啜泣不已。有时候我会在心里问，大哥离开都将近 30 年了，我为什么还是放不下这段兄弟情？甚至这几年还有愈加浓烈之意。有一天，我读到了惠特曼的诗《啊，船长，我的船长》——我们的船渡过每一场风暴，港口近了，听啊那钟声，人们欢欣鼓舞，所有的眼睛跟着我们的船平稳前进，它如此庄严和勇敢；可是，啊，痛心！痛心！我的船长在甲板上躺下了……我顿悟了，我在页眉上做了题记：突然想到了大哥！他就是船长啊！

我不想夸大大哥。大哥很寻常，远非伟大的人物，但是对于我，大哥是教我第一次在棋盘上落子的人，是我的船长，是马家这一代的船长。

1964 年，于我爷爷这一支的马家，是非常重要的一年，长孙尚贤考上了大学。我不知道爷爷送了什么礼物给大哥，按我对爷爷做派的想象，可能是吩咐儿子、也就是我的父亲，送了一支派克钢笔，还有笔记本，会在笔记本第一页题写几句赠言。爷爷已经肺结核晚期，一年后带着长孙考上大学的欣慰去世了。

在那一年，我们家弄堂里只有 1 号 4 楼马家儿子考上了大学，在我父母心里，大儿子给全家带来了荣光。我为此搜索了一下，1964 年，全国大学招生数仅 14.7 万，录取率 4.01%。

我猜想，爷爷和父母亲欣慰之余，肯定表扬大哥为弟妹们做出了最好的榜样。其实，这个榜样没有绑上，大哥是我们这一代唯一一个全日制大学的大学生，我们倒是享受了大哥读大学的衍生福利，这是我几十年后才解开的谜底。大哥的大学生涯，给弟妹带来了春江水暖之趣。本属于大学生的趣味、认知、进取，我们在中小学年纪已经领略了，而且是以最焐心的方式领略到的。

大哥在南京读大学，寒暑假回上海，成了我们一年两次的期待。

南京鸭胗干、无锡肉骨头、苏州豆腐干，铁路沪宁线沿线的小食品，总是会有几样的。

还有雨花石、玄武湖、中山陵的故事。

还有，只有大学生以上级别可以订的《参考消息》。还有口琴，还有有歌词简谱的流行歌曲——当时叫做革命歌曲的汇编小册子。大哥教我们看简谱，什么 2/4 拍、休止符。当时流行一首歌《全世界无产者联合起来》，慷慨激昂，大哥居然带着我们去人民广场边玩边唱。恰巧有个男人，可能是单位里的文艺骨干，一个人在人民广场哼唱，走调走得没方向，听我们唱，便凑上来求学唱；大哥当场示范。那人对大哥的崇拜，连同对我们的感谢，像一张旧照片，一直定格在我心里。

还有会拍照，会冲洗照片，写一手好字。

还有装半导体，装电表，修电灯线路，修大橱的铰链……母亲有句话常说，尚贤一来，搂搂挖挖，会寻事体做。

最伟大的壮举，当属 1966 年大哥带了几个弟妹步行串联到杭州。步行的路线设计，与外界接洽，投宿农家，掌控不确定因素，都是大哥在主谋。我才 10 岁，没有成行。这个壮举，如果不是大哥在谋划带领，父母亲应该不会同意的，但因为是大哥想带弟妹去，他不是长孙长子的恃宠而骄，而是实实在在，是父母亲对他放心。那一年，大哥 20 岁。

按照现在的话来说，在家里，大哥是个顶流的人物，是现象级的存在。

马尚龙和大哥马尚贤
（拍摄于 1968 年南京）

大哥完全可以摆出大哥的样子，甚至得意、高傲、教训、欺侮……这在多兄弟姐妹中常有发生，但是大哥不是这样的大哥。他是长兄和辅导员的合体。弟妹中有摩擦争斗，如果大哥在场，他就是仲裁。奇怪的是，记忆中从未发生过弟妹和大哥争吵，更从来不会向父母亲告大哥的状。

几十年后，家庭聚会上，最抢镜的不是大哥，指点江山的不是大哥，话题中心人物也不是大哥。如果是喝酒，大哥的酒量在家里是无人可以比的，但是大哥不会让任何人难堪，更不会借酒煽情，侃侃而谈生意场上的果敢和斗智斗勇，或者因为有过帮助而接受弟妹们的敬意。大嫂顾百燕回忆说，弟妹说笑起哄，大哥总是坐一旁，一支烟、一杯茶，嘿嘿笑笑，有时候说一两句。然后就被弟妹中一个人抓住说：你看，大哥就是这样讲的，大哥也这样讲。没人吵闹了。不管大哥坐在什么位子，灵魂人物，只有大哥。即便在大哥去世将近30年后，没有人取代得了大哥。

大哥不是靠威严树立长兄地位，倒是可以说，大哥是最温和的人，"耐心耐相"，是所有长辈对他一致的评价。记忆中，大哥从未对家人、尤其是对弟妹发脾气狠三狠四过。我年少时，同学给我起绰号"大道理"，是得理不让人的。90年代初，家里去照相馆拍合影，为了一个什么小事，店员确有出言不逊，我平时不响亮的声带，竟然可以发出HC的高分贝怒责；大哥也在场，没和我们同仇敌忾。后来回忆起来，大哥的冷静，才平息了可能发生的冲突。我只是到了耳顺之年，刚刚学到一点点隐忍。

大哥就是这样在我们家里神而真实自然地存在，直至他48岁那年去世。

"神而真实自然"，是我现在对大哥做出的评价。大哥身上集结了太多的优点，有些优点与优点之间本身很难兼容的，比如正派而有趣，敏感而厚道，练达而诚恳，有天赋而不骄纵……往往只能居其一，但是在大哥身上，是真实自然的化学反应。作为小弟，我以前只是感受到大哥很立体的人格魅力，直至写这篇文章之时，我推测大哥之所以为大哥的"核反应"，才发现，大哥，是天时地利人和的大哥。

我的爷爷马承铨百来年前从宁波到上海学生意，直至开厂置业。他给予长孙

马尚贤、马尚珠、马尚珏、马尚龙的父母亲

最多的，是发愤图强的励志教育，是对长孙耀祖光宗的期许。我父亲马奋吾和母亲王月瑛，是规矩之人，教育长子，要为马家争气，这个马家既是爷爷的马家，也是父母亲的马家；还要为弟妹们做出大哥的榜样。大哥恰恰是很听话的孩子，恰恰又是读书好、有礼貌、懂规矩，是一个有能

力实现长辈期许的孩子。

贯穿了父亲母亲一生的"争气"，是由大哥做出最完美的开启的。

长辈给予大哥是荣誉，却也是责任，也就是说，大哥所要成为的一个角色，是长辈的人设，对于大哥来说，是被动式的接受。如果仅仅是这样，大哥的少年不无委屈，但是在大哥身上，看不到委屈的痕迹。被定格在长孙长子角色的同时，大哥更是主动建立起了自己的理想角色。

"天将降大任于斯人也"，大哥是有"大任意识"的一代，他是欣然地接受长辈交予的责任，而非被动。或许，他没有将长孙的身份想得很多，但是长子、尤其是长兄的角色，大哥是有自己的喜欢，有自己的努力，也有自己的把握的。在内心，大哥应该是极力要求自己做好表率的。

这也就是为什么，大哥身上的长孙长子长兄三重身份是三重优秀的原因。尤其是长兄的角色，作为弟妹的感受会更加直接。大哥给予所有的弟妹，有过各种方面的帮助，或人力财力，或指点提携，有些帮助还很大很重要，但是他从不因此以施与者自居；大哥确确实实是家里的"德艺双馨"，但是他从来不会神化自己；在榜样的确立中，大哥是有很大的付出，但是他从来不会标榜自己的重要、自己的付出。似乎，大哥是享受其中。

因为寒暑假的短暂，他对与弟妹情谊的珍爱，很有可能，是超过我们对他的期盼的，所以，父母亲是不可能责怪大哥疏远弟妹的，恰恰是，有这样一个大儿子，读书好，有能力，又对弟妹好，是做父母的另一种体面。

大哥的少年，还是传统文化的倡导年代，仁义、温良、诚恳、谦卑，是社会的主流价值观，既是爷爷和父亲的家教，也是大哥的品优之学。读大学后又植入了很多新锐的文化观念，大哥就有了足够深的文化、足够广泛的知识面、足够鲜活的少年生活，足够时尚的青春行为，还有足够良好的个人修养，成为弟妹的"课外辅导员"。小时候，我常常会把大哥带来的学智，"批发"给同学，还必先告知：这是我大哥说的。大哥带来几颗雨花石，我拿去向同学显摆，还说一通雨花石的故事。大哥是我和同学相处时的"王炸"。

曾经有小学同学问我，你家原来是住在淮海路上的"尚贤坊"吗？从小时候一直到现在，我对"尚贤坊"充满好感，"尚贤"是名字，也是姿态。

我一直觉得，我和大哥是有距离的存在，不同于常态的兄弟关系。大哥一直在我前面，我超不过他的，也没想要超过他；超不过何尝不是一种享受？不需要怕他，不需要防他，不需要瞒他，也不需要恭维他；他是一个时时会想着你有什么难处、又帮助你化解的人。我是在享受被帮助，并且从中感知，有一个值得信服和信赖的兄长，是更大的享受。

这种信服和信赖，像是对船长的信服和信赖，一直随着大哥的生活延续，却随着他的生命戛然而止，转化为褪不尽的怀念。

我只是从弟弟的视角写了大哥许多往事碎片，实际上，大哥一生华章，如麦浪起伏。

思忖大哥一生，他的华章精彩，在于一直寻求突破。一次次的进取、一次次的突破、一次次的成功。

大学毕业时，还处在"文革"时期，由于家庭出身不好，大哥被分配到了苏北泗洪。大哥后来寻求突破到皖北的凤台，和分配在那里的大学同班同学顾百燕夫妻团聚。

从"马技"（技术员）开始，一直到副县级干部，大哥的才华在凤台县是绰绰有余的，但是凤台小县城落后的经济和更落后的文明状态，是大哥无能为力的。大哥再一次努力，突破到了深圳，从官场入界生意场，虽然做不到叱咤风云，也安然转身了。

大哥唯一一次失败了的突破，是他没有突破癌症的围困。

举家南下，家庭最伟大的突破，是大哥设计的航行图，但是在家庭之舟登陆深圳前，大哥倒在了船上。

大哥一生的才华、人格魅力，还有他一生的突破，如果我有足够的笔力，应该是为大哥写一本书的，但是我知道，我写出来书中的大哥，一定和我记忆中的大哥相去甚远。

或许，用另外一种形式来纪念大哥，乃至来缅怀我们马家的先人，是更加有意思的事情。大哥的生命线止于深圳，是否可以将大哥的生命线，从深圳终点站继续延长开来？

这是《上海秩序·深圳气质》的原点。

如果大哥还在世，我很多次虚拟式地追想过，和大哥合作出一本书。大哥的思想、阅历、文笔远优于我，大哥读大学时写来的信，好多次被父亲当作范文让我们学的。惜大哥去世过早，兄弟联袂不再可能。

如果大哥在世，如果他放手让我和马骥远联手，那么这本书的前言，一定是大哥写的。看着自己的小弟和自己的儿子合作写书，大哥很可能一改以往，说了很多很多的话，从自己小时候说起……

也就是在 2022 年，我写过一篇文章《兄弟姐妹的比喻》，写到了上海文化圈好几例兄弟姐妹的美谈。陆康和陆大同兄弟，江宁江宏江宪兄弟，曹雷曹景行姐弟，沈贻伟沈嘉荣沈嘉禄兄弟……各自都是领域里的精英，同时手足之情非同一般。兄弟姐妹少年时关系亲和是正常，只有待到父母过世或衰弱，自己也是将老未老，依旧亲和如少，那才是真正的兄弟姐妹，堪称社会的楷模。

我写他们，是表达由衷的敬意。没有想过要和他们相比，比不过的，这是真话。写该文时，本书撰稿已经开始，和马骥远叔侄合作，对于社会，微小如纤尘，但是对于我爷爷、尤其是我父母亲这一支的马家，是一脉相承的注解了。

马尚珠：大哥为我拍送行照

十多年前，为纪念知青赴黑龙江建设兵团 40 周年，"铁力人（独立二团）论坛"编辑了一本知青老相册《我本铁力人》。翻开相册，我很意外，映入眼帘的相册第一页第一幅大照片是我，还有我的同学钟意珊。我手持军帽向送行的亲人告别。

看到过这张照片的人都称赞照片拍得非常自然生动，也很富有当年上山下乡

马尚珠 1968 年去黑龙江生产建设兵团，大哥马尚贤为她拍了挥手告别照

的情景，而且几乎所有人都说我成了头版人物。

是啊，这是我一生中唯一一次的头版人物荣誉。

看着这张定格瞬间的照片，我思绪万千，泪水湿润了眼眶，模糊了视线。

照片摄影者是我大哥，大哥的音容笑貌即刻浮现在脑海中。大哥才长我 3 岁，从我有记忆以来就能感受到大哥的温和和疼爱。上山下乡年代，我是家中第一个报名去黑龙江兵团的，当时我毅然决然的选择，给爹爹姆妈的心里留下了很大的伤痛，至今想起来心里还会隐隐作痛内疚不已。

1968 年 9 月 17 号我要离开上海的前夕，大哥从南京赶到上海为我送行。大哥的到来，无形中减少了家里亲人离别的沉闷，弟妹们也特别高兴。我除了喜悦之外，更感受到了莫大的温暖和宽慰。大哥还特意带上了 120 的照相机，那时候凭家里的经济条件，大哥是没有能力买照相机的，大哥一定是向同学借来的。

虽然照相机是借来的，但是大哥对胶卷相机的光圈、曝光、焦距、快门已经掌握得很熟练。在家里的晒台上，大哥为我和亲人们一起拍照留影，还带我们一起去人民广场拍摄了很多照片，大哥一直忙碌着为我们拍照，时不时地调节着亲人离别的伤感气氛，我的心情也放松了好多。

在火车站，我已经上了火车，向站台上亲人告别，挥着军帽，一脸的青春微笑。我都不知道大哥是站在什么地方，抓拍了这个瞬间。

还有一张照片也入选在知青相册里，是大哥为我导演的。当时家里晒台上种了向日葵，8 月份正值向日葵开花的时候。大哥让我站在和向日葵花朵同一个方向，寓意葵花朵朵向太阳……

大哥拍摄的照片定格在那个年代，看着照片仿佛穿越时空又回到了我们和大哥相处时欢快的景象，更加怀念大哥对弟妹们体贴关爱的真挚情感。

1966 年，大哥带领几个弟妹一起从上海出发步行到杭州，还带上了我的两个同学，一路照顾着我们，不断给我们提振信心，排除了各种困难，顺利到达了杭州。大哥还带着我们参观了国家重点大学浙江大学，我们也有幸第一次踏进了大学校园。大哥对弟妹们有太多的帮助，对弟妹以温良恭俭让之德倾心呵护，我们都来不及说一句感谢的话！

大哥当年拍摄的一张张清晰的照片，如今更觉弥足珍贵。感到欣慰的是，历经了 40 年，大哥为我拍的这张车站告别照片，被编排在我们知青老相册的头版头条，而且在知青赴黑龙江 50 周年纪念大会舞台屏幕上，反复播放着。不管认识还是不认识的战友，都为这张照片点赞，还都要问这张照片是谁拍的。我心里满是骄傲，一遍遍地告诉当年的战友，是我大哥为我拍的！我把这张照片看作是大哥送给我最好最珍贵的礼物，凝聚了大哥对弟妹们深厚的同胞挚爱情感。

每当想起和大哥相处的点点滴滴，曾经的欢乐和感动……一腔追思，念在远方。

马尚珏：插队时的两件往事

1970 年我初中毕业，离开了上海，到安徽淮南市郊插队落户，和另一个上海小姑娘小陆同住。那年我还未满 18 岁，幸好我的大哥大嫂在淮南市凤台县工作，离我插队的地方大约 40 公里，让我从心理上感觉离家并没有那么的遥远。

刚到农村时，对当地的生活环境十分不习惯。主食是玉米粥红薯粑粑——红薯粉里掺些小麦面粉，做成饼，蒸着吃。

家里用惯了抽水马桶，到了安徽，上厕所是很难迈过去的一个坎。所谓的厕所，其实就是自家屋后挖个坑，坑里埋个大缸，俗称茅坑。每次去用，都要等到周边没人的时候，深吸一口气，才能下定决心，鼓足勇气地冲进去。

更为艰难的是饮水。当然没有自来水，要去 500 多米远的地方，挑井水回来倒进水缸。一个人挑不动，只能两个人去抬。有一天上午下大雨，偏偏水缸里没水了，连午饭也没法烧。雨终于停了，我和小陆抬着水桶往回走时，我脚底突然

马尚珏在安徽插队落户时
和大哥大嫂合影

一滑，重重地摔倒在地上，还连累后面的伙伴也摔倒了。

第二天早上我就去找大哥大嫂诉苦，还说再也不想回生产队了。大哥只是轻轻地安慰了我几句，就去准备午饭。不多久，桌上就摆满了我喜欢吃的菜和香喷喷的白米饭，顿时我的心情好了很多。那是我离开上海后最最开心的一天。

吃完饭，大哥边收拾碗筷，边问起和我同室的小陆情况，我一一做了回答。一边回答，一边明白了大哥的用意。面对同样的生活环境，小陆可以面对，而我……我想回去了。大哥说今天有点晚了，明日再回吧。第二天早上，我拎着一包大哥送我的糕点回到了生产队。是大哥大嫂给我的关爱和开导，让我慢慢地适应了农村的环境。大哥大嫂的家，就是我常去常往的后援基地。

第二年夏天，我突然生病了，发疟疾了，先是发冷，盖着厚厚的被子还冷得瑟瑟发抖，高烧一度高到了 42 ℃。

我把生病的事，写信告知了在上海的爹爹姆妈。爹爹马上写信给大哥。大哥收到信的第二天一早，就赶过来接我。当时交通很不方便，我所在的生产队距离大哥家里凤台，先要走 6 里路，中间要两次摆渡过河，再乘船才能到达，行程非常折腾。大哥考虑到我的体能情况，骑着一辆 28 寸自行车赶过来，好让我全程能坐在自行车后面，节省体力。单程 40 公里的路，我记得大哥骑了好久好久。上坝时，坡度太陡，大哥下车推着自行车，却一定要我坐在后座上，我抬头看到大哥满头大汗，衣服都湿透了的情形。一股暖流在我心里涌动。

在大哥大嫂的悉心照顾下，我的病终于养好了，身体也恢复了正常。

后来我上调到了淮南化肥厂，也一直得到大哥大嫂无微不至的关心呵护。

转眼大哥已经离开 30 年了。大哥给予我的关爱，难以忘怀。

闻知马尚龙要和马骥远合作出书，马尚龙的两位姐姐马尚珠和马尚珏很是兴奋，还问会不会亏本，她们很想拿点钱出来。马尚龙说，这点文化自信，还是有的，无法说这本书会赚多少钱，但是一定不会亏本；不需要你们出钱，但是需要你们出力，在这本书的最后一章，写一点点各自回忆大哥的小事。

2021 年元旦，马尚珠夫妇、马尚珏夫妇、马尚龙夫妇，在深圳与大嫂一家聚首，举杯把盏，是有共同的美意和共同的寓意的。每个家族总要留下些有家族价值、家族声影的记忆。于社会微不足道，于一个家族，便是念想了。

船长倒下了，船还在。失去了船长指挥的船上，每个人都是桨手。虽然也经历过风雨，也有过颠簸，但是还是循着已定的航线航行，我们的船正在安稳地靠岸，达到风和日丽的彼岸。

就如同惠特曼诗中所感叹：我们的船渡过每一场风暴，港口近了，听啊那钟声，人们欢欣鼓舞，所有的眼睛跟着我们的船平稳前进，它如此庄严和勇敢……

痛心！我们的船长在甲板上躺下了——他不能和我们一起下船。

吴淞口的灯塔

虽然，我们的船长在甲板上躺下了——但是我们的船靠岸了。

还是在"开机仪式"上，我们商定了最理想的出版时间：2024 年。这一年，是马尚贤去世 30 周年，这一年，恰也是马尚贤、马尚珠、马尚珏、马尚龙的母亲诞辰 100 周年。我们不可能请来已故亲人主持我们的纪念，但是我们有心意，用一本书来告慰，这就是《上海秩序·深圳气质》。

图书在版编目(CIP)数据

上海秩序·深圳气质 / 马尚龙,马骥远著. -- 上海 :
上海书店出版社, 2024. 9. -- ISBN 978-7-5458-2390-5

Ⅰ. I267

中国国家版本馆 CIP 数据核字第 202428M5R8 号

封面题签　戴敦邦
封面绘画　戴红倩

责任编辑　杨柏伟　　何人越
装帧设计　姜　明

上海秩序·深圳气质
马尚龙　马骥远　著

出　　版　上海书店出版社
　　　　　（201101　上海市闵行区号景路159弄C座）
发　　行　上海人民出版社发行中心
印　　刷　上海新华印刷有限公司
开　　本　710×1000　1/16
印　　张　18.5
版　　次　2024 年 9 月第 1 版
印　　次　2024 年 9 月第 1 次印刷
ISBN 978‑7‑5458‑2390‑5/I·580
定　　价　88.00 元